chili verlag

Hans-Jörg Kühne

Kodex Rosebud

Roman

chiliverlag

Zuletzt im chiliverlag erschienen (Auswahl):

Glasaugenstern – 101 Gedichte von Alex Dreppec, 2015

Strohblumenstörung – Politische Dichtung der Gegenwart I, 2015

PSYCHONYMOUS I – Vergeltung, 2015

Chili Chicken – Ein Inder in Kassel, Anant Kumar, 2015

suchtraum, Sandra Stubbe, Roman, 2015

PSYCHONYMOUS II – Verzogen, 2015

Lichtläufer, Gerwine Ogbuagu, Roman, 2015

Fassadenflucht – Politische Dichtung der Gegenwart II, 2015

Nachtschwarz, Himmelgrau, Kurzgeschichten, Horst Leiwig, 2015

Herzschlaf, Gedichte & Kurzprosa zu Trauer, Tod und Hoffnung, 2015

Juleika Lippenrot, Erzählungen, David Wozniak, 2016

Stimmwirbel, Gedichte, Michel Ackermann, 2016

Machen! – Silben, Sätze, Sensationen, Marc Mandels minimalistischer Schreibrategeber, 2016

Gatti – Katz'n, Krasse Katz'ngeschichten, 2016

1. Auflage März 2016

franchili / 38

Detaillierte bibliographische Daten sind unter http://dnb.ddb.de bei der Deutschen Nationalbibliographie abrufbar.

Lektorat, Gestaltung, Layout: chiliverlag

Coverelemente: Foto H.-J. Kühne: Anthony Woodruffe

Spritze und Arzneimittelschachtel: Claudia El Sauaf Harmuth, aus dem Original Hebammenkoffer der Ausstellung „Das Überleben organisieren. Ostwestfälische und lippische Frauenschicksale 1945-49" des Literaturzirkels OWL e.V.

ISBN 978-3-943292-40-4 www.chiliverlag.de

Why Do Fools Fall In Love?
Frankie Lymon

for **Lee Allen**
and all the other honkers in the world

Der Auftrag

„If you´re ready, this rockin´ bird will fly ...!"

Das war doch Allen Freeds Stimme! Der berühmte Radio-Discjockey aus den USA! Was für eine Ansage!

Gleich darauf setzte der Gesang von Ray Charles ein: „Weeeeeell ...", langgezogen, gequält, wie der Tritt eines störrischen Esels, „I got a woman, way over town, she´s good to me, oh yeah!" Der Heilsbringer! Allen Freed mit seiner Show `American Bandstand´! Harald Kröger, genannt `Harry´, war glücklich. Er hatte die MW-Taste an seinem Autoradio gedrückt. Da war American Forces Network voreingestellt. Wie durch eine glückliche Fügung hatte ausgerechnet in diesem Moment die Show von Alan Freed begonnen! Harry Kröger drehte auf volle Lautstärke. Der Tag war gerettet! Nach der zweiten Strophe kam das ekstatische Saxophon-Solo dazu. Genial, Wahnsinn! Was sagten die Halbstarken heute nochmal dazu? Ach ja: Das ist Schau!

Kröger lenkte seinen Borgward nach links, bog ab in die Witzlebenstraße. Kam am ehemaligen Reichskriegsgericht vorbei. Riesig, grau, verlassen stand es da, immer noch bedrohlich. Kröger hatte nie verstanden, wieso diese Einrichtung mit ihren vielen Beschäftigten nötig gewesen war. In der Wehrmacht gab es doch nur drei Strafen: Hinrichtung, Einsatz im Strafbataillon oder Degradierung. Zu mehr reichte die Fantasie nicht.

Kröger bog rechts ab. Er kannte die Gegend. Hier wohnten viele der Schönen und Reichen. Meist alter Geldadel der Stadt. Die Straße war gesäumt von mächtigen Villen der Jahrhundertwende. Auch hier waren Bomben gefallen. Es wurde wieder aufgebaut. Moderne, schmucklose Fassaden entstanden, die seltsam fremd, hässlich und einsam zwischen den schweren, verzierten Häusern aus den Zeiten des Kaiserreiches standen.

Kröger fuhr in die Einfahrt zum Lietzenseeufer 4. Der breite Kiesweg knirschte unter den Weißwandreifen des neuen Wagens. Er parkte.

Das Privathaus der Familie Wedding war vier Stockwerke hoch. Die Fassade, reich mit Stuck verziert, war hier und dort von kleinen Balkonen aufgelockert, die wie nachträglich angefügt wirkten.

Harry Kröger stieg die zwei Stufen zur Eingangstür hoch, klingelte. Im Haus tat sich nichts. Er klingelte noch einmal. Nach einer Ewigkeit näherte sich jemand. Ein livrierter Hausdiener öffnete.

„Guten Tag, mein Herr! Was kann ich für Sie tun?"

„Harald Kröger ist mein Name. Ich hab´ einen Termin bei Frau Wedding."

„Frau Dr. Wedding!", sagte der Diener scharf, wobei er den Doktortitel laut hervorhob. „Folgen Sie mir bitte in die Halle! Ich melde Sie bei Frau Dr. Wedding an."

`Ist ja gut!´, dachte Kröger, `dann eben Frau Doktor.´

Der Diener ging voran, führte Kröger in die Lobby des Hauses. Hier war alles groß, gewaltig, voll von nachgedunkeltem Marmor und blattvergoldeten Schnitzereien. Sehr viel Holz. Alles schien holzverschalt. Kröger zog skeptisch die Augenbrauen hoch.

„Nehmen Sie bitte Platz“, forderte der Hausdiener ihn auf.

Harry Kröger ließ sich in die Kissen eines der gewaltigen roten Sofas sinken, die links und rechts am Fuße einer Art Freitreppe standen, die die gesamte gegenüber der Stirnwand liegende Halle einnahm. Auf dem Beistelltisch, links neben dem roten Sofa, stand ein Telefon. Es sah aus, als sei es ebenfalls aus Holz. Kröger ging hinüber und klopfte auf das Material. Es war tatsächlich Holz.

Der Diener kam zurück.

„Bitte folgen Sie mir in die Bibliothek. Frau Dr. Wedding wird Sie dort empfangen.“

Sie gingen über die Freitreppe in den ersten Stock des Hauses und hielten sich rechts. Dann öffnete der Bedienstete die zwei Flügel einer hohen, dunklen Holztür. Danach stand Kröger in einem fußballfeldgroßen Saal von gewaltiger Deckenhöhe. Der Fußboden war mit altem, aber sehr gepflegtem Parkett ausgelegt. An drei Wänden vollgestopfte Bücherregale. Gegenüber, an der Schmalseite des rechtwinkligen Raumes, befand sich eine Sitzgruppe vor einem Kamin.

„Kommen Sie doch bitte näher“, ließ sich eine weibliche Stimme aus der Tiefe des Raumes vernehmen. Eine Frau stand auf und näherte sich dem Gast. Der Hausdiener sagte: „Herr Kröger, gnädige Frau!“ und verschwand.

Als sie vor ihm stand, verschlug es Kröger fast den Atem. So ein mondänes Geschöpf hatte er bisher nur sehr selten in der Realität gesehen! Frau Wedding war groß, schlank, trug lange blonde und dauergewellte Haare, große goldene Ohrringe, dazu ein nachtblaues Kleid mit Bolero über einer sehr engen Taille. Ein weit schwingender Rock ergänzte das Ensemble. In der rechten Hand hielt sie eine enorm lange, schwarz glänzende Zigarettenspitze, in der eine brennende Zigarette steckte.

„Guten Morgen, ich bin Rosemarie Wedding“, stellte sie sich freundlich vor und lächelte ein ganz und gar bezauberndes Lächeln, das den Blick auf ihre makellosen Zähne preisgab.

Kröger stellte sich ebenfalls noch einmal vor und verstieg sich sogar auf einen Handkuss, den er in der Tanzstunde während des Krieges gelernt hatte. Er dachte kurz daran, dass er wenig später, in der Ukraine, keiner Frau die Hand küssen musste, wenn er etwas von ihr wollte. Die Ukrainerinnen verzichteten auf derlei Artigkeiten. Für sie waren Bares oder Lebensmittel Kompliment genug.

„Nun, Herr Kröger“, sagte Rosemarie Wedding, „wollen Sie sich nicht setzen? Was darf ich Ihnen anbieten? Einen Dujardin, einen Orangensaft, Kaffee oder Tee?“

Kröger entschied sich für einen Kaffee. Frau Wedding drückte auf einen Knopf an einer Wechselsprechanlage, die sich auf einem kleinen Tisch befand.

„Ja, bitte, gnädige Frau?“, fragte eine weibliche Stimme.

„Gertrud, bringen Sie uns doch bitte zwei Kaffee! Für mich mit Milch und Zucker und für Herrn Kröger mit, ...?“

Sie schaute fragend zu Kröger auf. Der sagte: „Bitte auch mit Milch und Zucker.“

„Sie haben es gehört, Gertrud“, Frau Wedding ließ den Knopf los.

Harry Kröger wartete, bis Frau Wedding sich gesetzt hatte und nahm erst dann auf einem von ihr zugewiesenem Sessel Platz.

„Das ist ein eindrucksvolles Anwesen hier“, sagte er.

„Ja, ist es“, antwortete Rosemarie Wedding kühl, „man gewöhnt sich dran!“

Kröger war irritiert: „Entschuldigung, woran gewöhnt man sich?“

„An das große Grundstück, das Haus, den Luxus“, antwortete sie.

Es klopfte an einer der Türen, die der Sitzgruppe am nächsten waren. Eine gepflegte, kräftige Frau mittleren Alters im schwarzen Kleid trat ein und stellte ein Kaffeeservice auf den langen Tisch, der in niedriger Höhe vor den Sofas und Sesseln stand. Sie grüßte freundlich und schenkte dann zwei Tassen ein. Rosemarie Wedding bedankte sich und Gertrud verschwand.

Beide rührten in ihrem Kaffee, nippten daran. Kräftiger Filterkaffee. Er schmeckte hervorragend. Kröger hatte nichts anderes in diesem Haus erwartet.
„Darf ich rauchen?“, fragte Harry Kröger. Es wurde ihm gestattet.

Beide saßen einander gegenüber und schauten sich einen Moment zu lang in die Augen.

„Was kann ich für Sie tun?“, fragte Harry Kröger schließlich.

Rosemarie Wedding lachte laut auf. Es klang ein wenig frivol.

„Was Sie für mich tun können?“

Sie fing sich sehr schnell.

„Tja, also, ich möchte Sie engagieren, Herr Kröger. Für eine Ermittlung.“

„So etwas in der Richtung habe ich mir schon gedacht, Frau Dr. Wedding“, sagte Harald Kröger, „nicht zuletzt nach unserem gestrigen Telefonat. Die meisten Leute rufen mich an, wenn Sie mich engagieren wollen. Kommt immer wieder mal vor.“

„Läuft Ihr Geschäft gut?“

„Geht so.“

„Eine Freundin hat Sie mir empfohlen“, sagte Rosemarie Wedding, „Frau Isabell von Funk.“

„Ja, für Frau von Funk habe ich vor einiger Zeit gearbeitet.“

„Sie sagte mir, dass Sie noch letztes Jahr bei der Berliner Kripo beschäftigt waren, dann aber suspendiert wurden.“

„Das ist korrekt, Frau Dr. Wedding. Bis ich wieder als Hauptkommissar in den Polizeidienst eingestellt werde, arbeite ich als privater Ermittler.“

„Isabell von Funk meinte, Sie seien einer der erfolgreichsten Kripo-Beamten der hiesigen Polizei gewesen. Aus welchem Grund hat man Sie dann suspendiert?“

„Mein Werdegang bei der Berliner Polizei ist der aufmerksamen Frau von Funk nicht unbekannt. Sie weiß auch, weshalb ich den Dienst vorübergehend quittieren musste. Und ich nehme an, dass Sie es Ihnen gesagt hat. Hat sie doch, nicht wahr?“

Rosemarie Wedding nickte ein wenig schuldbewusst mit dem Kopf, wog ihn hin und her und schaute etwas betreten zu Boden. Auch das machte sie ganz bezaubernd.

„Ja, ja, Sie haben mich durchschaut, Herr Kröger“, gestand sie, „ich weiß tatsächlich Bescheid. Glaube ich zumindest. Jemand hat Ihnen unterstellt, Sie seien während des Krieges bei der Gestapo gewesen. Stimmt es denn?“

„Frau Dr. Wedding, weshalb haben Sie mich zu sich gebeten? Was soll ich für Sie ermitteln?“

Es entstand eine Pause. Rosemarie Wedding merkte, dass sie keine Antwort erhalten würde. Sie schaute noch einmal in die Augen von Harry Kröger.

„Hhm, äh, ja, es geht um meinen Mann ...“, begann Rosemarie Wedding, führte den Satz aber nicht zu Ende. Kröger verdrehte innerlich die Augen, ganz unmerklich, damit seine mögliche zukünftige Kundin es nicht bemerkte. `Schon wieder so ein Auftrag einer betrogenen Ehefrau´, dachte er, `Material beschaffen, um die Scheidung durchzukriegen. Langweilig. Na, was soll´s, es bringt Geld.´

„Was ist mit Ihrem Mann?“, fragte Kröger.

„Ich vermisse ihn“, antwortete Frau Wedding und kicherte etwas verlegen, „nun, das hört sich jetzt vielleicht etwas merkwürdig an. Sehen Sie, Franz, also mein Mann, ist vor Kurzem zu einer Geschäftsreise aufgebrochen und bis jetzt nicht zurück gekehrt."

„Was macht Ihr Mann beruflich?"

„Mein Gott, das wissen Sie nicht?", fragte Rosemarie Wedding mit leichter Empörung in der Stimme, „mein Mann ist Dr. Franz Wedding! Generaldirektor Dr. Franz Wedding von der Firma Wedding-Bau AG! Das ist mittlerweile das größte deutsche Bauunternehmen! Wahrscheinlich sogar das größte europäische. Sie sind ja ein schöner Detektiv, wenn Sie davon noch nichts gehört haben! Lesen sie denn keine Zeitung?"

„Mein Abo für das Nudisten-Magazin ist gerade abgelaufen. Darüber hinaus kümmere ich mich auch um eine ganze Menge anderen Kram. Ich kann nicht alles lesen. Insbesondere dann nicht, wenn es für meine Arbeit nicht wichtig ist. Jetzt wird es ja wahrscheinlich wichtig werden", antwortete Kröger vollkommen ruhig und kühl.

„Ja, aber nur dann, wenn ich Sie auch wirklich beauftrage", sagte Rosemarie Wedding, „Ihre Art hat mich bis jetzt noch nicht überzeugt!"

Harry Kröger stand auf, nahm seinen Hut.

„Danke für den Kaffee, Frau Dr. Wedding. Ich denke, dieser Auftrag ist eher für einen meiner Kollegen geeignet. Ich kann Ihnen da auch gern jemanden empfehlen."

„Tut mir leid, Herr Kröger!", sagte Frau Wedding schnell, „seien Sie doch bitte nicht so empfindlich! Setzen Sie sich doch wieder. Ich hab´s nicht so gemeint."

Harald Kröger nahm Platz.

„Also, was macht Ihr Mann beruflich?“, fragte Kröger noch einmal.

„Er ist Generaldirektor der Wedding-Bau AG.“

„Sagten Sie bereits.“

„Ich weiß. Wollte nur noch einmal einen neuen Anfang machen. Franz hat nach dem Krieg die Astra-Bau AG übernommen. Für die hatte er bis 1945 als Bauingenieur gearbeitet. In der Unterverlagerung.“

„Was darf ich darunter verstehen: In der Unterverlagerung?“, fragte Kröger.

„Die Astra-Bau bekam ihre meisten Aufträge von der Organisation Todt. Um wichtige Industrien vor den Bombenangriffen zu schützen, wurden sie in Stollen, Höhlen und Bergwerke verlagert. Und nach Kriegsende besorgte sich Franz sofort, aus welchen Quellen auch immer, schweres Räum- und Baugerät. Franz ist ein Organisationsgenie. Kein Mensch wusste, wie er an diese Dinge kam. Und dann hat er mit Arbeiterkolonnen dabei geholfen, den Schutt der bombardierten Häuser aus der Stadt zu schaffen. Und wurde dafür mit Naturalien entlohnt: Essen für die Arbeiter und Ziegelsteine, Kupferkabel, Heizungskörper und Ähnliches für den Bau.“

„Ja, ich erinnere mich. Beim Schutträumen mussten wir alle mithelfen“, sagte Harry Kröger, „allerdings haben wir dafür weder Geld noch sonst irgendeine Belohnung erhalten.“

„In dieser Beziehung war Franz eben ein richtiger Fuchs“, fuhr Rosemarie Wedding fort, „er hat schnell Aufträge von den britischen Besatzern bekommen: Kasernenneubauten, Umbauten der alten Wehrmachtskasernen, Bau eines Militärflugplatzes in Gütersloh. Dann kamen Aufträge der Kommunen hinzu. Besonders nach der Währungsreform lief das Geschäft gut. Die ganzen Flüchtlinge und Vertriebenen mussten ja unterkommen. Hier in der Stadt herrscht ja nach wie vor große Wohnungsnot. Seit 1949 ist Franz′ Unternehmen immer weiter gewachsen. Ich glaube, es hat heute mehrere Tausend fest angestellte Arbeiter und Kaufleute. Dazu kommen Subunternehmer, die bei größeren Bauprojekten hinzugezogen werden."

„Woran arbeitet die Wedding-Bau denn im Moment?"

„Häuser- und Wohnungsbau für verschiedene Städte, vor allem im Ruhrgebiet. Hier in Berlin ist die Wedding-Bau an zahllosen Wiederaufbauten beteiligt."

„Ganz genau sind Sie nicht informiert, oder?"

„Nein, wahrhaftig nicht. Franz hat mir immer nur das erzählt, was er für erzählenswert hielt, was er seiner kleinen, lieben Frau glaubte, zumuten zu können, ohne dass sie begann, sich zu langweilen."

„Warum sprechen Sie von sich selbst so abwertend?"

„Ach, wissen Sie, alles, was ich Ihnen gerade berichtet habe, sind Dinge aus zweiter Hand. Es ist Franz′ Version der Geschichte seines Aufstiegs. Die hat er mir aufgetischt, und die bekommt jede andere Person serviert, die nach seinem Werdegang fragt. Als Franz und ich uns kennengelernt und vor vier Jahren dann Hals über Kopf heirateten, glaubte er, er habe jetzt ein hübsches Vorzeigepüppchen, das nur am Luxusleben interessiert sei und nicht mit Geschichten aus der Firma behelligt werden dürfe. Das Dolce Vita hat mich in den ersten beiden Jahren auch fasziniert, und ich habe es in vollen Zügen genossen. Dann wollte ich selbst ein wenig aktiv werden, im Geschäft mitarbeiten. Da hat Franz jedoch den Rollladen heruntergelassen, vollkommen zugemacht. Er sagte mir, er sähe für mich keine Möglichkeit, in seinem Unternehmen sinnvoll mitzuarbeiten. Ob ich mich nicht lieber, wie gewohnt, der Repräsentation widmen wolle? Ich könne ja gern diesen oder jenen Spendenscheck in der Öffentlichkeit an wohltätige Organisationen überreichen. Das sei doch Arbeit genug."

„Hört sich an, als sei ziemlich viel Sand ins Getriebe Ihrer Beziehung geraten", sagte Kröger.

„Ja, ist es. Fast zeitgleich mit meinen Forderungen nach Mitarbeit zog sich Franz immer mehr von mir zurück. Er war kaum noch zu Hause. Eine angebliche Geschäftsreise folgte auf die andere. Ich bekam oft nur unklare, ausweichende Antworten auf meine Fragen, wohin es denn gehe. Dass er sich häufig auch mit anderen Frauen traf, berichtete mir eine Freundin, der man entsprechende Gerüchte zugetragen hatte."

Harry Kröger notierte sich auf einem kleinen Block einige Angaben. Eigentlich brauchte er so etwas nicht, denn alles, was für einen Fall, mit dem er sich gerade befasste, interessant und wichtig war, behielt er im Gedächtnis. Er wusste aber, dass seine Klienten ein solches Verhalten erwarteten. Es gehörte gewissermaßen zum Berufsbild. Wie die weiße Schürze und das Beil des Metzgers. Oder die Schlaghosen des Zimmermanns.

„Die meisten dieser angeblichen oder tatsächlichen Geschäftsreisen, auf denen Franz offenbar Angenehmes mit dem Nützlichen verband, dauerten in der Regel ein bis zwei Wochen. Von unterwegs rief er mich dann und wann an und meldete, dass alles in Ordnung sei. Nicht, dass mich das in letzter Zeit noch besonders interessiert hätte. Aber diese Meldungen waren zur Gewohnheit geworden. Jetzt ist er aber schon zwei Wochen fort, ohne dass ich etwas von ihm gehört habe. Kein Anruf, keine Karte, nichts. Das ist sehr, sehr ungewöhnlich. Deshalb fasste ich den Entschluss, jemanden damit zu beauftragen, den Aufenthaltsort meines Mannes zu ermitteln und mit ihm Kontakt aufzunehmen."

„Verstehe, Frau Dr. Wedding", sagte Kröger, „was ich dagegen nicht verstehe ist, warum Sie nicht eine Vermissten-Meldung bei der hiesigen Polizei aufgeben. Die hat weitreichendere Möglichkeiten als ich, jemanden ausfindig zu machen!"

„Glauben Sie mir, Herr Kröger: Das habe ich selbstverständlich in Betracht gezogen. Dann aber sofort wieder verworfen! Ich hatte keine Lust, der Berliner Kripo mein Privatleben zum Fraß vorzuwerfen. Ihre ehemaligen Kollegen würden, so befürchtete ich, überall herumstochern und mich nach den Einzelheiten meiner nach relativ kurzer Zeit verpfuschten Ehe ausfragen. Vielleicht würden sie meinen Mann im Lotterbett mit einer anderen Frau finden, die sich obendrein noch als meine beste Freundin herausstellen könnte. Alles ist möglich!"

„Dann befürchten Sie also im Grunde nichts

Schlimmes, oder? Sie vermuten also nicht, dass Ihr Mann möglicherweise einem Verbrechen zum Opfer gefallen ist? Einer Entführung vielleicht? Allerdings hätten sich dann die Entführer sicherlich schon gemeldet!"

„Etwas Schlimmes? Nein, eigentlich nicht. Entführung? Keine Ahnung! Ein Unfall wäre natürlich auch möglich! Aber dann meldet sich doch meist die Polizei oder ein Krankenhaus oder irgendwer, nicht wahr?"

„Davon ist auszugehen", meinte Kröger, „Sie, Frau Dr. Wedding, wünschen zunächst also, sofern ich Sie richtig verstehe, eine überaus diskrete Ermittlung?"

„So ist es."

Harald Kröger zog aus seiner linken Jackett-Innentasche einen Briefumschlag, legte ihn auf den Tisch und schob ihn in Richtung Rosemarie Wedding.

„Hier drin finden Sie meine Geschäftsbedingungen und einen Vertrag in doppelter Ausfertigung, den Sie mir bitte gern unterzeichnen. Den Vorschuss weisen Sie mir bitte sofort an. Auslagen und Spesen verrechnen wir nach Beendigung meiner Arbeit."

Frau Wedding riss den Briefumschlag auf, überflog den Inhalt des Vertrags, zog kurz die Augenbrauen hoch, als sie den darin veranschlagten Betrag zur Kenntnis nahm und unterschrieb schließlich ein Exemplar, das sie Kröger zurückgab. Dann schenkte sie sich und Kröger noch ein Glas Dujardin ein, bot eine Ernte 23 an, steckte sich selbst noch eine in ihre schwarze Zigarettenspitze, blies den Rauch in die Luft und musterte Harald Kröger. Er schaute kurz auf ihre weißen Pumps, die schlanken Fesseln und die leicht gebräunten, muskulösen Waden. Sie tat so, als bemerke sie es nicht.

„Hat Ihnen Dr. Wedding vor Antritt seiner aktuellen Reise gesagt, wo es hingeht?“, fragte Kröger.

„Ja und nein. Er sagte immer vor seinen tatsächlichen oder fiktiven Geschäftsreisen, es gehe nach Süddeutschland oder nach Norddeutschland oder ins Ruhrgebiet. Nie etwas Konkretes. Und, dass er sich von unterwegs melden werde. Vor drei Wochen setzte er mich davon in Kenntnis, dass es wieder einmal ins Ruhrgebiet gehe. Das ist alles, was ich weiß. Ich habe im letzten Jahr niemals weitere Fragen gestellt. Es hatte ja doch keinen Zweck.“

„Sofern die aktuelle Reise eine tatsächliche Geschäftsreise ist und nur in zweiter Linie anderen Zwecken dient: Wer weiß Genaueres? Wer kann mich in Ihrem Unternehmen informieren? Wer ist unterrichtet? Und – warum haben Sie nicht selbst schon Nachforschungen in Ihrem Betrieb angestellt?“

Rosemarie Wedding schwieg eine kurze Zeit.

„Ein absoluter Vertrauter und guter Freund meines Mannes ist unser Erster Prokurist, Dr. Wilhelm Mahlstein. Willi und Franz, das Traumpaar, unzertrennlich. Haben die Firma Hand in Hand aufgebaut. – Ja, warum frage ich Willi nicht selbst? Er würde mir nichts Konkretes sagen, würde seinen alten Freund mit aller Kraft schützen.“

„Warum sollte er aber ausgerechnet mir etwas anvertrauen? Einem Fremden? Noch dazu jemand, den die Frau seines besten Freundes angeworben hat? Mit

Sicherheit wird mir Herr Dr. Mahlstein ebenfalls nicht die Wahrheit erzählen. Und, sofern er Kontakt zu Dr. Wedding hat, könnte er diesen sofort ins Benehmen setzen und erzählen, dass seine Gattin einen Ermittler beauftragt habe, ihn ausfindig zu machen, um dessen außereheliche Affären aufzudecken."

„Ehrlich, Herr Kröger: Ich weiß es nicht! Ich weiß nicht, wie es weitergehen soll. Versuchen Sie es doch einfach. Sie kennen sich doch aus in Ermittlungsdingen. Wissen, wie es weitergehen könnte, wenn alles aussichtslos erscheint!"

Rosemarie Wedding wirkte erschöpft, mutlos.

„Und bitte, Herr Kröger!", ergänzte sie, „bitte, bitte, liefern Sie mir einen Grund, um mich von diesem Ekel scheiden zu lassen. Ein Foto genügt, auf dem er sich mit einer anderen Frau vergnügt. Oder irgendetwas in dieser Richtung. Bitte! Ich bin verzweifelt!"

Rosemarie Wedding fing an zu weinen, zu schluchzen. Harald Kröger stand auf, wollte zu ihr gehen, sich neben sie setzen. Frau Wedding stand ebenfalls auf. Sie trafen sich auf halber Strecke. Rosemarie Wedding stolperte oder tat zumindest so, als habe sich ihr Fuß am Teppichsaum verfangen. Sie fiel nach vorn, direkt in die Arme von Kröger. Sie hielt sich an ihm fest, umklammerte und drückte ihn dabei stärker, als es nötig war. Zumindest glaubte Harald Kröger das. Er kannte sich mit Frauen ein wenig aus. Nicht viel, aber für ein Grundverständnis des weiblichen Geschlechts war es ausreichend. Er hielt sie jetzt ebenfalls fest, zog sie mit beiden Händen auf ihrer Taille an sich. Er konnte ihr teures Parfüm und ihr Haar riechen. Als ihre beiden Gesichter nur noch wenige Zentimeter voneinander entfernt waren, machte sie sich los, stammelte etwas, das sich sowohl nach einem Dankeschön als auch einer Entschuldigung anhörte, sah zu Boden, streifte ihren Rock glatt und sagte: „Sie werden mir täglich über den Fortgang Ihrer Ermittlungen berichten, nicht wahr? Meine Telefonnummer haben Sie!“

„Ich mache mich sofort an die Arbeit, Frau Dr. Wedding.“ Harry Kröger verabschiedete sich, schloss die Knöpfe seines Anzugs und setzte seinen Borsalino auf, während er durch die große Tür der Empfangshalle wieder hinaus auf den kleinen Vorplatz schritt. Der Hausdiener verabschiedete ihn. Kröger glaubte, in den Zügen des Bediensteten einen Restbestand von hämischem Grinsen zu erkennen. Vielleicht bildete er sich das auch nur ein.

Als er das Anwesen der Familie Wedding verließ, war es bereits Mittag.

Alte Kameraden

Harald Kröger parkte seinen Wagen in der Augsburger Straße und spazierte dann in Richtung Kurfürstendamm. Er dachte über den Auftrag nach. In eines der Cafés kehrte er ein, schüttete den Kaffee aber schnell hinunter und verließ die Gaststätte beinahe fluchtartig. Sie war fast ausschließlich von Touristen bevölkert. Schlecht gelaunte und überarbeitete Ober versuchten, dem Ansturm Herr zu werden.

In der Fasanenstraße fand Kröger ein neu eröffnetes Restaurant. Auch hier war eine Menge los. Er bestellte das teuerste Gedeck auf der Karte: Rumpsteak in Pfeffersauce mit Kräuterbutter und Croquetten. Als Beilage reichte man einen kleinen gemischten Salat. Dazu ein frisch gezapftes Schultheiss-Export. Lecker. Die Sache ließ sich gut an.

Nach dem Essen schlenderte Kröger in die Filmbühne Wien hinüber, um sich die aktuelle Wochenschau anzusehen. Von getragener Streichermusik unterlegte Schwarzweißbilder zeigten die Räume, in denen die Pariser Konferenz stattgefunden hatte. Die männliche Stimme aus dem Off verkündete, dass nun die dort ausgehandelten Verträge in Kraft gesetzt worden seien und damit das Besatzungsstatut in Westdeutschland aufgehoben war. Die Bundesrepublik habe man nun als Mitglied der Nato akzeptiert. Die zeitgleich gegründete Bundeswehr werde nun bewaffnet.

Weitere Nachrichten folgten. So war es gelungen, den Makalu zu besteigen, den fünfthöchsten Berg der

Erde. In den Vereinigten Staaten liefen Testreihen mit dem Salk-Impstoff, der die Kinderlähmung besiegen sollte. Die Ergebnisse waren offenbar überaus ermutigend. Ein Franzose hatte mit seinem Hubschrauber einen Höhen-Weltrekord aufgestellt. Am Schluss durfte der Hinweis auf die im Sommer beginnende Berlinale nicht fehlen. Ein internationales Großereignis, auf das die ganze Stadt hinfieberte.

Kröger verließ das Kino, steckte sich eine Overstolz an und schlenderte wieder zurück Richtung Bahnhof Zoologischer Garten. Er schaute sich das Gebäude und die umliegende Gegend an. Heruntergekommen. Das war nun der einzig verbliebene Fernbahnhof im Westen der Stadt. Alle anderen – stillgelegt. Es war förmlich zu spüren, wie Ulbricht und seine Paladine in der Ostzone in ihrem seltsamen Staat von sowjetischen Gnaden den Strick um die Berliner Westzonen immer enger zogen.

Kröger ging in die Gaststätte gegenüber, um dort einen Jägermeister oder Dornkaat zu trinken. Das Essen lag ihm schwer im Magen.

Der Schankraum war in gnädiges Dunkel getaucht. Trotzdem erkannte man an vielen Dingen, dass die Gaststätte ihre besten Zeiten hinter sich hatte. Die Einrichtung war abgestoßen und schadhaft und stammte ganz offensichtlich noch aus der Vorkriegszeit. Die weißen Tischdecken wiesen Flecken auf. Die Gardinen vor den Fenstern waren vom Rauch der Zigaretten und Zigarren tiefbraun gefärbt und hatten Brandlöcher. Einige wenige Gäste saßen einzeln und zu zweit an den Tischen und aßen überteuerte Bockwürstchen mit Kartoffelsalat. Die kleinen Blumen in den Umtöpfen auf den Fensterbänken mussten unbedingt gegossen werden. Sie ließen die Köpfe hängen. `Wahrscheinlich wegen der tristen Umgebung´, dachte Kröger. Er wandte sich an den großen und kräftigen Mann hinter der Theke. Während er zu den Fensterbänken wies, sagte er: „Könnten mal wieder einen Schluck Wasser vertragen!“

„Hä?“, fragte der Mann unfreundlich.

„Na, ich meine, dass Sie ihre schönen Blümchen gießen müssen! Sonst gehen Sie ein“, sagte Kröger.

„Das lassen Sie mal meine Sorge sein!“, antwortete der Kellner. „Möchten Sie was essen?“

„Nein, danke, hab schon gegessen. Ich hätte gern einen Magenbitter und ein kleines Pils.“

„Wir haben nur Dornkaat.“

„Geht in Ordnung.“

Harald Kröger trank das Herrengedeck, zahlte und verschwand.

An der Ecke Joachimsthaler und Augsburger Straße gingen ein paar Damen des Gewerbes ihrer Tätigkeit nach.

„Na, Harry, wie sieht´s aus?“, fragte eine von ihnen, „Lust auf ´n bisschen Spaß?“

„Nee, lass man, Chantal, hab ´n wichtigen Termin. Demnächst aber bestimmt mal!“

„Seit wir uns kennen, vertröstest du mich, Harry. Ob aus uns beiden nochmal was wird?“

„Aber sicher, Chantal! Geduld! Wie läuft denn das Geschäft?“

„Geht so. Ist ja noch nicht Feierabend. Um siebzehn Uhr wird´s lebhafter.“

Kröger stieg in seinen Wagen, startete und fuhr zur Hauptverwaltung der Wedding-Bau AG.

Den Weg hätte er auch ohne Weiteres zu Fuß machen können, denn sein Ziel lag nicht sehr weit entfernt, in der Tauentzienstraße. Aber Kröger wollte nicht. Mit dem eigenen, nicht ganz billigen Wagen vorfahren, das hatte was. Das verfehlte nie seinen Eindruck auf Klienten, Verdächtige oder Zeugen. Nicht in diesen Zeiten. Man war wieder wer: seriös, wohlhabend, verlässlich, erfolgreich. Ein Mensch, dem man – wahrscheinlich – vertrauen konnte.

Das Gebäude der Wedding AG war ein acht Stockwerke hoher Neubau, der seine Front groß, eintönig und bedrohlich über fast hundert Meter der Straße zuwandte.

Kröger stellte sein Auto direkt vor dem Haupteingang ab und schritt durch die gläserne Doppeltür. Er durchquerte eine Art Lobby, musste noch einmal drei Stufen nehmen, eine weitere Glastür passieren und stand danach in einer großen Halle, deren Fußboden und Wände bis etwa in Kopfhöhe mit einem hellen Marmorstein verkleidet waren. Gegenüber den Türen befanden sich zwei gewaltige Fenster mit bunten Glasarbeiten, hinter denen die Sonne stand und mit ihrer Hilfe farbiges Licht auf den teuer und gediegen aussehenden Fußboden warf. Kröger hielt zum Schutz die Hand vor Augen und blinzelte. Die Mosaike stellten Szenen aus dem Arbeitsleben dar. Arbeiter gossen Metall in Formen, schichteten Steine aufeinander, machten sich an Webstühlen zu schaffen und trugen schwere Lasten.

Zur Linken führte eine breite, mit großer Geste angelegte Wendeltreppe nach oben. Ihr Radius betrug mehr als fünf Meter. Weiter hinten erkannte Harry Kröger die Türen zweier Lastenaufzüge. Daneben rotierte ein Paternoster, in den laufend Menschen ein- und ausstiegen. Die Halle war so groß, dass sich trotz ihres ständigen Kommens und Gehens dennoch keinerlei Hektik verbreitete. Die Atmosphäre blieb ruhig und beinahe feierlich.

Harald Kröger steuerte auf einen Empfangs-Schalter zu, den er an der dem Eingang gegenüberliegenden Wand entdeckt hatte. In der großen Glasfront des Schalters befand sich in der Mitte ein nach innen aufgeklapptes, metallgerahmtes rundes Fenster. In der Aussparung steckte eine membranartige Plastikvorrichtung. Darauf war die Auskunft gedruckt: `Hier sprechen´. Hinter der Glasscheibe saß eine gepflegte Dame mittleren Alters, die den Eindruck machte, als habe sie schon eine ganze Menge schöne und weniger schöne Dinge in ihrem Leben gesehen und erlebt und der man nun nichts mehr vormachen konnte. Sie wirkte wie der Typ langjährige Angestellte, die eisern und mit Zähnen und Klauen die Interessen ihrer Chefs verteidigen würde und seien diese auch noch so fragwürdig. Ein harter Brocken.

Harry Kröger grüßte freundlich, stellte sich vor und zog eine seiner neutralen Visitenkarten aus der Tasche. Darauf standen nur sein Name, die Adresse und eine Telefonnummer.

Da Krögers Aussehen ein sehr gepflegtes war, entschloss sich die Dame hinter der Glasscheibe, ihn zunächst nicht wie einen Bittsteller und Fußabtreter zu behandeln, sondern fragte freundlich, aber bestimmt, was er denn wünsche.

„Ich hätte gern Herrn Prokurist Dr. Mahlstein gesprochen!"

„In welcher Angelegenheit?"

„Das sage ich ihm lieber selbst!"

„Nun, ich glaube nicht, dass Herr Dr. Mahlstein Zeit für Sie hat. Er ist mit wichtigen Dingen beschäftigt."

„Ich auch!"

Diese Ansage gefiel der Empfangsdame überhaupt nicht.

„Ich denke, Sie sollten sich von seiner Sekretärin einen Termin geben lassen, Ihr Anliegen nennen und dann später noch einmal vorbeischauen!"

Damit war das Gespräch für sie beendet. Sie wollte sich zu ihrem Schreibtisch im hinteren Teil des Empfangsbüros zurückziehen.

„Es geht um Ihren Chef, Herrn Dr. Wedding", sagte Kröger.

Die Frau drehte sich plötzlich um: „Ja, was ist mit ihm?"

„Wie ich schon sagte, das möchte ich mit Herrn Dr. Mahlstein gern selbst und unter vier Augen besprechen. Also, wenn Sie mich freundlicherweise jetzt anmelden würden!"

Der Hausdrache gehorchte. Sie stand auf, ging in den rückwärtigen Bereich ihres Büros und nahm einen der vier Telefonhörer ab, über die sie in ihrem Reich gebot, wählte eine vierstellige Nummer und wartete. Irgendjemand am anderen Ende antwortete, es wurde ein kurzes Gespräch geführt. Anschließend kam die Empfangsdame zurück an den Schalter, griff sich einen kleinen Block mit Formularen, nahm Krögers Visitenkarte zur Hand und schrieb seinen Namen, seine Adresse sowie Datum und Uhrzeit in den Vordruck. Dann riss sie den Zettel vom Block ab, legte diesen in ein Fach und schob dieses durch die Aussparung unter der Glasscheibe hindurch. Kröger nahm den Zettel an sich. In fettem Blocksatz war darauf die Information `Besucher´ gedruckt.

Die Empfangsdame verbarg ihr Missfallen über den Lauf der Dinge hinter einem überaus geschäftsmäßigen Tonfall.

„Fahren Sie bitte mit dem Paternoster in den achten Stock. Dort geben Sie die Besucherkarte bei Fräulein Storck, dritte Tür rechts, ab. Das ist die Chefsekretärin von Herrn Prokurist Dr. Mahlstein. Sie wird dann alles Weitere veranlassen."

„Donnerwetter, das geht hier ja zu wie am Hofe Ludwig XIV.! Wie muss ich denn Herrn Dr. Mahlstein anreden? Eure Durchlaucht?"

Die Empfangsdame sagte dazu nichts. Man sah ihr aber an, dass sie Harald Krögers Bemerkung aufs Höchste missbilligte.

Kröger betrat den Paternoster. Diese Dinger waren ihm noch nie geheuer gewesen. Was, wenn man mit einer seiner Extremitäten aus Versehen zwischen die Fußkante der Etage, in der man sich gerade befand und die Oberkante einer der Fahrkabinen geriet, die auf dem Weg nach unten waren? Wurde einem dann der Arm oder der Fuß abgetrennt? Glatt abrasiert? Paternoster sollten verboten werden.

Bis zum fünften Stockwerk stiegen zahlreiche Personen zu und wieder aus. Sie grüßten weder freundlich noch unfreundlich und verschwanden dann wieder aus Krögers Leben.

Vom sechsten bis zum achten Stock befand sich Harry Kröger allein im Paternoster. Das, was er im Vorbeifahren erkennen konnte, war die zunehmend luxuriöser werdende Ausstattung der Flure, je höher er kam. In der obersten, achten Etage angekommen, verordnete sich Kröger eine Mutprobe. Er stieg nicht aus, sondern ließ sich über den oberen Wendepunkt des Aufzuges befördern. Seinem Blick präsentierte sich plötzlich unverputzter Stein, eine von Schmierfett triefende Zahnradmechanik, akustisch begleitet von gefährlichem Knarren, Quietschen und Rumpeln. Kröger begann vor Angst zu schwitzen. Das Ganze dauerte aber nicht sehr lange. Dann ging es wieder abwärts. Harry sprang ab. Erleichtert. Atmete tief durch.

Dritte Tür rechts. Auf der dunklen Holztür war eine metallene Fünf aufgeschraubt. Darunter ein kleiner, rechteckiger Metallrahmen, oben offen, damit man dort eine Pappe oder ein Papier einschieben konnte, das Auskunft darüber gab, wer hinter der Tür residierte. Kröger las: `Chefsekretariat Erster Prokurist Hr. Dr. Mahlstein. Fräulein Storck.´ Harry Kröger klopfte und trat ein, nachdem jemand „Herein“ gerufen hatte.

Fräulein Storck war deutlich älter, als der ihr zugedachte Diminutiv vermuten ließ. Sie mochte vielleicht um die fünfzig Jahre alt sein und hinterließ einen ähnlichen Eindruck wie die Dame am Empfang: gepflegt, freundlich, sofern nötig, aber auch ein Kettenhund und unbedingter Prätorianer ihres jeweiligen Herren.

Es begann dasselbe Spiel wie im Foyer: „Bitte, Sie wünschen?"

„Ihre Kollegin vom Empfang hat mich eben angemeldet. Ich möchte mit Dr. Mahlstein sprechen."

„Geben Sie mir bitte Ihre Besucherkarte!"

Kröger reichte ihr den Zettel. Fräulein Storck warf einen kurzen Blick darauf, stand auf, klopfte an eine von zwei Türen, die von dem Vorzimmer abgingen, wartete, vorgeneigt und auf Zehenspitzen, auf ein „Herein", das von innen kaum zu hören war und öffnete dann die Tür. Kröger sah, dass diese dick gepolstert und genoppt war, um möglichst keinen Schall oder die Fragmente vertraulicher Gespräche nach außen dringen zu lassen.

Fräulein Storck sprach kurz mit Dr. Mahlstein, drehte sich dann um, hielt die schwere Tür geöffnet und sagte: „Herr Dr. Mahlstein lässt jetzt bitten!"

„Na, da bin ich aber froh!", stieß Kröger mit einem zynischen Unterton zwischen den Zähnen hervor.

„Wie bitte?", fragte Fräulein Storck.

„Nichts!"

Kröger hatte seinen Hut abgenommen. Im Vorbeigehen sagte die Chefsekretärin: „Geben Sie mir bitte Ihren Hut!"

„Aber nicht draufsetzen!", sagte Kröger.

Sie sah ihn hasserfüllt an.

Harald Kröger betrat nun das Allerheiligste, das Büro vom Ersten Prokuristen der überaus erfolgreichen Wedding-Bau AG. Der rechtwinklige Raum hatte gewaltige Ausmaße. An seiner Schmalseite, in Richtung Westen, befand sich eine große Fensterfront, die den Blick über die Stadt und weit darüber hinaus freigab. Vor dem Fenster stand ein mächtiger Schreibtisch aus Ebenholz. Links und rechts an den Wänden Bücherregale. Alles wirkte dunkel und bedrohlich.

„Schönen guten Tag, mein lieber Harry!“, sagte eine Stimme. Kröger war irritiert. Der Tonfall kam ihm bekannt vor. Jetzt sah er, wie sich vom großen Fenster her eine Person näherte. Sie hatte das Licht im Rücken. Deshalb waren ihre Züge erst erkennbar, als sie nahe vor ihm stand. `Ist ja eine tolle Inszenierung!´, dachte Harry. Und dann erschrak er: „Obersturmbannführer Krotzig? Äh, was machen Sie denn hier ...?“

Vor ihm stand ein Mann, vielleicht Mitte vierzig, volles braunes Haar mit einigen grauen Spuren darin, groß, kräftig, sportlich, im Gesicht einige Schmisse. Wahrscheinlich von studentischen Mensuren.

„Ruhe, nicht so laut, Harry!“, sagte der Mann, „ich weiß nicht, ob die Schalldämmung alles schluckt. Und nenn mich bitte nicht mehr Obersturmbannführer Krotzig! Die Zeiten sind vorbei! Mein Name ist jetzt Dr. Wilhelm Mahlstein!“

„Herr Dr. Mahlstein! Aber wie kommt es, dass ...?“

„Ja, wie kommt das wohl? Indem man klug ist und den Namen wechselt. So einfach geht das! Und es geht noch einfacher mit guten Freunden und Bekannten bei Einwohnermeldeämtern und dergleichen. Du hast deinen Namen behalten. Siehst ja, was du nun für Scherereien damit hast! Schön blöd von dir."

„Hatte nicht die richtigen Bekannten an den maßgeblichen Stellen, Herr Dr. Mahlstein. Und ich wollte in meinen alten Beruf zurück. Da darf man nicht lügen", gab Harry Kröger zurück.

„Bitte, Harry, du kannst mich ruhig duzen! Von meinen besten Freunden werde ich `Willy´ genannt. Und du bist einer davon, immerhin ein alter Kriegskamerad. Wie blauäugig bist du eigentlich gewesen? Wieso glaubtest du, dass, wenn man, wie du, bei der OrPo und schließlich auch noch bei der Gestapo war, anschließend nahtlos und unbemerkt in den neuen demokratischen Polizeidienst überwechseln kann? Tut mir leid, Harry, aber allzu große Ehrlichkeit zahlt sich nicht aus. Soviel ich hörte, haben sie dich erst einmal suspendiert. Was treibst du denn im Moment?"

„Ich schlage meine Zeit mit privaten Ermittlungen tot."

„Ein Privatschnüffler!", rief Mahlstein mit gespielter Ungläubigkeit aus, „wie tief willst du denn eigentlich sinken?"

„Nun mach mal halblang, Willy! Nicht jeder hat so ein Glück wie du!"

„Was heißt hier Glück? Mitdenken, Harry! Neue Zeiten verlangen neue Maßnahmen! Und ehrlich währt nicht immer am längsten! Davon abgesehen: Wie läuft denn das Geschäft als Privatermittler?"

„Du würdest dich wundern: ziemlich gut! Ich hab´ ne Menge zu tun, wobei mir mein Ruf als ehemaliger Polizist zugute kommt. Die Leute rennen mir die Bude ein! Sind allerdings keine interessanten Fälle, wie bei der Abteilung für Schwerverbrechen und den Mordkommissionen. Es dreht sich in erster Linie um Scheidungssachen. Betrogene Ehefrauen und Ehemänner suchen nach Beweisen für die Untreue ihrer jeweils besseren Hälften."

„Puuh, na, ja, wenn´s läuft, das Geschäft, dann ist ja alles in Ordnung!", sagte Dr. Mahlstein, „ich hab ja auch den Beruf gewechselt. Vom Söldner zum Bauunternehmer! Mit Franz Wedding zusammen habe ich nach dem Krieg ganz klein angefangen. Was soll´s! Jeder macht´s auf seine Art. Vielleicht liegst du ja auch gar nicht falsch mit deinen Angelegenheiten, Harry!"

„Ich kann mir als Privatermittler zwar mehr leisten als früher", sagte Kröger, „aber, wenn irgend möglich, möchte ich natürlich wieder zurück in den Kripo-Dienst. Ist einfach ne Spur seriöser!"

„Verstehe, verstehe, Harry", meinte Mahlstein, „ich überlege gerade, ob ich in dieser Hinsicht für dich was tun kann. Die richtigen Leute kenn ich ja alle. Du giltst als belastet, nicht wahr? Hörte ich vor Kurzem."

„So ist es", antwortete Harry Kröger, „ich würde mich allerdings gern selbst vor Gericht reinwaschen, als dass ich durch Protektion auf nicht ganz sauberem Weg wieder zur Polizei gehen kann."

„Unser Harry! Immer noch moralinsauer, auch wenn es um seine eigene Existenz geht!", sagte Mahlstein. „Kannst es dir ja noch überlegen! Ich glaube, wenn ich mich ein wenig bemühe, würdest du – mir nix, dir nix – wieder eine Marke haben."

Der ehemalige Obersturmbannführer Krotzig drehte sich um, ging zur Sprechanlage auf seinem Schreibtisch und sagte: „Das Wiedersehen müssen wir begießen, Harry! Was willst du trinken? Ich hab echten Remy Martin da! Nur für besondere Gäste."

„Okay, ich nehm gern einen Remy."

„Okay! Ist ein schönes amerikanisches Wort", sagte Mahlstein und drückte auf die Sprechtaste. „Fräulein Storck?"

„Ja, Herr Dr. Mahlstein?"

„Bringen Sie uns doch bitte die Flasche Remy Martin und zwei Gläser ins Büro. Danke."

„So, mein lieber Harry, nimm doch bitte Platz. Und zwar dort hinten, in der Raucherecke."

Wilhelm Mahlstein führte Kröger in den der Fensterfront gegenüber liegenden Teil des Büros. Dort standen ein dunkles Ledersofa und zwei Stühle, alles in einem Stil, der an Bilder von britischen Landhäusern erinnerte. In der Mitte der Sitzgruppe befand sich ein kleines Tischchen. Darauf lagen Rauchutensilien. Harry Kröger setzte sich auf das Sofa.

Es klopfte leise, Mahlstein rief „Herein!" und Fräulein Storck betrat das Zimmer. Sie stellte ein Tablett mit der tiefgrünen Remy Martin-Flasche und zwei Cognac-Schwenkern auf das Tischchen und entfernte sich, ohne Kröger eines einzigen Blickes zu würdigen.

„Fräulein Storck mag mich nicht", sagte er.

„Da bist du nicht der Einzige", meinte Mahlstein.

Beide Männer saßen sich gegenüber, schwenkten die Gläser mit dem goldbraunen Inhalt und pafften jeweils eine `Stahl und Eisen´ zu einer Mark und zwanzig Pfennige das Stück. Auch nicht gerade billig.

„Guter Stoff!“, sagte Kröger zu Dr. Mahlstein, nachdem er einen Schluck aus dem Glas genommen hatte.

„Das sage ich dir!“, erwiderte der Prokurist.

„Und wie laufen momentan eure Geschäfte? Das Bauen?“

„Wir können uns überhaupt nicht beklagen“, antwortete Mahlstein, „tatsächlich wissen wir vor lauter Aufträgen manchmal weder ein noch aus. Bund, Länder, Kommunen, auch Privatleute: Alle bauen wie die Verrückten! Als wenn´s kein Morgen gäbe.“

„Na, dann ist ja alles in bester Butter.“

„So kann man´s ausdrücken! – So, Harry, nachdem wir jetzt eine ganze Reihe Artig- und Nettigkeiten ausgetauscht haben: aus welchem Grund bist du hier? Was willst du von mir? Unsere Empfangsdame sagte, du kämst wegen Franz Wedding. Was ist mit ihm?“

„Nun, er wird vermisst!“

„Ach, tatsächlich?“ Wilhelm Mahlstein lachte. „Wer vermisst ihn denn so sehr, dass er einen Ermittler engagiert, um ihn zu suchen?“

„Rosemarie Wedding“, sagte Kröger.

„Die liebe Rosemarie!“, rief Mahlstein aus, „die liebe kleine Rosemarie! Ich kann´s nicht glauben! Franz und Rosemarie! Ich denke, die beiden hassen sich wirklich. Rosemarie ist es doch vollkommen egal, wo ihr Mann sich gerade befindet.“

„So etwas in der Richtung hat sie mir auch gesagt. Dennoch macht sie sich Sorgen. Sie sagte, dass Franz

Wedding sich während seiner zahlreichen Geschäftsreisen bisher alle zwei bis drei Tage telefonisch gemeldet habe. Die aktuelle Reise dauere jetzt schon fast drei Wochen, ohne dass irgendeine Rückmeldung bei ihr eingegangen sei."

„Und deshalb hat sie dir den Auftrag gegeben, meinen alten Kumpel, Freund und Geschäftspartner Franz aufzuspüren? Das ist ja merkwürdig! Was für eine Rücksicht und Sorge in diesem kalten Herz! Und warum fragt sie nicht mich, ruft mich an? Dann hätte sie sich das Engagement eines Privatdetektivs sparen können!"

„Nicht, dass ich mich nicht über zusätzliche und gut dotierte Aufträge freue", sagte Kröger, „aber das habe ich ihr auch gesagt. Warum sollten mir Freunde und Bekannte von Franz Wedding Auskünfte über seinen Verbleib geben, einem gänzlich Fremden? Aber sie ließ sich nicht von diesem Gedanken abbringen, weiß der Geier, wieso. Na, und deshalb sitze ich heute hier bei dir und frage dich!"

„Hast Glück, dass wir uns kennen, Harry!", sagte Mahlstein, „normalerweise würde ich einem Privat-Ermittler keinerlei Auskünfte darüber erteilen, wo sich mein Geschäftspartner gerade befindet. Aber bei dir mache ich natürlich eine Ausnahme! Sag doch bitte Rosemarie Wedding, die ich übrigens gut kenne, dass sie die Suche nach ihrem Mann auf der Stelle beenden kann. Er ist über zwei Wochen in Kairo gewesen, um dort Bauaufträge für uns einzuholen. Hast richtig gehört, Harry, wir gehen jetzt auch ins Ausland! Seit einigen Tagen ist Franz Wedding nun zurück und logiert in einem Hotel."

„Warum denn das? Warum geht er nicht zu seiner Gattin zurück? Auch wenn die sich nicht mehr grün sind – die Villa ist doch groß genug, um sich gegenseitig aus dem Weg zu gehen."

„Glaub mir, Franz hat seine Gründe!", entgegnete Willy Mahlstein, „er wird aber in den nächsten Tagen bei seiner Rosemarie wieder auftauchen. Das, was er inzwischen vorbereitet hat, wird ihr nicht unbedingt gefallen."

„Was hat er denn da Geheimnisvolles in Angriff genommen?"

„Im Grunde das, was Frau Wedding auch will: die Scheidung. Sag es ihr aber nicht weiter. Sie wird es noch früh genug erfahren. Da es keinen Ehevertrag gibt, hat Franz es so geregelt, dass er mit den geringstmöglichen finanziellen Verpflichtungen aus der kinderlosen Ehe herauskommt."

„Verstehe", sagte Kröger, „hört sich für mich nach einem nicht besonders feinen Zug an."

„Was weißt du schon davon, was zwischen Rosemarie und Franz alles passiert ist. Franz sieht sich da im Nachhinein nicht besonders stark in der Verantwortung."

„Aha. Kenne ja auch die Geschichte der beiden nur vom Hörensagen und aus der Presse."

„Glaub mir, Harry: Da wird ne Menge gelogen! Rosemarie Wedding ist keinesfalls das Unschuldslämmchen, als das sie sich immer wieder gern darstellen lässt. Wird jedenfalls ein kurzer und nicht sehr lukrativer Auftrag für dich", sagte Wilhelm Mahlstein.

„Sieht so aus", meinte Harry Kröger

„Weißt du was, Harry? Mir fällt da gerade etwas ein. Komm doch heute Abend ins Prälat Schöneberg. Ich lade dich ein! Einige Freunde und ich haben eines der Hinterzimmer angemietet. Was heißt Hinterzimmer? Ist eher so ein kleiner Saal. Wir wollen kräftig feiern, es richtig krachen lassen. Das machen wir alle paar Wochen. Wir sind so eine Art gehobener Sparverein. Einige Leute zahlen ordentlich in eine gemeinsame Kasse ein. Wie in jeder x-beliebigen Eckkneipe. Und am Monatsende wird die Kohle versoffen und sonstwie auf den Kopf gehauen. Heute ist wieder so ein Tag. Franz Wedding wird auch da sein. Ich stelle ihn dir vor. Ist ein gewöhnungsbedürftiger Typ, wie ich immer wieder höre. Die Feier wird dich auf andere Gedanken bringen. Dann hast du wenigstens etwas Spaß aus diesem Fall gezogen, wenn er dir schon nicht besonders viel Honorar gebracht hat. Und morgen kannst du dann Rosemarie Wedding anrufen und ihr berichten, dass du ihren Mann gefunden hast und er in den nächsten Tagen zu ihr zurückkehrt. Franz wird nichts dagegen haben. Ich werde ihm von der Sache berichten! Na, was meinst du? Trinken und Essen geht alles auf mich."

„Hört sich ganz verlockend an! Man sagte mir, dass dort heute Abend auch die neue Miss Berlin gewählt wird."

„Du hast ganz richtig gehört, mein Lieber! Da steigt heute die ganz große Schaffe, wie die Halbstarken sich auszudrücken belieben. Also, keine Widerrede, du bist dabei!"

„Geht in Ordnung, Willy!"

„Das wollte ich hören! So gefällst du mir! Um acht Uhr vorm Haupteingang des Prälat, Hauptstraße in Schöneberg. Sei pünktlich! Sonst verpasst du die größte Party deines Lebens.“

Die Orgie im Prälat Schöneberg

Kurz vor acht stand Harry Kröger frisch rasiert vor dem Haupteingang des Prälat, Berlins berühmtestem und größtem Tanzpalast.

Es herrschte ein ungeheurer Auftrieb. Permanent fuhren Limousinen vor, schwarze Mercedes-Benz 180er, aber auch hin und wieder ein Borgward. Ihnen entstiegen mondän gekleidete Damen und Herren, ließen den Wagen von den livrierten Boys auf den Parkplatz fahren und strebten dem Eingang zu. Harry Kröger prüfte noch einmal sein Äußeres. Konnte er da mithalten? Er konnte.

Ein Taxi hielt an. Dr. Wilhelm Mahlstein und eine Dame stiegen aus. Die junge Frau war etwas zu grell geschminkt und ein wenig zu auffällig gekleidet. Ihr Gesicht und die wasserstoffblonden Haare erinnerten an einen bekannten Filmstar.

`Verdammt, sie sieht aus wie Marilyn Monroe!´, dachte Kröger, `aber sie ist es nicht! Kann ja gar nicht sein. Aber täuschend ähnlich!´

Mahlstein bezahlte den Fahrer, sah den wartenden Harry und eilte mit seiner Begleitung zu ihm.

„n´ Abend, Harry! Freut mich, dass du meiner Einladung gefolgt bist. Darf ich dir Fräulein Marielle Marlen vorstellen?"

Damit wandte er sich an die Frau: „Süße, das ist mein alter Freund Harald Kröger, genannt Harry. Sei vorsichtig, was du ihm erzählst. Er ist Polizeibeamter."

„War Polizeibeamter, war. Sehr erfreut", sagte Harry, nahm die ihm dargereichte Hand der Frau und deutete einen Handkuss an.

„Du solltest mir nicht verschweigen, dass du so gut aussehende Freunde hast“, sagte Marielle Marlen zu Mahlstein, wobei sie Kröger mit einem fast schon unverschämten Blick von oben bis unten musterte.

Harry wettete mit sich darauf, dass sie aus dem Gewerbe stammte. Allerdings dürften ihre Leistungen nicht so kostengünstig sein, wie die der Damen in der Augsburger Straße.

„Nichts wie ´rein ins Vergnügen“, forderte Mahlstein auf, „auf diesen Abend habe ich mich schon lange gefreut.“

Ein weiterer Livrierter hielt den Dreien die Tür zum Prälat auf. Dahinter, links und rechts vom Eingang, standen je ein Herr und eine Dame, die wie Zirkusdirektoren gekleidet waren: hohe, schwarze Zylinder, einen schwarzen Frack mit Schwalbenschwanz, darunter weiße Hosen, die in hohen Reitstiefeln steckten. Es fehlte nur noch die lange Reitpeitsche, um damit Pferde zu dirigieren, die im Kreis liefen. Die Aufgabe dieser beiden bestand jedoch nur in der Kontrolle und dem Abriss der Eintrittskarten.

Vor den Garderoben knubbelten sich die Menschen. Die heutige Veranstaltung schien bis auf den letzten Platz ausverkauft zu sein. Nachdem Dr. Mahlstein, Harry und die bizarre Schönheit Marielle Marlen endlich ihre Mäntel und Hüte gegen die Abgabe von je zwei D-Mark Garderobengebühr bewerkstelligt hatten, konnten sie den großen Saal betreten, in dem das hauptsächliche Geschehen des Abends, die Wahl der

Miss Berlin, erfolgten sollte. Fast alle Tische schienen bereits besetzt. Kellnerinnen und Ober liefen hektisch umher, nahmen Bestellungen auf und brachten volle Tabletts mit Getränken. Die Hauskapelle auf der großen Bühne spielte sehr leise Swing-Musik. Dennoch ergab der zusätzliche Geräuschpegel, der aus den Gesprächen der Menschen entstand, eine Melange von gewaltiger Lautstärke.

Von der dem Eingang gegenüber liegenden Bühne hatte man einen Laufsteg gebaut, der bis zur Mitte des Saales reichte. Dort hatten sich Fotografen postiert und zwei Kameramänner der Deutschen Wochenschau, die mit ihren 16 mm Arriflex-Handkameras hier und dort Eindrücke vom Geschehen einfingen. Damit sie genügend Licht hatten, waren um sie herum einige Scheinwerfer aufgebaut, die scharfes und grelles Licht warfen. Die Luft war schon jetzt zum Schneiden. Der Rauch der Zigarren und Zigaretten biss in den Augen. Die Atmosphäre knisterte. Die allgemeine Gier und Lust, heute Abend zu feiern, zu trinken, überhaupt etwas Besonderes zu erleben, war geradezu mit Händen greifbar.

„Na, Harry, hier ist was los, oder?“, fragte Wilhelm Mahlstein voller Vorfreude.

„Alle Achtung, Willy“, sagte Kröger.

„Dieter!“, rief Mahlstein plötzlich laut und meinte damit einen der Ober, der daraufhin mit lachendem Gesicht auf Mahlstein zukam und ihm die Hand schüttelte.

„Einen schönen guten Abend, Herr Dr. Mahlstein!“ begrüßte dieser den Gast mit ausgesuchter Höflichkeit, „ich freue mich, Sie wieder einmal in unserem Haus begrüßen zu dürfen. Sie sind zu dritt? Selbstverständlich habe ich Ihnen heute wieder Ihren Tisch in Bühnennähe reserviert! Folgen Sie mir, bitte.“

Harry Kröger beobachtete, wie der 100 D-Mark-Schein, den Mahlstein in seiner grüßenden Hand platziert hatte, in die Rechte des Kellners überwechselte und dieser ihn schnell in der Hosentasche verschwinden ließ. Kröger staunte nicht schlecht: hundert Mark als Schmierseife für einen guten Platz! Das war deutlich mehr als der Wochenlohn eines Facharbeiters.

Dieter führte die drei zu einem Tisch in unmittelbarer Nähe der Bühne und des Laufstegs. Hier saß die Hautevolee der Stadt. Tische und Stühle waren dort nicht so eng gestellt wie im hinteren Bereich des Saales.

„Für die anschließende Feier ist übrigens alles vorbereitet“, sagte der Kellner halblaut zu Mahlstein und mit einiger Süffisanz in der Stimme.

„Das freut mich zu hören!“, rief Mahlstein.

„Was darf ich den Herrschaften zu Trinken bringen?“

„Bringen Sie uns bitte eine Flasche Veuve Cliquot, schön gekühlt!“

„Selbstverständlich. Sehr gern“, sagte Dieter und verschwand.

„Veuve Cliquot? Donnerwetter, Willy, du steigst aber gleich hoch ein!“, meinte Harry.

„Ich bitte dich, Kamerad! Wir sind hier doch nicht bei armen Leuten.“

Sie hatten noch nicht fünf Minuten gesessen, als

ein wahres Defilee begann. Alle möglichen Bekannten, weiblich und männlich, machten an Mahlsteins Tisch ihre Aufwartung, grüßten herzlich und manchmal überschwänglich den Ersten Prokuristen der großen Baufirma. Wilhelm Mahlstein erhob sich jedes Mal, reichte den Männern die Hand und küsste den Damen dieselbe.

Dann erschienen zwei Kellner. Der erste räumte überzählige Gläser und Besteck vom Tisch und stellte drei Sektflöten auf. Der zweite trug den Sektkübel und stellte diesen auf einen Beistelltisch. Er war bis zum Rand mit Eiswasser gefüllt, aus dem die Champagnerflasche unter einer weißen Serviette hervorlugte. Der Kellner öffnete schnell und gekonnt und schenkte die Gläser voll. Mit den Worten „Sehr zum Wohle!" verschwanden die beiden wieder.

Mahlstein beugte sich zu Harry Kröger hinüber und sagte leise: „Ich habe übrigens mit Franz Wedding vorhin telefoniert. Er wird nachher bei der Feier dabei sein. Wie gesagt: Ich stelle dich vor. Ist also alles in trockenen Tüchern."

„Besten Dank, Willy", tuschelte Kröger zurück.

Der Champagner hatte die satte, fast goldene Farbe, an der man einen guten Tropfen erkennt. Marielle, Harry und Willy stießen an. Harry war angetan. Der Champagner schmeckte rund und nicht zu süß, aber kraftvoll. Und er entfaltete sehr schnell seine Wirkung. Rasch wurde das Gespräch äußerst angeregt. Kröger wollte wissen, was Marielle Marlen beruflich mache. Es entstand eine kurze Pause am Tisch und Harry merkte, wie Mahlstein ihn unter dem Tisch mit der Fußspitze anstieß. Marielle war allerdings nicht auf den Mund gefallen.

„Ich bin Tänzerin und versuche mich auch als Schauspielerin. Habe auch schon hier und dort eine kleine Rolle gehabt. Wissen Sie, wer mein großes Vorbild ist?“

„Keine Ahnung“, sagte Kröger.

„Marilyn Monroe!“

„Tatsächlich?“

Es entstand eine allgemeine Unruhe. Offenbar sollte das Showprogramm beginnen. Damit sie dies nicht trocken erlebten, orderte Willy Mahlstein rasch noch eine Flasche Champagner. „Aber eiseeisekalt!“, rief er Dieter hinterher, wobei er versuchte, den nach seiner Auffassung typischen Tonfall eines Transvestiten nachzuahmen. Das gelang ihm sogar recht gut. Jedenfalls wurde an den umliegenden Tischen beifällig und pflichtschuldig gelacht. Kröger fand das nicht witzig. Er hatte es sich schon während seiner Zeit bei der Kripo abgewöhnt, Scherze auf Kosten von Minderheiten zu machen. Egal, welcher. Er hielt dies für ein Zeichen charakterlicher Schwäche. Dass der ehemalige Obersturmbannführer Krotzig so ein Idiot war, hätte er nicht gedacht. `Na, man lernt nie aus´, sagte Kröger zu sich selbst.

Auf der Bühne erschien ein langer, dünner Mensch mit glatt nach hinten pomadisierten schwarzen Haaren, weißem Jackett mit schwarzer Fliege, Cumberbund und schwarzer Hose. Die Menge jubelte. Auch Fräulein Marlen und Dr. Mahlstein applaudierten begeistert. Marielle drehte sich zu Kröger um und quietschte vergnügt: „Das ist Ennio de Morricone! Ist er nicht dufte?“

Kröger nickte freundlich und zustimmend. `Aha´, dachte er, `das ist also der berühmte Entertainer, von dem die ganze Stadt spricht! Sieht ja ziemlich bescheuert aus.´

In gebrochenem Deutsch, durchsetzt mit italienischen Brocken, die die anwesenden Damen geradezu in Raserei versetzten, begann Ennio de Morricone durch das Programm zu führen. Zunächst kündigte er den Aufmarsch der zehn Bewerberinnen für den Titel der Miss Berlin an und stellte die fünfköpfige Jury vor. Dann erschien eine der jungen Damen nach der anderen. Sie wurden jeweils namentlich kurz vorgestellt und man erwähnte, dass sie noch Schülerinnen seien, Studentinnen oder gar schon im Berufsleben stünden. Angeblich war keine älter als vierundzwanzig, obwohl einige den unleugbaren Eindruck hinterließen, als lebten sie schon etwas länger auf dieser Welt.

Kröger staunte über die vielen hübschen Gesichter und schlanken Erscheinungen. Das Publikum klatschte artig Beifall, die Kameras der Wochenschau surrten, die Verschlüsse der Fotoapparate klickten und die Blitzlichter waren im Einsatz.

Die Kandidatinnen hatten verschiedene Kleider und Schuhe zu tragen, mussten sich darin gut bewegen können und sollten kleine, läppische Aufgaben lösen. In den Umziehpausen spielte die Hauskapelle zunehmend lauter auf. Die ersten Gäste tanzten bereits. Der Alkohol tat seine Wirkung.

Nach diversen Präsentationen der zehn Mädchen und den kleinen Einzel-Interviews begann die Sache trotz weiteren Schampus-Nachschubs langweilig zu werden. Kröger verkniff sich ein Gähnen. Jetzt musste langsam etwas Interessantes passieren, damit der Abend nicht nach hinten losging. Harry und die übrigen Männer im Saal wurden umgehend belohnt, denn die Mädchen hatten nun Unterwäsche und Badebekleidung möglichst elegant und auch ein wenig erotisch-verführerisch zu präsentieren. Der Saal tobte vor Begeisterung, geriet schier aus dem Häuschen. Einzig die Damen im Publikum hielten an sich, klatschten Beifall, sezierten jedoch das Dargebotene mit scharfem, zuweilen missbilligendem Blick.

Anschließend zog sich die Jury zur Beratung zurück. Die Musiker übernahmen wieder und machten jetzt mächtig Dampf. Allerdings hinterließ ihr Spiel bei Kröger keinen besonderen Eindruck. Ihm, der sich schon lange auf BFN und AFN die echten, neuen und wirklich guten Rhythm´n´Blues-Kracher aus den USA anhörte, verlangte nach etwas anderem. Da konnten der `Schnee-Walzer´, `Rosamunde´ und `Boogie-Woogie-Choo-Choo´ nicht mithalten. Aber es war besser als gar nichts, und es war schön laut.

„Tanzen wir?“, fragte Marielle Marlen, wartete die Antwort Krögers gar nicht erst ab, sondern griff sich seine rechte Hand und zog ihn mit sich. Im Standardtanz war Harry Kröger nicht besonders gut, bis auf Jitterbug und Jive. Das war allerdings gar nicht schlimm, denn Fräulein Marlen nutzte die Gelegenheit, um sich mit teilweise frivol anmutenden Variationen über die vorgeschriebenen und gängigen Tanzschritte optimal in Szene zu setzen. Harry schien im Grunde nur nötiges Beiwerk zu sein. Er schaute zu Mahlstein hinüber, der sich darüber vor Lachen geradezu ausschüttete. Die anderen Männer im Saal glotzten wie Bauernburschen, die zum ersten Mal in der großen Stadt waren.

Ein gewaltiger Tusch und das Abdunkeln des Saales bis auf einen einzigen Scheinwerfer kündigten nun die Entscheidung der Jury an. Wer sollte die zukünftige Miss Berlin sein? `Eine Frage von wirklich epochaler Bedeutung!´, dachte Kröger.

Im Hintergrund der Bühne hatten die zehn Kandidatinnen in ihren Badekostümen Aufstellung genommen. Ein Trommelwirbel begleitete das Überreichen von drei Kuverts an Ennio de Morricone. Die dann von ihm verlesenen Namen gingen im Gekreisch und Gejubel des Publikums unter, das offenbar schon gar nicht mehr wusste, weshalb und wofür es sich so begeisterte. Die drei Gewinnerinnen, erster, zweiter und dritter Platz, bekamen jede einen Blumenstrauß überreicht. Die Siegerin und nunmehr amtierende Miss Berlin erhielt zudem eine Art Schärpe, auf der ihr neuer Titel aufgedruckt war, dazu einen Scheck über eintausend Mark und die Zusage einer Mannequin-Agentur, mit ihr für ein halbes Jahr zusammenzuarbeiten. Die Siegerin vergoss Tränen der Rührung und umarmte Ennio de Morricone. Dann stammelte sie etwas in das ihr dargereichte Mikrofon. Kröger konnte es nicht verstehen. Vielleicht die meisten anderen auch nicht. Dennoch wurde es euphorisch beklatscht.

Harry Kröger fand, dass den Titel der Miss Berlin

eigentlich jene Frau verdiente, die nur den zweiten Platz gemacht hatte. Sie war viel schlanker und hochgewachsener als die Nummer eins, konnte sich besser bewegen und lächelte aus einem aparten Gesicht, das von dunklen, kurzen Haaren umschmeichelt wurde. Die Siegerin verfügte dagegen über etwas mehr Fleisch auf den Hüften und war deutlich kleiner. Aber sie hatte blonde, lange Haare und größere Brüste. Das war für die Jury, die sich aus zwei Frauen und drei Männern zusammensetzte, offenbar ausschlaggebend gewesen.

Marielle Marlen vertrat mit großer Vehemenz ebenfalls die Ansicht Harry Krögers, obwohl sie selbst doch eher dem etwas blonderen und volleren Schönheitsideal entsprach. Mahlstein ließ sich mittlerweile auf keine Diskussionen mehr ein: „Mir wird das hier zu langweilig. Was für eine müde Veranstaltung! Kommt jetzt. Wir gehen hoch zu unserer kleinen Privatparty."

Damit stand er auf. Marielle Marlen und Harry folgten ihm, beide durch den Alkohol schon etwas unsicher auf den Beinen.

„Ich brauch mal langsam was zu essen!", sagte Marielle leise, „sonst halte ich diese hohe Taktzahl nicht die ganze Nacht durch."

„Geht mir genauso", meinte Harry Kröger.

Kröger und Marielle kämpften sich durch die Massen hinter Mahlstein her, der auf eine der Treppen zusteuerte, die zu den Plätzen auf der Galerie führten. Oben angekommen, sprach er mit einem der Kellner, der aus seiner Tasche ein Schlüsselbund hervorholte, voranging und eine Tür im hinteren Bereich der Galerie öffnete. Von dort gelangten die drei auf einen langen Flur, von dem rechts und links weitere Türen abgingen. Vor der zweiten standen zwei riesige Männer mit verschränkten Armen, die teilnahmslos die kleine Gruppe musterten, die sich nun näherte. Aus dem Raum hinter ihnen war laute Musik zu hören.

„Losung?", fragte einer von ihnen und wandte sich an Dr. Mahlstein.

„Rosebud", sagte dieser.

„Sie dürfen eintreten!"

Der zweite starke Mann öffnete einen Flügel der Tür und ließ Mahlstein, Marielle und Kröger durch.

Kaum, dass sie eingetreten waren, hörte man von einer Schallplatte laut und kraftvoll die Stimme von Big Joe Turner: „Get outta that bed, wash your face and hands ...!"

„He, die haben gute Musik hier!" Kröger war sofort begeistert.

„Das liegt an unseren Kontakten zu den lieben Besatzern", meinte Mahlstein, „ah, nein, die heißen ja jetzt Nato-Verbündete."

Marielle fing sofort an, sich zur Musik zu bewegen. Harry hatte ebenfalls Lust zum Tanzen.

Und dann sah er, auf welcher Party sie gelandet waren. Es handelte sich um einen kleinen Saal mit dunkler Holztäfelung. Gegenüber der Eingangstür standen mehrere lange Tische, auf denen ein gewaltiges Büfett aufgebaut war, wie es die Welt noch nicht gesehen hatte. Das Angebot von kalter und warmer Nahrung war an vier Stellen durch je einen riesigen

Sektkühler gekrönt, in denen sich zahllose Champagnerflaschen befanden. Drumherum lagen Brotkörbe mit Toast, daneben Butter. Und schwarzer und roter Kaviar. In rauen Mengen. Den hatte Harry Kröger trotz seiner langen Kriegseinsätze an der Ostfront in Russland nie zu Gesicht bekommen.

Auf einer Fläche in der Mitte wurde wild getanzt. Das Durchschnittsalter der anwesenden Herren war einigermaßen hoch anzusetzen, dafür jenes der durchweg jungen Frauen umso niedriger. Kröger erkannte mit geübtem Blick, dass einige von ihnen zum Gewerbe gehörten, allerdings dürften auch sie, wie Fräulein Marlen, ihren Beruf im Bereich der höchsten Preiskategorie ausüben.

In einer Ecke des Saales befand sich eine kleine Bar. Sämtliche Barhocker waren besetzt. Hinter der Theke standen zwei junge Barkeeper in weißen Hemden und Westen mit schwarzen, pomadisierten Haaren, die beständig Drinks mixten und servierten. Frauen kreischten, Männer lachten laut und dröhnend. Man prostete sich zu. Auf kleinen Tischen lagen Zigaretten, Zigarren und Streichhölzer aus. Gegenüber der Theke, in einer anderen Ecke des Raumes, sah man einen Angestellten des Prälat, wie er einen der zwei Zehner-Plattenspieler bestückte. War ein Stück zu Ende, hob sich der Tonarm automatisch zur Seite und die nächste Platte fiel auf den Teller. Der Tonarm senkte sich wieder, das nächste Stück erklang in ohrenbetäubender Lautstärke.

„Marielle, Harry, bedient euch! Wo ihr wollt! Ihr seid eingeladen!“, sagte Mahlstein mit großer Geste.

„Ich würd ja gern mal Kaviar probieren“, sagte Kröger, „darf ich?“

„Natürlich darfst du“, meinte Mahlstein, „friss und trink, soviel du kannst. Wenn etwas alle ist, wird sofort nachgeschoben!“

„Das ist ja ein Schlaraffenland!“

„Du sagst es!“

Weitere Gäste trafen ein. Der Saal füllte sich immer mehr. Dann, irgendwann, schauten auch noch einige der Mädchen vorbei, die vorhin zu den Aspirantinnen auf den Thron der Miss Berlin gehört hatten. Jeder der männlichen Gäste, die bald deutlich in der Unterzahl waren, hatte bald vier oder fünf hübsche junge Damen um sich herum, die bereitwillig über die Witze ihrer Gönner lachten. Auch Wilhelm Mahlstein war von Schönen umringt. Kröger wollte ihn etwas fragen und winkte ihn zu sich her.

„Nicht jetzt, Harry“, rief er, „du siehst doch, dass ich zu tun habe.“

Kröger grinste und goss sich einen weiteren Champagner ein. Marielle blieb an seiner Seite und tat das Gleiche.

„Was sind denn das alles für Männer hier? Kennst du welche von denen?“, fragte er.

„Ich kenne fast alle“, antwortete Marielle, „die meisten sind Leute aus der Wirtschaft. Generaldirektoren, Vorstände, Geschäftsführer. Ein paar kommen auch aus der Verwaltung. Leiten Ämter und solche Dinge.“

„Hast du denn diese Partys schon häufiger mitgemacht?“

„Das kann man wohl sagen“, meinte Marielle.

„Wie bist du denn da dran gekommen?"

„Zufall. Da gab es Anrufe, dass hier und dort Begleitungen für Herren gesucht wurden. Tja, und dann landet man hier. Es gibt Schlechteres!"

„Sieht mir auch so aus. Die müssen ja alle ungeheuer viel Kohle haben."

„Die haben so unendlich viel Geld, mein Kleiner, davon traust du dich nicht, zu träumen, weil es dir zu unverschämt erscheint!"

„Ich glaube, ich hab in meinem Leben etwas falsch gemacht", seufzte Kröger.

„Heul doch", sagte Marielle trocken und fragte dann: „Sollen wir tanzen?"

„Na, und ob!" Harry war mittlerweile ziemlich betrunken und für alles zu haben.

Wie auf Bestellung erklang `I Got A Woman´ von Ray Charles aus den Boxen. Marielle schmiegte sich beim Tanz immer enger an Harry, umklammerte ihn. Er spürte, wie sie ihre Brüste an ihn drückte, atmete ihren Geruch ein, der ihn an Erdbeeren erinnerte. Sie schaute hoch, die Lider halb gesenkt. Sie küssten sich. Lange.

Irgendwann ließ sie von ihm ab.

„Na, gefällt dir das, Kleiner?", fragte sie.

Sie ließen sich in einem der schicken und modernen Clubsessel nieder, Marielle auf Harrys Schoß. Knutschten, tranken. Ihm fiel ein, dass er ja eigentlich mit Franz Wedding sprechen wollte. Marielle kicherte und schob Harry einen der Club-Cracker mit rotem Kaviar in den Mund, die sie zuvor vom Büfett mitgenommen hatte. Die Musik dröhnte. Der Beat der so genannten `Negermusik´ aus den USA wurde mit dem Schmiedehammer geschlagen und jeder Schlag saß.

Aus dem Augenwinkel sah er, wie die Party langsam, aber sicher zu einer Art Orgie mutierte. Links von Marielle und Harry hatten es sich drei Mädchen und einer der Männer auf einer Chaiselongue bequem gemacht, alle nackt. Während zwei der Mädchen sich küssten und streichelten, stand die dritte dem Mann für die Umsetzungen seiner Ideen von körperlicher Liebe zur Verfügung.

Harry zog die Augenbrauen hoch. Gegenüber begannen zwei Männer sich zu küssen und aneinander herumzufingern. `Oh, là là!´, dachte Harry.

„Meine liebe Marielle, mein lieber Harry“, hörte man die stark lallende Stimme von Willy Mahlstein. Er stand vor ihnen, an seiner linken und rechten Seite je eine unbekleidete Frau. Er selbst trug ebenfalls keinen Fetzen Kleidung mehr am Leibe und bot wegen seiner beginnenden Fettleibigkeit keinen allzu ästhetischen Anblick.

„Ich sehe, ihr beide seid noch etwas gehemmt, um euch auf diesem schönen Fest vollends gehen zu lassen“, sagte er, „ich habe hier etwas für euch, von dem wir alle schon gekostet haben. Ein wahres Wundermittel!“

Mit diesen Worten reichte er ihnen ein kleines, flaches Silbertablett, auf dem ein Spiegel lag, darauf mehrere Linien aus weißem Pulver. Daneben lagen zu kleinen Röllchen gedrehte 100 D-Mark-Scheine. Marielle griff sofort zu, schnappte sich eines der Röhrchen und riss sich gierig eine der Spuren in die Nase. Mit dem Zeigefinger nahm sie die restlichen Partikel vom Spiegel auf und verrieb sie auf dem Zahnfleisch ihrer oberen Schneidezähne. Kröger staunte: den Geldschein hatte sie gekonnt verschwinden lassen.

„Und du, Harry?“, fragte Mahlstein.

„Lass man, Willy. Ich bleib beim Alkohol.“

„Es muss auch nicht unbedingt Koks sein“, sagte Willy Mahlstein, „ich kann dir auch unseren lieben Freund Friedhelm schicken. Der ist Arzt und spritzt einem meiner Freunde gerade eine gehörige Dosis Morphium.“

Harry Kröger reckte den Hals, um erkennen zu können, auf wen Willy mit der rechten Hand zeigte. Gegenüber, bei der Bar, war tatsächlich deutlich zu sehen, wie jemand in einer der Chaiselongues Platz genommen, den rechten Ärmel aufgekrempelt und seine mit einem Gummiband gestauten Venen einem Mann hinhielt, der im Begriff war, dort eine Injektion vorzunehmen. Den aufgezogenen und weit herausstehenden Kolben der Spritze hatte dieser sich zwischen die Zähne geklemmt, während er mit den Händen hier und da auf den Unterarm klopfte, um eine geeignete Stelle für den Einstich zu finden.

„Teufel noch eins, Willy, ihr lasst aber nichts aus“, meinte Harry erschrocken, „ich würde mal sagen, dass ihr heute Abend, ach, was sag ich, wir haben ja schon Nacht oder frühen Morgen, also, dass ihr heute auf eure gesellschaftliche Vorbildfunktion bewusst verzichtet!“

„Scheiß auf die Vorbildfunktion“, lallte Mahlstein, „wir können doch nicht immer die Saubermänner spielen. Davon muss man sich schließlich auch mal erholen!"

Dann drehte er sich um und ging mit den beiden Mädchen weiter.

„Kommt Kinder!", sagte er zu ihnen, „ich habe gewisse Vorstellungen von den weiteren Programmpunkten des Abends. Ihr habt darin Hauptrollen zu übernehmen."

Die Mädchen kicherten. Eine stolperte und lachte schrill auf.

Marielle Marlen wurde nun immer zudringlicher. Harry war das peinlich, obwohl sich niemand daran gestört hätte, wenn die zwei es hier und auf der Stelle getan hätten. Harry Kröger konnte und wollte das nicht. Er beobachtete nämlich, wie sich um verschiedene Sessel und Chaiselongues, auf denen es Paare bereits miteinander trieben, kleine Grüppchen bildeten und interessiert zuschauten, ja, das Ganze als Anregung verstanden, nun selbst an sich und andere Hand anzulegen.

„Was ist los mit dir, Harry?", beschwerte sich Marielle. „Willste nich´ oder kannste nich´?"

Diese Frage brachte Harry vollends aus dem Konzept und ließ ihn von jedem Gedanken an erotische Aktivitäten Abstand nehmen. Er versuchte, sich von den fast aggressiven Zudringlichkeiten Marielles zu befreien. Dabei kam Hilfe von unerwarteter Seite. Ein Herr in Anzug und mit Chauffeursmütze trat plötzlich an ihn heran, hob mit kräftigen Armen Marielle Marlen hoch, ließ Harry aufstehen und legte dann die Frau vorsichtig auf die Chaiselongue.

„He, was soll´n das?“, beschwerte sich diese, fand aber offenbar auch gleichzeitig Gefallen an der Aktion.

„Herr Kröger?“, fragte der kräftige Mann.

„So ist es. Mit wem habe ich es zu tun?“

„Mein Name ist Dahlmann. Sie möchten Dr. Wedding sprechen, nicht wahr?“

„Ja, woher wissen Sie das?“

„Nun, es wurde mir berichtet. Sie haben ja sicherlich schon festgestellt, dass Dr. Wedding auf dieser Feier nicht zugegen ist. Er ist verhindert, lädt sie aber ein, ihn in seinem Hotelzimmer aufzusuchen! Ich bin sein Chauffeur. Er lässt fragen, ob ich Sie ins Hotel Kempinski fahren darf?“

„Nun, ich bin schon ziemlich betrunken!“, stotterte Kröger. „Und wir haben ja schon zwei Uhr! Hat das nicht Zeit bis morgen früh?“

„Nein, bedauerlicherweise hat es das nicht“, sagte der Chauffeur, „eigentlich wollte Herr Dr. Wedding morgen wieder zu seiner Gattin zurück. So hat es Ihnen ja auch Herr Dr. Mahlstein erzählt. Dazu wird es aber doch nicht kommen. Sie, als der von Frau Dr. Wedding angestellte Ermittler, sollen die Gründe dafür nach dem Willen von Herrn Dr. Mahlstein als erster erfahren.“

„Gut, in Ordnung“, sagte Kröger, „fahren wir ins Kempinski.“

666 – The Number Of The Beast

Harry Kröger torkelte hinter dem Fahrer her und musste aufpassen, die Treppe nicht hinabzustürzen. Unten im Saal war die Party ebenfalls noch nicht zu Ende. Nur ging es gesitteter zu. Man schwofte zwar hier und dort eng umschlungen, aber das war auch alles. An einer der Theken im Saal entwickelte sich Randale. Ein Betrunkener sah sich von irgendwem angegriffen, zog sein Jackett aus und begann, sich die Ärmel seines Oberhemdes hochzukrempeln. Dabei tönte er herum, sodass es der ganze Saal hören konnte: „Weißt du eigentlich, wie man mich früher nannte? Nein? Man nannte mich den Max Schmeling von Steglitz! So nannte man mich!"

Eine Frau mittleren Alters ging dazwischen.

„Ist ja gut, ist ja gut! Ihr benehmt euch wie zwei Rüden, die sich nicht riechen können! Reißt euch gefälligst zusammen! Arno, zieh dein Jackett wieder an!"

Mit diesen Worten schob sie den Steglitzer Max Schmeling wieder zurück auf seinen Barhocker. Wie die Sache ausging, konnte Kröger nicht mehr sehen. Er legte an der Garderobe die Marke vor, bekam seinen Mantel und den Borsalino ausgehändigt und ging mit dem Chauffeur vor die Tür. Hier warteten mehrere Taxis auf Fahrgäste. Weddings Chauffeur hielt sich links und steuerte auf einen schwarzen und offenbar nagelneuen Mercedes Benz 220 zu.

„Schickes Auto!", brachte Kröger heraus. Er hatte alle Mühe, seinen Mantel zuzuknöpfen, stolperte und wankte hin und her. Der Chauffeur war bereits am Auto und hielt den hinteren rechten Wagenschlag auf. Kröger stolperte irgendwie hinein und ließ sich auf den großen, weichen Ledersitz fallen. Er sah an sich hinunter. Der Mantel war falsch geknöpft. Es sah bescheuert aus. Kröger knöpfte ihn noch einmal auf.

Das Auto fuhr durch die nächtliche Stadt. Kröger schaute nach draußen und dachte darüber nach, ob seine Heimatstadt jemals zu alter Schönheit und Größe zurückkehren würde. Er war sich nicht so ganz sicher. Aber Feiern, das konnte man hier! So, wie es heute Abend im Prälat losgegangen war, – das suchte wahrhaftig seinesgleichen!

Der Mercedes fuhr die Martin-Luther-Straße hoch, bog ab in die Lietzenburger Straße und stand nach fünfzehn Minuten Fahrt vorm neuen Kempinski. Es war ein großer und markanter Bau, sechs Stockwerke hoch. Seit dem Beginn des `Wirtschaftswunders´, von dem alle Welt redete, lieferten sich einige Berliner Hotels ein Kopf-an-Kopf-Rennen. Es ging darum, nicht nur als das `erste Haus am Platze´, sondern als das beste Hotel der Stadt zu gelten. Man wetteiferte in der Bereitstellung von Dienstleistungen und tat alles, um den Ruf der eigenen Küche zu mehren. Das Kempinski lag ziemlich weit vorn.

Der Fahrer hielt nicht vor dem Haupteingang, sondern fuhr in die Fasanenstraße. Hier stoppte er vor einem Lieferanteneingang.

„Bin ich so besoffen, dass ich besser nicht mehr durch den Haupteingang gehen sollte?“, fragte Kröger, dem diese Geheimnistuerei nicht geheuer war.

Der Fahrer, der den Motor laufen ließ, wandte sich um und lächelte: „Nein, das ist es nicht! Sie sind doch auch schon wieder so gut wie nüchtern. Ich halte mich bloß an das, was mir Herr Dr. Wedding auftrug. Ich soll Sie möglichst unbemerkt am Nebeneingang des Hotels absetzen. Das Personal soll nicht merken, dass Herr Dr. Wedding von Ihnen oder sonst jemandem besucht wird. Er hat seine Gründe dafür. Tatsächlich weiß auch außer Herrn Dr. Mahlstein niemand, abgesehen von mir, dass Herr Dr. Wedding hier logiert."

„Das ist ja alles sehr dubios", sagte Kröger.

„Gehen Sie bitte durch die Tür dort vorn", sagte der Chauffeur, „danach stehen Sie auf dem untersten Flur des Hotels. Genau gegenüber, vis-à-vis, ist ein Aufzug. Fahren Sie damit in den sechsten Stock. Die Zimmernummer lautet 666."

„Das gibt´s doch wohl nicht, oder? 666? Die Nummer des Teufels?"

„Keine Ahnung, was Sie meinen!"

„Die Zahl 666 kommt in der Offenbarung des Johannes vor. Dort heißt es, es sei die Zahl Satans!"

Der Fahrer lachte leise: „Nein, nein, Herr Kröger, das ist nun wirklich Zufall. Es ist das Zimmer Nummer 66 in der sechsten Etage. Mehr verbirgt sich nicht dahinter."

„Na, dann wollen wir mal", meinte Harry Kröger, stieg aus und warf die Tür hinter sich zu. Der Wagen fuhr sofort weiter. Er schaute sich um. Man hörte vereinzelt Autos auf den umliegenden Straßen fahren.

Kröger lauschte den Geräuschen. Dann prüfte er,

ob seine `Stupsnase´, die `38er Chief's Special´, noch in ihrem Holster an seiner rechten Wade saß. Sie tat es. Kröger ging niemals ohne eine Waffe aus dem Haus. Auch nicht zu einer Party. Dann musste zumindest die `Stupsnase´ mit. Harry fand, angesichts der aktuellen Situation, dass diese Entscheidung gerade heute mehr als richtig gewesen war.

Er schaute an der Außenwand des Hotels hoch. Nur aus einigen wenigen Zimmern drang Licht und ließ vermuten, dass hier Menschen wach waren.

Er ging zu der von Weddings Fahrer bezeichneten Tür, öffnete und stand, wie angekündigt, in einem Hotelflur, auf einem weichen, blauen Teppich. Und gegenüber war der Aufzug. Wenn die Angelegenheit geheim bleiben sollte, würde man nicht dennoch den Fahrstuhl hören, wenn er in Betrieb war? Aber andererseits, jetzt, um halb drei Uhr morgens, übernächtigt, mit einer Menge Alkohol im Blut, sechs Etagen nach oben latschen, über die Treppen? Dann doch lieber den Aufzug nehmen! Und wenn es einen Liftboy gab? Was für ein blödsinniger Vorschlag von Weddings Chauffeur, mit dem Fahrstuhl zu fahren! Also, doch zu Fuß!

Harry ließ sich viel Zeit. Er war deshalb auch nicht besonders aus der Puste, als er im sechsten Stockwerk ankam. Er hatte unterwegs niemanden gesehen, keinen Gast, kein Hotelpersonal. Jetzt stand er vor der Tür mit der Nummer 666.

`Hier wohnt also der Teufel´, sagte sich Kröger und stellte fest, dass die Tür nicht ganz geschlossen, sondern nur angelehnt war. Harry zog mit der linken

Hand sein rechtes Hosenbein etwas hoch und langte mit der rechten an das Holster um seine Wade, griff sich die 38er und entsicherte sie beim Hochnehmen mit dem rechten Daumen. Was war zu tun? Leise und möglichst unbemerkt das Zimmer betreten? Oder sich doch lieber ankündigen? Vielleicht lauerte jemand im Hotelzimmer auf ihn? Möglicherweise hatte Franz Wedding aber auch ganz bewusst seine Tür nicht ins Schloss gezogen, um seinem Gast ein möglichst geräuschloses Eintreten zu ermöglichen?

So vorsichtig und leise es Kröger nur irgend möglich war, übte er nun leichten Druck auf die Tür aus, um sie ein ganz klein wenig weiter zu öffnen. Eventuell ließ sich dann durch den entstehenden Spalt ein Blick ins Zimmer werfen.

Vom Ende des Ganges waren plötzlich Stimmen zu hören, männliche und weibliche. Eine kleine Personengruppe näherte sich. Gleich würde sie um die Ecke kommen und ihn, Harry, sehen, wie er, einen Revolver in Händen, vor der Zimmertür mit der Nummer 666 stand. Und die Leute würden sich ihren Teil dabei denken. Das wäre schlecht. Kröger ging aufs Ganze, öffnete die Tür, trat ein und schloss sie sofort wieder hinter sich. Das ärgerte ihn. So ein Leichtsinn! Wenn jemand im Zimmer gewesen wäre, der ihn hätte umlegen wollen, aus welchen Gründen auch immer, er hätte jetzt die beste und wunderbarste Gelegenheit dazu gehabt. Aber es passierte nichts. Kein Schuss, kein Zustechen, kein Schlag. Glück gehabt!

Harry wartete, bis sich draußen auf dem Flur die Stimmen und Schritte entfernt hatten. Dann sah er sich um. Die Einrichtung orientierte sich am Stil englischer Landhäuser. Hier sah es aus, als würde gleich Miss Marple eintreten, um einen Fall zu lösen. Sehr gediegen und geschmackvoll, soweit Kröger das beurteilen konnte. Wären da nicht die Unordnung, ein großer, zerbrochener Wandspiegel an der dem Bett gegenüber liegenden Wand und Blutflecke darunter gewesen. Das gewaltige Doppelbett war abgedeckt. Ein Radio lief. Es war das grausame Nachtprogramm des NWDR, des `Nordwestdeutschen Rundfunks´, zu hören. Kröger wusste, dass der SFB ab vierundzwanzig Uhr dessen Programm übernahm. Die allnächtliche Sendung hieß `Bis drei dabei´. Belanglose und sanfte Musik wurde von irgendeinem Orchester heruntergefidelt.

Das Hotelzimmer war in ein sanftes, gedimmtes Licht getaucht. Gegenüber der Tür befanden sich zwei Fenster, deren Rollläden heruntergelassen waren.

Kröger hatte seine Waffe in der rechten Hand. Er hielt sie, etwas vom Körper entfernt und mit dem Lauf nach oben. Mit der linken umfasste er seine rechte Hand. So hatte er es auf einem Polizei-Lehrgang der amerikanischen Besatzer kurz nach Kriegsende gelernt. Dort musste man auch beim Combat-Schießen mit beiden Händen die Waffe halten. Das einhändige schnelle Ziehen des Revolvers und zielgenaue Schießen war ein Mythos aus den Wildwest-Filmen.

Vor dem hinteren der Fenster befand sich ein Schreibtisch. Darauf standen eine leere Flasche Chivas Regal und ein leeres Trinkglas. Hinter dem Tisch ein Stuhl, auf dem jemand saß. Die Person war in sich zusammengesunken und ihr Kopf vornüber gebeugt, sodass das Kinn auf der Brust lag. Der Mann sah aus, als ob er schliefe. Handelte es sich hier um Franz Wedding? Während sich Harry Kröger konzentriert und in alle Richtungen umsah, um keine böse Überraschung gleich welcher Art zu erleben, bewegte er sich langsam zum Schreibtisch hinüber.

„Herr Dr. Wedding? Franz Wedding?“, fragte er halblaut, als er den Tisch erreichte.

Der Mann bewegte sich nicht. Keine Antwort. Vor ihm, auf dem Schreibtisch, stand ein kleines braunes Fläschchen, wie es in Apotheken verwendet wurde. Es war halbgefüllt mit einer durchsichtigen Flüssigkeit. Im Flaschenhals steckte ein kleiner Korken. Daneben lag ein ledernes Etui mit Reißverschluss, geöffnet. Darin befanden sich in einer speziellen Halterung verschiedene Injektionsnadeln zum Aufschrauben. Die Person auf dem Stuhl hatte ihr Jackett ausgezogen, saß nur in Weste und Hemdsärmeln dort. Der linke war hockgekrempelt. In einer Vene des kräftigen Unterarms steckte eine Spritze mit durchgedrücktem Kolben. Auf dem Fußboden lag ein dickes Gummiband, mit dem offenbar der Arm abgebunden worden war.

Harry Kröger zog aus der eigenen Brusttasche sein Einstecktuch und umfasste damit das kleine Fläschchen, bevor er es hochhob und das Etikett studierte. `Morphinsulfat 200 mg/100 ml´, las er leise, `das Zeug scheint ja in diesen Kreisen überaus beliebt zu sein!´

Er stellte die Flasche wieder ab und ging in die Hocke, um etwas von dem Gesicht zu sehen. Kein Zweifel, das war Franz Wedding. Rosemarie Wedding hatte ihm einige aktuelle Fotos mit ihrem Mann darauf gezeigt. Zum Zeitpunkt der Aufnahme der Bilder hatte er allerdings noch gelebt. Jetzt waren Weddings Augen weit geöffnet und von jenem dünnen und blassen Film überdeckt, der sich bereits einige Minuten nach Eintritt des Todes einstellt. Kröger fasste nach dem rechten Unterarm der Leiche und bewegte ihn leicht hin und her. Die Totenstarre war noch nicht eingetreten. Dann war Wedding also noch keine drei Stunden tot. Harry Kröger untersuchte den linken Unterarm und die Finger. Sie waren blutig. Hatte Franz Wedding damit den Spiegel eingeschlagen? Aber warum?

Kröger ging zu dem kleinen Tischchen hinüber, auf dem sich das Radio befand und schaltete es aus. Dann öffnete er ganz leise die Zimmertür und lauschte angestrengt, ob sich jemand näherte. Anschließend schloss er sie wieder, wobei ihm einfiel, dass er das Badezimmer und die Toilette noch nicht in Augenschein genommen hatte. Was für ein eklatanter Fehler! Das vergaßen doch sonst nur Anfänger!

So leise, wie nur irgend möglich, näherte er sich jetzt der Tür zum Bad, lauschte noch einmal angestrengt, ob er irgendetwas aus dem Inneren hörte, umfasste mit seinem Taschentuch die Klinke, drückte sie plötzlich herunter und stieß im selben Augenblick die Tür auf. Nichts passierte. Dann machte Kröger mit vorgehaltener Waffe einen Satz ins Innere des Bades. Nichts. Außer Blut im Waschbecken und Klumpen mit Blut vollgesogenen Toilettenpapiers, von denen einige im Waschbecken, einige auf dem Fußboden, wieder andere im Toilettenbecken lagen.

Auf der Ablage vor dem Spiegel stand neben dem Zahnputzbecher eine weitere, halbleere Flasche Chivas Regal.

Der Duschvorhang war fast zur Gänze abgerissen, er hing nur noch an zwei Ösen. In der Badewanne ebenfalls Blutspuren.

Kröger verließ das Badezimmer wieder und suchte nach dem Gepäck von Wedding. Auf dem Koffergestell lag einer der nagelneuen und modernen Reisekoffer von Rimowa. Kröger öffnete ihn. Bis auf einen einsamen 100 D-Mark-Schein, der sich im linken unteren Eck des Behältnisses befand, war er vollkommen leer.

Rechts neben der Eingangstür befanden sich Wandschränke. Hier hingen zwei Anzüge, einige Hemden und Westen. Unterwäsche in den Regalen, dazu Krawatten und ein Hut. Auf dem Boden des Schranks standen Schuhe, zwei schwarze Paare und ein braunes. Harry Kröger war sich nicht sicher, was er eigentlich suchte. Davon abgesehen war es an der Zeit, zu verschwinden. Er verließ alles so, wie er es vorgefunden hatte. Auch die Tür zum Hotelzimmer blieb angelehnt.

Kröger ging wieder die sechs Treppen zu Fuß hinunter und verschwand leise und ungesehen aus dem Hinterausgang. Er lief die Fasanenstraße bis zu den Lichtern des Kurfürstendamms hoch. Es war drei Uhr. Gegenüber war eine der seltsam dunklen Telefonzellen, die wie Beichtstühle in einer Kirche aussahen. Er suchte nach Kleingeld, fand etwas, warf es ein und wählte die Nummer von Rosemarie Wedding.

Es klingelte sehr lange.

„Ja?“, meldete sich schließlich ihre verschlafene Stimme.

„Entschuldigen Sie bitte die Störung zu so früher Stunde, Frau Wedding! Hier ist Kröger. Ich habe eine wichtige Mitteilung für Sie!“

„Na, da muss sie aber sehr wichtig sein, wenn Sie mich dafür um diese Zeit anrufen! Haben Sie etwa meinen Mann schon gefunden?“

„Ja, habe ich“, antwortete Harald Kröger.

„Ja, und wo?“, fragte Rosemarie Wedding mit einem leicht ungehaltenen Tonfall in der Stimme, weil Kröger die Sache so spannend machte. Allerdings ahnte sie auch, verursacht durch die ungewöhnliche Gesprächsführung, dass der Anrufer nur eine unangenehme Nachricht haben konnte.

„Ich wurde vorhin von dem Fahrer Ihres Mannes abgeholt und ins Hotel Kempinski gebracht. Dort hatte Ihr Mann ein Zimmer gebucht.“

„Ich verstehe nicht! Warum nimmt sich Franz ein Hotelzimmer? Hier, in der Stadt? Seine Wohnung ist doch hier, bei mir ...“

„Das habe ich mich natürlich auch gefragt. So, Frau Wedding, jetzt muss ich Ihnen aber leider eine sehr schlechte Nachricht überbringen.“

Für einen kurzen Moment war Rauschen in der Leitung zu hören. Etwas knatterte und knackte. Irgendjemand wählte.

„Sagen Sie mir, was Sie sagen wollen!“

„Ihren Mann habe ich in seinem Hotelzimmer entdeckt. – Er ist tot.“

Wieder gab es eine Pause.

„Was soll das heißen, tot? Lag er einfach so da?" Frau Weddings Stimme klang gefasst, fast emotionslos.

„Ich habe mir das nicht besonders genau ansehen können, da ich schnell wieder verschwinden musste. Ich möchte ja nicht mehr als nötig in die Sache hineingezogen werden. Das war eine seltsame Szenerie, die sich mir in dem Hotelzimmer bot. Es herrschte große Unordnung. Offenbar hatte Ihr Mann fast zwei Flaschen Whiskey getrunken und sich dann Morphium gespritzt. Die Injektionsnadel steckte noch in seiner Vene. Vielleicht ist er an einer Überdosierung oder an einer möglichen Wechselwirkung der beiden Substanzen verstorben ... Trank Franz Wedding häufiger harte Alkoholika? Und wussten Sie, dass er sich Morphium spritzte?"

Rosemarie Wedding atmete schwer. „Ein Säufer war Franz nicht. Aber wenn er feierte, dann richtig. Mit allem Drum und Dran, wie man so sagt. Hat schwer getrunken. Ich hab ihn mehr als einmal mit einem Taxi volltrunken vorfahren sehen. Unser Hausdiener und ich mussten Franz dann in sein Bett schaffen und den Fahrer bezahlen. Das waren immer äußerst peinliche Momente für mich. Während ich ihn dann, so gut es eben ging, auszog und fürs Bett bereit machte, roch ich an seinen Kleidern die verschiedenen Parfüms von unterschiedlichen und vermutlich jungen Damen. Dass er Morphium spritzte, das ist mir neu. Ich wusste aber, dass seine Freunde das taten. Auf diversen Partys, zu denen wir beide, Franz und ich, eingeladen waren, hat man auch mir so etwas angeboten. Auch wurde Kokain geschnupft. Ich habe allerdings die Finger davon gelassen."

Es folgte ein weiteres schweres Ein- und Ausatmen von Rosemarie Wedding. Dann sagte sie: „Übrigens, Herr Kröger!"

„Ja, bitte?"

„Seien Sie nicht irritiert und ziehen Sie keine falschen Schlüsse, wenn ich hier am Telefon nicht in Tränen ausbreche oder Ihnen die Fassungslose vorspiele. Beides wäre unehrlich. Wie ich Ihnen schon sagte: Zwischen mir und Franz gab es keine Beziehung mehr, die diese Bezeichnung verdient hätte. Und dass er jetzt in einem Hotelzimmer von Ihnen gefunden wurde, tot, – erstaunlicherweise wundert mich das nicht einmal."

„Wieso?"

„Kann ich nicht genau sagen. Aber was ich beobachtete, wie Franz lebte und arbeitete, – das war alles so vollkommen maßlos, so gierig. Manchmal war es auch einfach nur pure Angeberei. Seine Bekannten und Freunde, von denen ich nur wenige kennengelernt habe, waren, so glaube ich, zwar große, erfolgreiche Geschäftsleute, gleichzeitig umgab sie aber auch eine irgendwie unseriöse Aura. `Schlechter Umgang´ hätte meine Mutter dazu gesagt."

„Frau Dr. Wedding, ich möchte Sie bitten, sich noch etwa zwei Stunden still zu verhalten. Rufen Sie bitte niemanden an und erzählen Sie keinem von dem Tod ihres Mannes, bevor ich mich nicht noch einmal bei Ihnen gemeldet habe! Können Sie mir das versprechen?"

„Ja, aber, wieso?“

„Vertrauen Sie mir, ich denke, ich weiß, was ich tue! Warten Sie einfach meinen Anruf ab! Vielleicht komme ich auch selbst bei Ihnen vorbei!“

Rosemarie Wedding versprach es. Harry Kröger verließ die Telefonzelle und stieg in eines der am Straßenrand wartenden Taxis.

„Zum Prälat nach Schöneberg, bitte!“

Eine Viertelstunde später stand Kröger wieder vor den beiden mächtigen Türstehern, sagte auf deren Aufforderung das Codewort `Rosebud´ und wurde zu der Privatfeier der Reichen und Schönen erneut eingelassen.

Die Teilnehmer der Orgie hatten mittlerweile ihre letzten Hemmungen fallen gelassen, liefen nackt durch den Raum, schrien laut, kopulierten auf Tischen und in dunklen Ecken. Jemand warf konzentriert und mit voller Kraft Gläser gegen die Wand, an der sie zerbarsten und ihre Splitter in der Umgebung verteilten. Eine halbnackte, junge Frau lief barfuß durch die Scherben, hatte sich geschnitten und blutete nun heftig, ohne es zu bemerken. Harry Kröger wies sie darauf in. Sie lächelte ihn aber nur mit einem irren, verständnislosen Blick an und ging weiter ihrer Wege. Ein vollkommen nackter Mann schaffte es nicht mehr bis zur Toilette und erbrach sich mitten auf der Tanzfläche.

Kröger suchte den Raum, der ganz blau vom Rauch der Zigarren und Zigaretten war, nach Wilhelm Mahlstein ab. Er fand ihn, zusammen mit jenem Mädchen, dass bei der Miss Berlin-Wahl den dritten Platz belegt hatte, auf einem Sessel. Mahlstein lag auf dem

Rücken, während die Frau rittlings auf ihm saß. Beide waren schweißnass, ihre Gesichter glänzten. Sie tranken Champagner aus der Flasche. Zwischendurch fütterte das Mädchen ihn, stopfte ihm Dinge vom Büfett in den Mund. Mahlstein kam mit dem Kauen gar nicht nach. Beide lachten. Dabei konnte Kröger in dem weit geöffneten Mund von Mahlstein die vorverdauten Speisen sehen.

„Hallo, Willy“, sagte er zu Mahlstein, „ich muss dich dringend sprechen! Ist ganz wichtig!“

„Bitte, mein lieber Harry“, sagte Mahlstein mit einem vorwurfsvollem Ton in der Stimme, „was kann es um diese Zeit und unter diesen Umständen denn so Wichtiges geben? Ich hab dir doch mehr oder weniger befohlen, dich zu amüsieren.“

Harry stellte fest, dass der Prokurist mit relativ fester Stimme sprach und längst nicht so betrunken war, wie es die Situation vermuten ließ.

Kröger beugte sich ein wenig zu Mahlstein hinunter. „Es geht um Franz Wedding.“

Mahlstein fasste das auf ihm sitzende Mädchen mit beiden Händen links und rechts der Taille, hob sie hoch und drückte sie zur Seite. Sie kicherte nur.

„Hör zu, Schätzchen, geh doch gerade los und hol uns beiden noch eine Flasche Champagner. Aber so kalt wie eine Nacht in Stalingrad!“

Die junge Frau zog eine Schnute und entfernte sich maulend. „Aber nicht weglaufen, mein kleiner Willy“, sagte sie.

„Ach, i wo, ich werd´ doch nicht abhauen. Und pass auf die Scherben auf!“, rief Mahlstein hinter ihr her.

Dann stand er auf, griff zu einem über der Rückenlehne liegenden Handtuch und warf es sich um die Taille.

„Den Franz wolltest du doch sprechen? Hat alles geklappt? Ich hatte seinem Fahrer gesagt, dass er dich zu ihm bringen soll. Franz hatte sich im Kempinski ein Zimmer genommen. Weiß der Geier, wieso er sich die heutige Feier hat entgehen lassen!“

„So gesehen hat alles geklappt, Willy. Ich war vorhin bei Wedding“, sagte Kröger.

„Und, hat er dir erzählt, weshalb er sich bei Rosemarie nicht gemeldet hat?“

„Nein, hat er nicht.“

„Seltsam. Ich hatte ihm gesagt, dass du ein alter Kamerad bist und unbedingt vertrauenswürdig. Er meinte daraufhin, dass er dir Rede und Antwort stehen wolle.“

„Tja, genau das konnte er aber nicht mehr.“

„Wie soll ich das verstehen? War er wieder vollkommen besoffen?“

„Nein, Willy, er war tot!“

„Wie bitte?“ Mahlstein fuhr hoch, wurde laut.

„Immer schön ruhig bleiben, Willy“, sagte Kröger, „Weddings Zimmer war nicht abgeschlossen, die Tür nur angelehnt. Da bin ich rein und finde Wedding auf einem Stuhl am Schreibtisch. Vor sich ein Spritzbesteck, ein Fläschchen Morphium und eine leere Spritze im Arm. Er war noch nicht lange tot. Keine Leichenstarre.“

„Verfluchte Scheiße!“, presste Mahlstein hervor, „bringt der Kerl sich doch noch selbst um!“

„Was meinst du damit? Selbstmord?“

„Selbstmord? Franz? Dass ich nicht lache!“, sagte Mahlstein bitter, „das wäre das Letzte gewesen, was Franz getan hätte. Ach, was, der Idiot hat sich selbst aus Versehen ne Überdosis verpasst. Ich hab ihm immer gesagt, dass er mit dem Zeug verflucht vorsichtig sein müsse. Wir haben doch unter unseren Freunden diesen oder jenen, der was davon versteht. Die hätte er doch fragen können. Hat er aber nicht. Stattdessen, an jedem freien Wochenende: Spritze in den Arm und zwei Flaschen Whiskey. Bis zur Ohnmacht, bis zum Koma!“

„Wie dem auch sei, Willy“, sagte Kröger, „ich sollte jedenfalls die Polizei anrufen und Bescheid sagen, dass ich die Leiche von Franz Wedding in einem Hotelzimmer entdeckt habe. Und meine früheren Kollegen werden mir dann ne Menge Fragen stellen, die ich wahrheitsgemäß beantworten muss.“

„Verfluchter Mist“, stöhnte Mahlstein auf, „lässt sich das nicht anders regeln?“

„Wieso? Steht was zu befürchten?“

„Vielleicht. Vielleicht auch nicht“, meinte Wilhelm Mahlstein, „das macht sich für ein Unternehmen wie unseres eigentlich niemals gut, wenn der Generaldirektor an einer Überdosis Morphium stirbt, die er sich zu allem Überfluss auch noch selbst in die Venen gejagt hat. Davon abgesehen darf die Öffentlichkeit auf gar keinen Fall von unseren kleinen Festivitäten hier im Prälat erfahren. Der Imageschaden wäre gewaltig, nicht vorstellbar.“

„Warum sollte sie davon erfahren?“

„Ich bitte dich, Harry! Deine früheren Kollegen

von der Kripo werden dich genauso ausquetschen, wie du es früher mit deinen Verdächtigen und Zeugen getan hast. Ich weiß nicht, wie du denen erklären willst, was dich bewogen hat, mitten in der Nacht ins Kempinski zu fahren und obendrein genau zu wissen, in welchem Zimmer Franz Wedding sich befindet. Irgendwann kommt dann der Fahrer von Wedding ins Spiel, der dich hier im Prälat abgeholt hat. Den werden sie natürlich auch verhören! Und dann komme ich über kurz oder lang noch ins Gerede, weil ich das Treffen zwischen dir und Wedding arrangiert habe.“

„Ich werde das schon irgendwie drehen“, meinte Kröger, „sag doch bitte dem Chauffeur von Franz Wedding, dass er, im Falle eines Verhörs durch die Kripo, angeben soll, dass er mich von zu Hause abgeholt hat. Dann bleibt eure Orgie hier geheim. Meinst du, dass der Fahrer das mitmacht und hinkriegt?“

„Ich versuch´s mal“, sagte Mahlstein, „warum kann man das Ganze nicht auf sich beruhen lassen? Soll doch das Hotelpersonal Franz beim Aufräumen finden. Dann geht alles einen Gang.“

„Gefährlich für mich und meine eventuelle Rückkehr in den Polizeidienst! Wenn die den Fahrer verhören und der verspricht sich und erzählt, dass er mich heute Nacht ins Kempinski gefahren hat, dann sind die sofort bei mir und können mir mit Recht unterstellen, etwas verschleiert zu haben. Also, Willy, sprich mit dem Fahrer! Ich werde der Kripo sagen, er habe gegen ein Uhr vor meiner Haustür gestanden. Ich werde kein Sterbenswörtchen von der Party erwähnen.“

Mahlstein dachte nach.

„Gut, so machen wir´s“, sagte er.

Harald Kröger ließ sich wieder ein Taxi rufen und fuhr damit zurück zum Kempinski. Er betrat die Hotellobby, grüßte den Portier hinter der Rezeption und fragte, ob es einen öffentlichen Fernsprecher gebe. Der Portier wies auf eine Telefonzelle neben der Eingangstür. Von dort rief Kröger zunächst Rosemarie Wedding an und danach die Polizei. Er wurde aufgefordert, auf die Beamten zu warten und in der Zwischenzeit nichts zu berühren.

Schatten der Vergangenheit

Um sieben Uhr morgens saß Harald Kröger in einem Büro des Polizeipräsidiums. Ihm gegenüber hatte Peter Schabowski Platz genommen, ein früherer Kollege, mit dem er eine Zeitlang auf Streife gegangen war. Schabowski, ausgeschlafen und frisch, schaute seinen in Ungnade gefallenen Kollegen interessiert an.

„Hab schon gehört, dass du dich seit der Suspendierung ziemlich erfolgreich als Privatermittler betätigst."

„Stimmt genau, Peter."

„Was verdient man denn da so?"

„Ist Verhandlungssache. Mal so, mal so. Hängt von den Leuten ab, für die du arbeitest. Wenn´s reiche sind, wird´s natürlich teurer."

„Muss Rosemarie Wedding denn auch den höheren Tarif zahlen?"

„Da kannst du Gift drauf nehmen, Peter."

„Stimmt das eigentlich, was man dir vorwirft, Harry?"

„Was wirft man mir denn vor?"

„Als wenn du das nicht wüsstest! Deine Arbeit während des Krieges bei der Gestapo. Und dass du ein paar Leute umgelegt hast. Fremdarbeiter und so."

„Ich war bei der Gestapo. Aber ich hab keine Fremdarbeiter getötet!"

„Aber man erzählt es sich."

„Es wird viel erzählt."

Die Tür ging auf und Kriminalrat Anton Eisleben

kam herein. Er gehörte zu den jungen und strebsamen Neuzugängen der Kriminalpolizei. Mittelgroß, schlank, sportlich, dunkles Haar, sozialdemokratisch bis auf die Knochen und einen billigen Anzug am Leib, zog er sich einen Stuhl heran, drehte die Lehne zum Tisch, um dann rittlings darauf Platz zu nehmen. `Hat er wohl mal im Kino gesehen´, dachte sich Kröger. Eisleben hielt die Akte von Kröger in Händen, blätterte darin herum.

„Schau an, schau an, unser verlorener Sohn auf Besuch“, sagte er.

„Sagt mal, Jungs, was wollt ihr eigentlich noch von mir?“, fragte Kröger, „ich hab euch erzählt, dass ich von Rosemarie Wedding den Auftrag erhielt, ihren Mann zu finden. Ich hab ihn gefunden, leider tot, mit einer leeren Morphium-Spritze im Arm. Wedding hat offenbar nicht aufgepasst und sich eine Überdosis gesetzt. Vielleicht war´s ja auch Selbstmord. Ihr werdet es bei der Obduktion herausfinden. So, kann ich jetzt gehen?“

„Ja, gleich, sicherlich. Einen Moment noch, Herr Kröger“, sagte Eisleben, „wie kommt es, dass ich das Gefühl nicht loswerde, dass Sie uns nicht die Wahrheit sagen?“

„Diese Frage kann ich Ihnen wirklich nicht beantworten, Herr Eisleben.“

„Ich glaube, es liegt daran, dass Sie generell nicht dazu neigen, die Wahrheit von sich zu geben.“

„Was soll denn das nun wieder heißen?“

„Nun, Sie haben der Berliner Polizei jahrelang verschwiegen, dass Sie bei der Gestapo waren.“

„Meine Güte, warum sollte ich das angeben? Damit ich den Job nicht bekomme? Sehen Sie sich doch meinen Fragebogen an, den ich bei der Einstellung ausfüllen musste. Da finden Sie den `Permit-Schein´ der britischen Besatzer und die Bestätigung, dass ich `entnazifiziert´ bin. Mit diesen Unterlagen in Händen hatte ich das Recht, mich überall zu bewerben!"

„Wenn die Briten und der Entnazifizierungsausschuss gewusst hätten, dass Sie im März 1945 fünf ukrainische Fremdarbeiter, die auf der Flucht waren, nach ihrer Ergreifung erschossen haben, wären mit Sicherheit andere Entscheidungen gefallen. Wer weiß, was Sie sonst noch alles auf dem Kerbholz haben! Sie waren ja von 1943 bis 1945 bei der Geheimen Staatspolizei. Zeit genug, um massenhaft Regimegegner zu erledigen."

„Diese Vorwürfe sind haltlos. Das würden meine damaligen Vorgesetzten und Kollegen durch die Bank bestätigen."

„Zu dumm, dass die gerade allesamt nicht aufzufinden sind. Wie vom Erdboden verschluckt, ausgeflogen!"

„So oder so, ich werde meine Unschuld beweisen."

„Sie wissen doch: Wer einmal lügt, dem glaubt man nicht."

„Was haben Sie denn so gemacht während des Krieges, Herr Eisleben? Haben Sie die Nazis mit wilder Entschlossenheit bekämpft? Oder doch lieber den Mund gehalten? Innere Emigration, was? Um jetzt, hinterher, als Rächer der Geschundenen und Unterdrückten aufzutreten und einen gut dotierten Posten zu ergattern?"

„Gehen Sie nach Hause, Herr Kröger. Und bleiben Sie in der Stadt, falls wir noch Fragen haben. Glauben Sie mir, das wird mit Sicherheit der Fall sein!“

Kurze Zeit später stand Harald Kröger vor dem Haupteingang des Polizei-Präsidiums am Kaiserdamm und atmete die frische, schneidende Morgenluft ein. Er ging Richtung U-Bahnhof Bismarckstraße, fuhr bis zum Zoologischen Garten, stieg um in die S-Bahn, deren alte, klapprige Wagen immer wieder ohne größere Wartung von der ostzonalen Reichsbahn über die ausgeschlagenen Schienen geschickt wurden, musste am Wedding nochmal umsteigen, bis er endlich vor seiner Haustür stand. Eine Fahrt durch das neue und alte Berlin. Von der Hochbahn aus konnte man in die Straßenschluchten sehen. Jedes Jahr mehr Autos. Kröger schaute an den Häuserfassaden hoch. Die Spuren des Bombenkriegs waren mittlerweile fast zur Gänze beseitigt. Nur hier und da sah man noch ein paar leere Fensterhöhlen. Das würde aber nicht mehr lange so bleiben. Die Bauwut in der Stadt kam Kröger gespenstisch vor. Tag und Nacht wurde gearbeitet. In der Dunkelheit erleuchteten gewaltige Scheinwerfer die Baustellen. Während man vor den Toren der Stadt ganz neue Viertel aus dem Boden stampfte, riss man in der Innenstadt Altes, was die Bomben der Alliierten nicht weggesprengt hatten, ohne viel Federlesens und unter dem Beifall der meisten Einwohner ab, um moderne, große, schmucklose Häuser an ihre Stellen zu setzen. Es war wie ein irres Fieber, das die Stadt ergriffen hatte. Als könne man mit dem Abriss die Vergangenheit wegwischen, ungeschehen machen. Alles sah nur nach vorn, wollte irgendetwas schaffen, bewerkstelligen. Als Gründe für diesen Wahn hörte man immer wieder, dass es den eigenen Kindern und Enkeln einmal besser gehen solle.

Harry Kröger dachte über sein Schicksal nach. So leichtfertig die Menschen mit ihrer Vergangenheit umgingen, so hartnäckig verbissen sich die oft selbsternannten Richter in die Waden jener, die als angebliche oder tatsächliche Täter der Jahre bis 1945 identifiziert worden waren. Harry hatte in diesem Sinne Pech gehabt. Obersturmbannführer Krotzig alias Dr. Wilhelm Mahlstein dagegen Glück. Nach dem Tod von Franz Wedding würde er wahrscheinlich den Stuhl des Generaldirektors der Wedding-Bau AG besetzen. Eigentlich könnte Kröger ihn ja `verpfeifen´. Nein, würde er nicht tun.

Kröger erreichte seine Haustür in der Utrechter Straße 40. Hier wohnte er, im dritten Stock. Eine nette Gegend, die vom Abrisswahn der Stadtplaner bisher verschont geblieben war. Man munkelte jedoch, dass eine große Stadtautobahn geplant sei, deren Trasse in der Nähe vorbeiführen solle. Dann wäre es aus mit der Ruhe und dieses schöne Stadtviertel Geschichte. `Gnade uns Gott, dass das nicht passieren wird!´, dachte Kröger, als er seine Wohnung betrat.

Er zog seinen Anzug aus, den Schlafanzug an, putzte sich die Zähne, legte sich ins Bett und schlief sofort ein.

Um elf Uhr morgens klingelte sein Telefon. Kröger entschied sich, nicht abzuheben. Es klingelte und klingelte, hörte nicht auf. Er rappelte sich hoch. Eine derartige Hartnäckigkeit signalisierte Dringliches. Er nahm den Hörer ab und meldete sich.

„Meine Güte, haben Sie mit Rasierklingen gegurgelt? Ihre Stimme klingt ja entsetzlich." Am anderen Ende war Rosemarie Wedding.

„Hatte eine lange und anstrengende Nacht, Frau Dr. Wedding. Sie haben mich gerade aus meinem wohlverdienten Schlummer gerissen."

„Oh, das tut mir aber leid! Aber elf Uhr ist ja eigentlich keine vollkommen unchristliche Zeit, oder?"

„Liebe Frau Dr. Wedding, was kann ich für Sie tun?"

„Ja, also, vorhin war die Polizei bei mir. Ein gewisser Schabowski und ein Herr Eisleben, der sich wie ein hohes Tier aufspielte. Wie wir es vereinbart hatten, habe ich gesagt, dass Sie mich vom Tode meines Mannes in Kenntnis gesetzt haben, nachdem Sie die Polizei informierten."

„Das haben Sie sehr gut gemacht! Vielen Dank."

„Nichts zu danken. Sie haben übrigens seltsame ehemalige Kollegen. Dieser Schabowski scheint Sie zu bewundern, während sein Vorgesetzter Eisleben offenbar alles daran setzen wird, Ihnen das Leben zukünftig sehr schwer zu machen. Haben Sie `mal mit seiner Frau geschlafen, oder warum ist der so?"

„Ich kenne seine Frau gar nicht! Ich meine auch, dass Eisleben nicht einmal verheiratet ist. So einer kriegt auch nur ganz schwer eine ab. Wahrscheinlich kompensiert er seine Wut und Enttäuschung darüber damit, dass er sich als großer Nazijäger aufspielt."

„Würde er denn mit Ihnen einen großen Fang machen?“

„Ich bitte Sie, Frau Dr. Wedding! Die beiden haben Ihnen doch sicher meine Geschichte erzählt. Ich soll als kleiner Gestapo-Beamter kaltblütig fünf flüchtige Fremdarbeiter getötet haben. Was nicht stimmt. Eisleben und seine Konsorten täten gut daran, die wirklich `dicken Fische´ zu fangen.“

„Kennen Sie denn `dicke Fische´?“

„Na, und ob!“

„Können Sie die denn nicht ans Messer liefern, um auf diese Weise Ihre eigene Weste reinzuwaschen? So eine Art buchhalterischen Aktivtausch durchziehen?“

„Könnte ich. Wäre möglich.“

„Na, ich merk schon, Sie sind in dieser Hinsicht etwas einsilbig.“

„Sagen Sie bitte, Frau Dr. Wedding, ...“

„Ja ...?“ Es klang etwas Hoffnungsvolles, Erwartungsfrohes in diesem `Ja´ mit.

„War Ihr Mann Links- oder Rechtshänder?“

„Sie können Fragen stellen! – Also, er war Linkshänder. In seinem strengen Elternhaus und in der Schule hat man aber versucht, ihn umzustricken, um einen Rechtshänder aus ihm zu machen. Im Geschäftsleben ist er dann auch als Rechtshänder durchgegangen. Privat, zu Hause, da war und blieb er aber immer Linkshänder. Zufrieden mit diesen Auskünften? Warum fragen Sie?“

„Bei der Leiche Ihres Mannes steckte die leere Kanüle in einer Vene des linken Unterarms. Also muss er mit rechts die Spritze gesetzt haben. Wenn er aber in Wirklichkeit Linkshänder war, dann hätte doch die Nadel im rechten Arm stecken müssen, weil er mit der linken Hand doch wahrscheinlich sehr viel besser diese recht diffizile Operation hätte durchführen können. Wie sehen Sie das?“

„Interessanter Gedanke. Was heißt das für Sie?“

„Dass beim Ableben Ihres Gatten jemand nachgeholfen hat, der bei seiner Tätigkeit das gerade Besprochene nicht bedachte.“

„Sie meinen, dass es Mord war? Die Polizei geht von Suizid oder einer versehentlichen Überdosierung aus.“

„Ich weiß.“

„Und, wollen Sie denen nicht sagen, dass sie falsch liegen?“

„Noch nicht. Letztendlich ist alles nur Vermutung. Wenn ich Sie bitten dürfte, davon noch nichts der Kripo mitzuteilen.“

„Kein Problem, Herr Kröger. Ich stecke mit Ihnen ja schon – gewissermaßen – unter einer Decke. Was heißt das aber für unser geschäftliches Verhältnis? Eigentlich ist Ihr Job schon beendet. Sie haben meinen Mann gefunden. Das war Ihr Auftrag. Und ich wollte Sie heute Nachmittag zu mir bitten, um Ihnen das Geld in bar auszuzahlen. Denn ich habe keine Verfügungsgewalt über irgendwelche Konten meines Mannes. Ich habe quasi von dem gelebt, was er mir alle vierzehn Tage als `Haushaltsgeld´ und in bar übergab. Das war zwar ganz ordentlich, aber im Vergleich mit den Geldern, die sein Unternehmen erwirtschaftete und die er selbst für seine privaten Vergnügungen ausgab, unfassbar lächerlich.“

„Ich komme Sie gern heute noch besuchen und nehme das Geld in Empfang. Bis dahin können Sie sich ja überlegen, ob Sie meine Vermutung eines gewaltsamen Todes Ihres Mannes teilen und mich mit der Mördersuche betrauen wollen. Oder eben nicht."

„Ich überleg´s mir. Lassen Sie sich gegen fünfzehn Uhr bei mir sehen?"

„Ich werde da sein."

Kröger legte auf. Sofort klingelte das Telefon wieder. Er nahm ab.

„Na, noch was vergessen?"

„Hä? Was meinst du denn damit? Hier ist Willy, Willy Mahlstein. Tach, Harry."

„Morgen, Willy. Ich hatte gerade Rosemarie Wedding am Apparat. Deshalb die seltsame Frage."

„Keine Ursache, Harry. Nicht unbedingt die trauernde Witwe, die Rosemarie, nicht wahr? Und ganz schön kess, oder?"

„Das entzieht sich meinem Beurteilungsvermögen."

„Red keinen Quatsch, Harry! – Die Bullen waren vorhin bei mir. Ein Peter Schabowski und ein kleiner Aufsteiger, Anton Eisleben. Kennst du doch bestimmt. Ich kam mit deren Fragen gar nicht zurecht, hatte noch einen gewaltigen Brummschädel. Wie abgesprochen, hab ich denen erzählt, dass ich den Kontakt zwischen dir und Wedding herstellen wollte und ein Treffen im Kempinski arrangiert habe. Der Fahrer von Franz hat dich dann abgeholt und zum Hotel gebracht. Dort hättest du die Leiche entdeckt und mir später davon am Telefon berichtet. Die Bullen sagten mir noch, dass sie glauben, es handele sich entweder um Suizid oder eine versehentliche Überdosierung. – So, damit sind ja jetzt hoffentlich alle aus dem Schneider."

„Nicht ganz."

„Wie ist denn das zu verstehen?"

Harry Kröger berichtete von der Erkenntnis, dass sich der Linkshänder Franz Wedding wohl kaum mit der unsicheren rechten Hand die Spritze gesetzt haben konnte. Und dass wahrscheinlich eine andere Person anwesend war, die die tödliche Dosis verabreichte.

„Bitte, Harry, wie soll sowas denn abgelaufen sein?"

„Das ist doch gar nicht so schwer vorstellbar. Vielleicht haben Wedding und sein zukünftiger Mörder sich gut gekannt und auf dem Hotelzimmer Whiskey getrunken. Maßlos, bis zum Umfallen. Rosemarie Wedding erzählte mir, dass ihr Mann mehr als einmal vollkommen besoffen und besinnungslos bei ihr abgeliefert worden sei. Das war also nichts Besonderes. Davon muss der Mörder gewusst haben. Der wartet also, bis Wedding, fast schon im Koma, im Hotelstuhl hängt, haut ihm dann eine Überdosis in die Vene und lässt es so aussehen, als habe sich Wedding die Spritze selbst gesetzt. Nirgendwo Anzeichen von Gewalt. Die Polizei wird nichts finden, die Obduktion nichts Neues ergeben. Kann natürlich sein, dass auch einer meiner ehemaligen Kollegen von der Kripo der Linkshändigkeit von Wedding auf die Schliche kommt. Aber das glaube ich nicht. Die haben im Moment mit den vielen Flüchtlingen aus der Ostzone zu tun. Da werden fast alle Kräfte gebraucht. Der Mord an Franz Wedding fand also wahrscheinlich genau in jener Zeit statt, in der mich sein Fahrer von der Feier im Prälat abholte. Der wiederum kennt möglicherweise die Identität des Mörders, falls er den letzten Gast bei Wedding zu Gesicht bekam."

Mahlstein machte „Mhmm, mhmm" und fragte dann: „Und wie soll´s jetzt weitergehen? Willst du deinen früheren Kollegen sagen, dass hier möglicherweise ein Mord passiert ist?"

„Noch nicht! Letztendlich sind das ja Vermutungen. Ich werde mich zunächst etwas umhören. Und dann natürlich den Chauffeur von Wedding befragen. Otto Dahlmann heißt der, nicht wahr? Weißt du, wo er wohnt? Oder hast du seine Telefonnummer, falls er einen Anschluss besitzt?"

„Ich kann dich gleich mit meiner Sekretärin Fräulein Storck verbinden. Die dürfte wissen, wie und wo man Dahlmann erreichen kann. Vorher aber noch eine Bitte an dich, Harry!"

„Und die wäre?"

„Sobald du Neues weißt, gibst du mir Bescheid, ja? Ich bin logischerweise sehr interessiert daran, wer meinen Kompagnon in die ewigen Jagdgründe befördert hat. Wenn es denn Mord war! Ich glaube noch nicht daran."

„Wir werden sehen. Gib mir doch jetzt mal das Fräulein Storck."

Weddings Sekretärin besaß tatsächlich die genaue Wohnadresse von Otto Dahlmann. Einen Telefonanschluss hatte er aber nicht. In dringenden Fällen sollte man die Nachbarin, Frau Unseld, anrufen, die ihn dann an ihren Apparat holen würde.

Als überaus dringlich empfand Kröger die Angelegenheit momentan nicht. Dazu fühlte er sich noch zu zerschlagen von der vergangenen Nacht. Er wusch und rasierte sich, zog frische Sachen und einen anderen Anzug an und frühstückte in seiner Küche. Obwohl es schon fast Mittagszeit war, hätte er sicherlich auch noch in irgendeinem Café ein spätes Frühstück bekommen können. `Was soll´s, nächstes Mal.´

Kröger ließ es langsam anlaufen. Er ging vor die Tür, freute sich über die warmen Sonnenstrahlen und machte noch einmal kehrt, da er etwas Wichtiges vergessen hatte. Zurück in der Wohnung, zog er sein Jackett aus und legte den Schulterholster an. Auf dem Schreibtisch lag die Walther PPK 7,65, seine gefährliche Freundin aus blauem Stahl. Wie sie dort so lag, machte sie einen fast unschuldigen Eindruck. Nur ein Stück Metall, willenlos. Kröger griff nach ihr, wog sie in der Hand und schaute, wie jedes Mal, wenn er sie reinigte oder einsteckte, auf die Seriennummer: 803158. Seine ehemaligen Kollegen und viele Waffennarren beneideten ihn um die Pistole. Denn es hieß, dass sich Adolf Hitler mit einer PPK, die die Seriennummer 803157 trug, am zehnten April 1945 im sogenannten Führerbunker das Lebenslicht ausgeblasen hätte. Nach Lage der Dinge musste Krögers Pistole also einmal im Besitz eines von Hitlers Paladinen gewesen sein.

Harry Kröger strich mit der Hand fast zärtlich über das kalte Metall der Waffe und ließ sie dann unter der Schulter im Holster verschwinden. Zur Übung griff er mehrmals dorthin, zog die PPK und legte an. Er wollte auf alles vorbereitet sein. Immer. Anschließend ging Kröger wieder hinaus, setzte sich in seinen Borgward, startete und machte sich auf den Weg.

Dahlmann wohnte in der neuen Ernst-Reuter-Siedlung. Kröger fuhr die Gartenstraße entlang. So sollte also das Wohnen der Zukunft aussehen? Hier waren die alten Mietskasernen mit den zahllosen Hinterhöfen ohne viel Federlesens weggehauen worden. An ihrer Stelle erhoben sich nun schmucklose Wohnblöcke, mit zahllosen Flüchtlingen und Vertriebenen vollgestopft, die die Stadt nach wie vor überschwemmten.

Graue Reihenhäuser, wohin das Auge blickte. Dazwischen die Anlage neuer Wege und Häuser im Rohbau. Öde Langeweile. Franz Wedding und sein Erster Prokurist Wilhelm Mahlstein, die mit ihrer Wedding-Bau AG für viele dieser Gebäude verantwortlich zeichneten, wohnten hier nicht. Und sie hätten sich sicherlich auch mit Händen und Füßen dagegen gewehrt.

Dahlmanns Haus trug die Nummer 74. Es war ein mehrstöckiges Monstrum, das nach außen signalisierte, dass hier nur das Allernötigste geschehen war, um sich die Bezeichnung Wohnhaus zu verdienen. Es war rechteckig, hatte Türen und Fenster. Das war alles, nicht mehr und nicht weniger. Das benachbarte Haus mit der Nummer 76 sah genauso aus. Die Nummer 78 ebenfalls. Dazwischen befanden sich Rasenflächen, auf denen Teppichstangen standen. Hier und dort ein Sandkasten und Spielgeräte. Alles wirkte wie ausgestorben. Die, die hier wohnten, hatten viele Kinder und waren keinen großen Luxus gewohnt. Nur das hier, das war sogar ihnen zu spartanisch, zu unschön, ungemütlich, was auch immer.

Nachdem Kröger seinen Wagen auf einen der zahlreichen Parkplätze abgestellt hatte, die sich dadurch auszeichneten, dass sie riesige Flächen einnahmen, auf denen aber kein Auto stand – die Planer rechneten offenbar damit, dass sich das in der Zukunft grundlegend ändern würde – ging Harry Kröger den schmalen, gepflasterten Weg über die Rasenfläche zu einer der vier Haustüren. Er suchte die Klingel von Dahlmann, fand sie und drückte. Nichts passierte. Er drückte wieder. Mehrfach. Dann schellte er bei Unseld. Nach kurzer Zeit summte es an der Tür, Harry Kröger drückte dagegen, die Tür ging auf. Im blitzblanken Hausflur roch es nach Mittagessen, Erbsensuppe mit Einlage. Sehr lecker, wenn es dieses Gericht nicht zu oft gab.

„Frau Unseld?“, rief Kröger in den Hausflur.

„Jahaaa, dritter Stock links!“, hörte er als Antwort von oben. Kröger stapfte über die mit Linoleum belegten Treppen in den zweiten Stock.

Die Wohnungstür zur Linken war angelehnt. Er rief noch einmal nach Frau Unseld. Diese erschien schließlich im Türrahmen und mit ihr der intensive Geruch von Maggi. Sie war weder groß noch klein, eher schlank, trug eine Kittelschürze mit buntem Blumenaufdruck, hatte kurze, dunkle Haare und war vielleicht um die fünfzig Jahre alt. Ihr Gesicht und die übrige Erscheinung wirkten seltsam charakterlos. So, als würde man sie und das Treffen mit ihr bereits nach einer halben Stunde auf immer vergessen haben.

Harald Kröger stellte sich vor, sagte allerdings

nichts von seiner Profession, sondern äußerte nur den Wunsch, Otto Dahlmann zu sprechen. Dieser sei aber offenbar nicht zu Hause. Ob sie wisse, wo er hin sei, oder wann er sich normalerweise in seiner Wohnung aufhalte?

„Seltsam, ich habe Herrn Dahlmann vorhin erst gesprochen“, berichtete Frau Unseld, „er sagte mir, dass er heute frei habe und nun seinem Steckenpferd nachgehen wolle. Und dann verzog er sich in seine Wohnung.“

„Was ist denn sein Steckenpferd?“

„Halten Sie sich fest: Er baut den Kölner Dom in irgendeinem Maßstab nach. Und zwar aus Streichhölzern! Seit ewigen Zeiten müssen alle im Haus die abgebrannten Streichhölzer sammeln und ihm geben, damit er neues Baumaterial hat.“

„Wie weit ist er denn schon?“

„Als ich das letzte Mal bei ihm drüben war, sah das schon ganz eindrucksvoll aus. Das Kirchenschiff stand. Er fing gerade mit den Türmen an. Bekloptes Hobby! Und Dahlmann ist nicht mal katholisch!“

„Ich habe mehrfach bei Herrn Dahlmann geklingelt, aber er machte nicht auf. Na, vielleicht will er ja auch niemanden sehen!“

„Ach, was, der pennt sicherlich! Hat was getrunken, übrigens auch ein Hobby von ihm, ist eingeschlafen und hat dann nichts mehr mitgekriegt. Lassen Sie mich mal vorbei, Herr Kröger!“

Harry machte Platz, damit Frau Unseld freie Bahn hatte. Sie drückte vehement auf den Knopf der Wohnungsklingel, rief laut Dahlmanns Namen und wollte gerade gegen die Tür pochen, als sie feststellte, dass diese nur angelehnt und also geöffnet war. Frau Unseld drückte die Tür ganz auf und rief: „Herr Dahlmann, sind Sie da? Hier ist ein Herr Kröger, der Sie sprechen möchte!“ Es kam keine Antwort.

„Na, gibt´s denn so was?“, beschwerte sich Frau Unseld und betrat ohne Scheu und mit großer Selbstsicherheit die Wohnung des Chauffeurs. Es hatte den Anschein, als tue sie dies nicht zum ersten Mal.

„Herr Dahlmann, wo sind Sie denn nun? Melden Sie sich doch!“

Kröger folgte und staunte über die modern und teuer eingerichteten Zimmer, die er in diesem Sozialbau nicht vermutet hätte.

Plötzlich schrie Frau Unseld kurz und schrill auf und rief: „Kommen Sie her, schnell! Das ist ja entsetzlich!“

Kröger war mit einem Satz an ihrer Seite und schaute durch die offene Tür in das Wohnzimmer. Das Erste, was ihm auffiel, war eines der neuen, modernen Fernsehgeräte von Grundig, das in einer Zimmerecke stand. In den Zeitungen wurde dafür immer Werbung gemacht. Die hießen `Zauberspiegel´ oder so ähnlich. Davor, in der Mitte des Zimmers, stand auf einem niedrigen Wohnzimmertisch das von Frau Unseld erwähnte und aus Streichhölzern bestehende Modell des Kölner Doms. Tatsächlich war das Kirchenschiff weitgehend fertig, während sich die beiden prägnanten Türme im Aufbau befanden. Irritierend war die helle Farbe der Streichhölzer. Der Dom erstrahlte in Holzfarben, obwohl man ihn von Bildern und Postkarten doch eher als großes, dunkles Etwas kannte. Hinten, in der Ecke, links neben dem kleinen Schränkchen mit dem Fernseher darauf, befand sich Otto Dahlmann. Er saß auf einem Küchenstuhl, gefesselt. Arme und Beine waren fest mit breitem, braunem Paketklebeband mit der Rückenlehne und den Füßen der Sitzgelegenheit verbunden. Mit offenem Mund und einem stieren, pferdedummen und ein wenig erstauntem Blick glotzte er vor sich hin. Dahlmann trug eine graue Stoffhose und dazu eine Art dunkles Holzfällerhemd. Darüber hatte er sich einen hellblauen Pullunder gezogen, der so unfassbar unpassend zur übrigen Kleidung war, dass es geradezu lächerlich wirkte. An den Füßen trug er braune Socken, die in Herrensandalen aus braunem Kunstleder steckten. Kröger konnte sich erinnern, dieselben als Angebot vor Kurzem im Hertie an der Turmstraße gesehen zu haben. Billig, billig, aber trotzdem schlecht.

Auf dem babyblauen Pullunder befanden sich drei große, runde und dunkelrote Flecken. Das waren die Einschüsse einer großkalibrigen Waffe, das sah Harry Kröger sofort. Und dass Otto Dahlmann tot war, das merkte auch Frau Unseld mit einem Blick.

Mitten im Gesicht von Dahlmann fehlte etwas: die Nase! An ihrer Stelle befand sich eine rote, frische Wunde. Und im Zimmer roch es nach Alkohol. Aber keinen zum Trinken. Eher wie jener, der in Arztpraxen zum Desinfizieren benutzt wird.

Während Kröger blitzschnell seine Walther zog und sich umschaute, meinte Frau Unseld, dass das Modell des Kölner Domes nun nicht mehr fertig werde. Und dass das eigentlich jammerschade sei.

Kröger rannte durch die kleine Wohnung, schaute in jedes Zimmer, hinter jeden Vorhang, unter das Bett und in jeden Schrank, bevor er seine Waffe wieder einsteckte. Frau Unseld stand die ganze Zeit in der Mitte des Wohnzimmers und schien irgendwie benommen. Offenbar litt sie unter einem leichten Schock.

„Sie haben doch ein Telefon, Frau Unseld, nicht wahr?“, sprach Harry sie laut und deutlich an. „Gehen Sie bitte rüber in ihre Wohnung und rufen Sie die Polizei! Machen Sie das?“

„Ja, ja, ich gehe rüber und rufe die Polizei!“, antwortete sie leicht verdattert und entfernte sich dann langsam.

Kröger war mit dem Toten nun allein im Zimmer. Das würde nicht lange dauern. Seine ehemaligen Kollegen von der Kripo würden schnell zur Stelle sein. Deshalb musste er sich beeilen. Zuerst schaute er sich die blutbespritzte Wand hinter der Leiche an, suchte dort nach Einschusslöchern. Er fand sie auch, aber der Mörder hatte sich die Zeit genommen, die Geschosse aus der Wand zu pulen, um sie an sich zu nehmen. Kröger nickte anerkennend. Hier verstand jemand seine Arbeit!

Der Körper war warm, die Leichenstarre noch nicht fühlbar. Also war Kröger, wie im Falle von Franz Wedding, möglicherweise nur eine halbe Stunde zu spät gekommen. Er schaute sich den Toten im Profil an. Die gesamte Nasenspitze fehlte. Sauber unterhalb der Nasenwurzel abgetrennt. Teilweise genäht, offenbar fachmännisch. Dahlmann hatte Nasenbluten. Es tropfte unaufhörlich auf den Teppichboden. Plock,

plock, plock, machte es. `Welcher Stümper von Arzt schneidet denn seinen Patienten die Nase ab?´, fragte sich Kröger. `Oder hat das etwa der Mörder getan?´

Harry sah sich im Zimmer um. Alles schien unangetastet. Der Schütze hatte offenbar nichts gesucht, sondern nur den Mord ausgeführt. Kein Raubmord oder etwas in der Richtung. Aber die Nase abgeschnitten. Während Dahlmann noch lebte? Oder danach?

Noch einmal lief Kröger durch die anderen Räume der kleinen Wohnung. Nirgendwo war etwas durchwühlt worden, alle Schubladen und Schränke waren geschlossen.

Angestrengt suchte Harry nun den Fußboden im Wohnzimmer ab. Vielleicht, möglicherweise, eventuell ... Er war sich sicher, dass der Mörder alle Mühe darauf verwandt hatte, auch die ausgeworfenen Patronenhülsen mitzunehmen, um möglichst wenige Spuren zu hinterlassen. Aber vielleicht ...!

„Komm, komm!“, sagte Kröger leise vor sich hin, als spräche er zu dem Täter, „eine der Hülsen ist irgendwo gelandet, wo du sie nicht gleich finden konntest. Und du hattest es verdammt eilig! Und du hast sie dort liegen lassen!“

Harry Kröger hatte tatsächlich Glück. Während er bereits das Martinshorn eines Streifenwagens hörte, das sich rasch näherte, entdeckte er unter einem Regal eine Patronenhülse. Er nahm sie mit seinem Taschentuch auf und roch daran. Sie war vor kurzer Zeit abgefeuert worden. Kröger steckte sie ein und ging zum Fenster.

Unten vor dem Haus fuhr ein weißer VW-Käfer

mit Blaulicht vor. Zwei große uniformierte Polizisten zwängten sich aus dem kleinen Auto. Es sah lächerlich aus. Kröger schüttelte den Kopf. Darüber hatte er sich immer während seiner Zeit bei der Polizei aufgeregt. Während die Täter mit Mercedes-Limousinen davon rauschten, mussten er und seine Kollegen die Verfolgung in einem 24 PS-Käfer aufnehmen. Nicht zu fassen!

Kurze Zeit später kamen die Polizisten in die Wohnung und sahen Harry.

„Na, wenn das nicht Harald Kröger ist!“, meinte einer von ihnen.

„Tag zusammen!“, begrüßte Kröger die zwei, „ich bin bei der Polizei offenbar immer noch ein bekanntes Gesicht?“

„Das kann man wohl sagen“, entgegnete der Polizist, „ich bin übrigens Hauptwachtmeister Arno Heitmann und das ist Polizeimeister Wolfgang Kreikenbaum. Wir haben schon eine Menge von Ihnen gehört!“

„Oje, wahrscheinlich nur wieder die alten Geschichten!“

„Sie meinen die Dinge, die man sich so erzählt?“

„Ja, ja, die Dinge, die man sich so erzählt!“

„Sicher geht es auch darum“, meinte Arno Heitmann, „aber Sie haben vor allem bei den Kripo-Leuten einen guten Ruf. Wegen Ihrer Fahndungserfolge in den letzten Jahren! Eigentlich sind alle im Präsidium ziemlich sauer darüber, dass man einen wie Sie rausschmeißt und andere dafür einstellt, die nichts draufhaben!“

„Tja, so läuft´s eben heute, in diesen neuen und vorgeblich demokratischen Zeiten“, sagte Kröger.

„Wir sind übrigens nur die Vorhut. Die Kripo rückt mit Schabowski und Eisleben an!“

„Ach, du lieber Himmel! Ausgerechnet Eisleben!“, stöhnte Harry, „na, dann warten wir doch mal auf diesen Überflieger.“

Die beiden Uniformierten grinsten sich an und ließen die Blicke durch das Wohnzimmer schweifen.

„Ein entfernter Cousin von mir baut auch gerade was aus Streichhölzern“, sagte Polizeimeister Kreikenbaum, nachdem er das Modell des Doms untersucht hatte. Dahlmanns Leiche würdigte er nur eines kurzen Blickes.

„Was denn?“, fragte Heitmann.

„So ein Segelschiff. Die `Santa Maria´. Das ist der Kahn, mit dem Columbus Amerika entdeckt hat.“

„Ein Segelschiff? Aus Streichhölzern? Wie bekommt man denn die Segel hin?“

„Na, dafür nimmt man echtes Tuch. Wie willst du denn vom Wind aufgeblähte Segel aus Streichhölzern basteln?“

„Keine Ahnung! Geht vielleicht auch! Was meinen Sie, Herr Kröger?“

„Mhmm. Vielleicht. Wenn der Kerl geschickt ist.“

„Der Kerl is´ verdammt geschickt!“

„Na, dann wird er ja wohl auch die Segel aus Streichhölzern hinkriegen“, meinte Kröger.

Heitmanns Blick fiel auf den Fernseher.

„Wir wohnen ja auch in einer solchen Wohnung wie dieser hier. Auch ganz klein. Einen Fernseher haben wir aber noch nicht. Also, ich würd´ ja gern mal ... Können wir den hier nicht mal anstellen, bis die Leute von der Kripo da sind?"

„Mann, Arno, was willst du dir denn jetzt ansehen? Das Testbild etwa?"

„Na, ist doch egal! Nur mal gucken, wie das so ist."

Kröger bereitete der Diskussion ein Ende, indem er den `Zauberspiegel´ von Grundig einfach einschaltete. Die drei standen davor und warteten, bis die Röhre warmgelaufen war. Wider Erwarten zeigte sich aber nicht das Testbild, sondern es wurde eine Debatte aus dem Bundestag in Bonn übertragen. Es ging um das Für und Wider der Weiterführung von Bausubventionen.

„Is´ ja toll!", meinte Arno Heitmann, „wir können sehen, was da unten in Bonn jetzt gerade besprochen wird."

„Wirklich irre, diese Technik", meinte auch Wolfgang Kreikenbaum.

Kröger hörte dem Redner zu, der sich für eine deutliche Aufstockung der staatlichen Beihilfen im Sozialen Wohnungsbau aussprach.

„Von wem wird der denn bezahlt?", fragte Harry, „von der Wedding-Bau AG?"

Alle drei lachten laut auf und hatten nicht bemerkt, dass Eisleben und Schabowski mittlerweile eingetroffen waren und im Türrahmen stehend die Szene beobachteten.

„Na, meine Herren, verstehen Sie das unter vorbildlicher Polizeiarbeit?", war Eislebens schneidende Stimme zu vernehmen.

Heitmann und Kreikenbaum waren wie vom

Donner gerührt, drehten sich um, salutierten kurz und machten Meldung, dass man von der gegenüber wohnenden Frau Unseld gerufen worden sei. Sie und der anwesende Harald Kröger hätten in dieser Wohnung die Leiche von Otto Dahlmann entdeckt, Kraftfahrer und Chauffeur von Beruf.

Anton Eisleben schien die Meldung zu ignorieren.

„Ich will Ihre Dienstnummern und Namen! Aufschreiben und mir geben!“, befahl er, „dann widmen Sie sich wieder Ihrer eigentlichen Arbeit. Und erlauben Sie sich solche Dinge wie heute nicht zu oft. Sonst, so vermute ich, machen Sie noch sehr viele Jahre Streifendienst!“

Die beiden Polizisten stammelten noch irgendwelche Entschuldigungen und verschwanden.

Eisleben wandte sich anschließend an Kröger:

„Schon wieder ein Toter! Dieses Mal sogar ein Mord! Und der ehemalige Hauptkommissar Kröger ist in beiden Fällen der ehrliche Finder der Leichen. Sind das nicht wirklich sehr seltsame Zufälle? Was für eine Erklärung halten Sie denn in diesem Fall für uns parat? Wieso sind Sie hier? Was wollten Sie hier?“

„Ich wollte natürlich den noch lebenden Otto Dahlmann sprechen und möglichst nicht schon wieder einen Toten entdecken“, antwortete Kröger.

Peter Schabowski hatte sich inzwischen mit der Leiche beschäftigt und wandte sich an Kröger: „Drei Einschüsse. Großes Kaliber. Einer in die Herzgegend, zwei in den Bauchraum. Noch keine Leichenstarre. Otto Dahlmann ist also erst seit Kurzem tot. Und – jemand hat ihm vor ganz kurzer Zeit die Nase wie ein Chirurg abgeschnitten und anscheinend mitgenommen. Ich kann sie jedenfalls nicht finden. Und es tropft immer noch Blut aus der Wunde."

„Das ist korrekt. Entspricht auch meiner Beobachtung", lobte Kröger.

Eisleben wurde sauer: „Würden Sie bitte nur mir Bericht erstatten und mich dabei ansehen, Herr Schabowski! Es ist doch nun mittlerweile auch zu Ihnen durchgedrungen, dass Herr Kröger nicht mehr bei uns arbeitet."

„Ja, ich mein ja nur", antwortete Schabowski kleinlaut, „Herr Kröger kann uns doch nur helfen! Ist doch schließlich einer unserer besten Männer."

„`War´ wollten Sie doch sicherlich sagen, `war´!", schnauzte Eisleben.

„Ist ja gut. ´Tschuldigung", sagte Schabowski.

„Nicht in dem Ton, bitte! Ich bin immer noch Ihr Vorgesetzter!"

„Herr Kriminalrat Eisleben", begann Kröger, „Sie sollten sich etwas entspannen. Tatsache ist doch, dass ich den Toten, zusammen mit Frau Unseld, gefunden habe. Und ich bin zu jeder Mitarbeit bei der Aufklärung des Falles bereit. Aber dazu muss ich ja in etwa wissen, wie die Polizei die Auffindsituation beurteilt. Das hat Peter, also Herr Schabowski, im Prinzip also gar nicht so falsch gemacht."

Eisleben atmete schwer.

„Also gut, Herr Kröger, was machen Sie hier?"

„Wie erwähnt, ich wollte Otto Dahlmann sprechen, den persönlichen Chauffeur des verstorbenen Franz Wedding."

„Was wollten Sie denn von ihm?“

„Näheres erfahren, was die Todesumstände von Franz Wedding angeht. Ob Wedding möglicherweise schon einmal von Selbstmord gesprochen hat. Wer in den letzten Stunden vor seinem Tod mit ihm Kontakt hatte. Solche Dinge wollte ich von ihm wissen!“

„Aber im Prinzip war doch Ihr Auftrag, den Sie von Rosemarie Wedding erhielten, beendet, nicht wahr? Sie hatten ihren Mann gefunden und können jetzt das Honorar dafür einstreichen!“

„Ja, wissen Sie, Herr Eisleben, zu der ganzen Sache kann ich nur sagen: einmal Polizist, immer Polizist! Da bleibt, Suspendierung hin oder her, so eine penetrante Neugier erhalten. Auch, wenn ich nicht dafür bezahlt worden wäre, Dahlmann zu befragen, hätte ich es dennoch gern getan. Um gedanklich mit der Sache zu Ende zu kommen, um abzuschließen.“

„Sie sollten sich besser bemühen, mit ihrer eigenen Vergangenheit bei der Gestapo ins Reine zu kommen und abzuschließen! Mischen Sie sich nicht weiter in unsere Arbeit ein!“, fuhr Eisleben ihn an.

„Werde mich bemühen.“

„Woher hatten Sie denn eigentlich die Adresse von Dahlmann?“

„Bitte, Herr Eisleben. Haben Sie schon mal was von Adressbüchern gehört?“

„Wir sprechen uns noch!“, warnte Eisleben.

„Sicherlich“, meinte Harry Kröger.

Es war früher Nachmittag. Kröger bekam Hunger. Auf ein Restaurant hatte er jetzt keine Lust. Da saß man um diese Zeit allein und wurde von den Kellnern umlauert, die den Laden pünktlich um fünfzehn Uhr dichtmachen wollten, um etwas auszuspannen und verschiedene Dinge zu erledigen, bevor um achtzehn Uhr das Abendgeschäft begann. War ja auch verständlich.

Harry fuhr zum Schnellimbiss seiner Wahl, um Bratwurst und Pommes Frites mit Ketchup zu essen. Während er auf den Grillwagen zusteuerte, überlegte er, ob er auf der Fahrt tatsächlich von einem Auto verfolgt worden war oder ob dieser Eindruck falsch und vielleicht Auswirkung seines Schlafdefizits und des nur langsam abklingenden Katers war. Auch jetzt ließ ihn das Gefühl nicht los, beobachtet zu werden. Kröger blieb stehen, tat so, als suche er etwas in seinen Taschen und drehte sich dann schnell um. Es war nichts Auffälliges zu sehen. Oder hatte sich da hinten nicht jemand ganz plötzlich weggedreht, der sich ertappt fühlte? Konnte sein. Kröger attestierte sich selbst leicht überreizte Nerven.

„Na, Harry, alles in Dortmund?“, begrüßte ihn der Mann in der Bratwurstbude.

„Tach, August! Hast wohl heute deinen witzigen Tag, was?“

Das Essen bei August schmeckte ganz hervorragend. Dazu genehmigte sich Harry eine eiskalte Coca-Cola, die zusammen mit den heißen Pommes in seinem Inneren einigen Schaden anrichten würde. Aber das Risiko nahm er in Kauf.

Anschließend fuhr Kröger zur Post in der Gerichtstraße, betrat eine der Telefonzellen, die voll kaltem Rauch und Zigarettenasche war, holte sein Kleingeld aus der Tasche und einen Notizblock, suchte darin etwas und wählte dann die Nummer von Jevomir Petrovic, einem alten Bekannten. Nach kurzem Gespräch verließ er die Zelle, über dessen Eingang ein Blechschild mit dem warnenden Ausspruch `Fasse dich kurz´ angebracht war. Auf dem Weg zu seinem Parkplatz fiel ihm ein einbeiniger Mann auf, der – das rechte, leere Hosenbein akkurat gebügelt und in Höhe des Knies nach oben geklappt und dort irgendwo befestigt – mit seinen zwei Krücken über den Platz ging. An sich waren die vielen Kriegsversehrten, erblindet oder amputiert, im Stadtbild nichts Ungewöhnliches. Es handelte sich meist um kräftige Männer, die mit der Behinderung in einer geradezu behindertenfeindlichen Umgebung umzugehen gelernt hatten, und die sich mit ihren Krücken gekonnt in die Busse der BVG schwangen, trotz der Treppen und hohen Einstiege. Sie lebten vielfach von der Fürsorge und besserten ihr Salär durch Tätigkeiten wie etwa Fahrstuhlführer auf. Auch gab es welche, die hier und dort auf dem Gehsteig hockten und irgendwelche Kurzwaren verkauften oder mit ihrem einzigen noch verbliebenen Arm einen Leierkasten betätigten. Nicht wenige, die es ganz schwer erwischt hatte, fuhren in Rollstühlen umher, riesigen, unförmigen Monstren mit drei Rädern, die sehr altmodisch aussahen, wie Relikte aus einer längst vergangenen Welt.

Kröger taten diese ehemaligen Kameraden unglaublich leid. Gleichzeitig dankte er im gleichen Atemzug seinem Schöpfer dafür, dass er von solch schweren Verwundungen während des Krieges verschont geblieben war. An manchen Tagen an der Ostfront hätte nicht viel gefehlt, und er wäre böse erwischt worden.

Der Einbeinige, den er heute sah, fiel dadurch besonders auf, dass er einen sehr teuren, offenbar maßgeschneiderten Anzug trug. So eine Kombination, einen so auffälligen Gegensatz, sah man eher selten. Offenbar hatten die Granaten der Feinde zwischen Reichen und Armen doch keinen Unterschied gemacht.

Kröger stieg in seinen Wagen, steckte sich eine Zigarette an. Gestern Mittag, im neuen Restaurant an der Fasanenstraße, wollte er sich eigentlich die gewohnten Overstolz aus dem Automaten holen. Dabei hatte er den falschen Schacht erwischt und aus Versehen Ernte 23 gezogen. Läppische Glimmstängel. Hatten keinen Biss. Obendrein mit Filter. Was für die Frauen. Die wollten ja neuerdings auch Zigaretten rauchen.

Er holte aus seinem Jackett das Taschentuch mit dem Fund aus Dahlmanns Wohnzimmer, faltete es vorsichtig auseinander und untersuchte den Gegenstand. Es war eine Hülse für ein Neun-Millimeter-Geschoss. Nur Stahlhülsen hatten eine solch graue Farbe. Merkwürdig war dagegen die rote Farbe des Zündhütchens. Kröger verstaute seinen Fund im Handschuhfach. Er startete den Wagen und machte sich auf den Weg zu Rosemarie Wedding.

Die schwarze Witwe

Kröger stand wieder vor der Haustür der Weddingschen Villa und klingelte. Er musste erneut sehr lange auf das Öffnen durch den Hausdiener warten. Der grüßte kurz und unfreundlich.

„Die gnädige Frau erwartet Sie wieder in der Bibliothek. Den Weg dorthin finden Sie ja mittlerweile allein, oder?"

„Kein Problem", antwortete Harry Kröger und wunderte sich über den arroganten und provozierenden Tonfall in der Stimme des Butlers.

„Ihr Hausbediensteter hasst mich", sagte Kröger beim Eintreten in die Bibliothek. Rosemarie Wedding erhob sich und kam auf ihn zu.

„Ach, der gute Hendrik. Er ist immer so eifersüchtig, wenn es um mich geht", seufzte sie und bemühte sich dabei um eine Affektiertheit, die spöttisch und aufgesetzt klingen sollte.

Dem Anlass entsprechend, war Rosemarie Wedding heute ganz in schwarz gekleidet. Sie wirkte in dem eng anliegenden Rollkragenpullover, der noch engeren Capri-Hose, die bis kurz über das Knie reichte und den flachen Ballerinas an den Füßen wie eine glühende Anhängerin des Existenzialismus. Natürlich rauchte sie wieder mit ihrer schwarzen Zigarettenspitze.

„Haben Sie die letzte Nacht mit Sartre persönlich verbracht, Frau Dr. Wedding?", fragte Kröger.

„Na, hören Sie mal, ich bin eine trauernde Witwe! Da lasse ich mich doch nicht mit dem erstbesten Franzosen sein! Und Jean-Paul Sartre wäre auch nicht unbedingt mein Fall! Zu starker Astigmatismus! Da weiß man ja gar nicht, ob er einen auch wirklich ansieht."

„Ach, bevor ich es vergesse: Mein herzlichstes Beileid, Frau Dr. Wedding. Obwohl ich den Eindruck habe, dass Ihre Trauer über den plötzlichen Verlust nicht unbedingt maßlos ist. Sie deuteten es ja fernmündlich schon an, dass ich mit dieser Vermutung nicht vollkommen falsch liege."

„Sehr schön, wie geschraubt Sie sich ausdrücken können, Herr Kröger. Legen Sie doch bitte Ihren Mantel ab und nehmen Sie Platz. Was darf ich Ihnen anbieten? Kaffee, Tee, Saft, Cognac, Wein, Bier?"

Harry Kröger entschied sich wie gestern wieder für Kaffee, den Gertrud, die Haushälterin, nach einiger Zeit servierte.

Sie tranken, schwiegen, sahen sich an. Dann fragte Rosemarie Wedding: „Vermuten Sie nach wie vor, dass mein Mann ermordet worden ist?"

„Mehr noch, ich bin überzeugt davon! Ich könnte mir denken, dass Ihr Gatte in irgendwelche Machenschaften verstrickt war, die nicht ganz `sauber´ waren. Und dabei bekam er es mit Leuten zu tun, die beim Eintreiben ihrer Forderungen, wie auch immer die ausgesehen haben mögen, nicht zimperlich sind und auch vor einem Mord nicht zurückschrecken."

„Was macht Sie denn da so sicher?", fragte Rosemarie Wedding.

„Offenbar wissen Sie es noch gar nicht, oder? Die Polizei hat sich nach ihrem ersten Besuch nicht noch einmal bei Ihnen gemeldet?"

„Nein, nur heute Morgen, um mir von dem Fund im Kempinski zu berichten!“

„Nun, ich wollte um die Mittagszeit zu Otto Dahlmann, dem Chauffeur Ihres Mannes. Kennen Sie den näher?“

„Nein, Herrn Dahlmann habe ich nicht oft zu Gesicht bekommen. Er war fast ausschließlich mit meinem Mann unterwegs. Freundlicher Herr. Zwei-, dreimal hat er uns beide gefahren, als wir gemeinsam zu bestimmten Veranstaltungen eingeladen waren. Irgendwelche Jahresempfänge. Was ist mit ihm?“

„Nun, ich habe ihn vorhin tot in seiner Wohnung aufgefunden, erschossen. Sah für mich wie ein Auftragsmord aus. Drei saubere Einschüsse in den Leib, einer in die Herzgegend, die beiden anderen Fangschüsse. Da war ein professioneller Auftragsmörder am Werk. Wirklich gute Arbeit. Kaum Spuren am Tatort.“

Rosemarie Wedding erschrak. Das war nicht gespielt. Sie wurde bleich.

„Verdammt, was ist da los?“, brachte sie hervor, „weshalb muss denn der nette Otto Dahlmann dran glauben? Ist mir vollkommen unverständlich.“

„Ist es möglich“, setzte Kröger an, „dass zwischen dem Tod Ihres Mannes und dem unsanften Ableben Dahlmanns gewisse Zusammenhänge bestehen? Vielleicht war Dahlmann in irgendwelche Geschäfte von Franz Wedding verwickelt? War Mitwisser von möglicherweise nicht ganz korrekten Transaktionen oder ähnlichen Dingen?“

„Da kann ich gar nichts zu sagen.“

Rosemarie Weddings Stimme klang verängstigt, hilflos.

„Wenn Ihr Mann Sie, Frau Wedding, schon `kurz hielt´, wie Sie es andeuteten und möglicherweise kaum ein Wort über seine Geschäfte Ihnen gegenüber verlor, ... gibt es denn nicht eventuell trotzdem etwas, was Ihnen jetzt, im Nachhinein, berichtenswert erscheint, was Ihnen an Franz Wedding in letzter Zeit besonders aufgefallen ist? Ein anderes Verhalten möglicherweise, ... irgendetwas!"

Rosemarie Wedding überlegte. Etwas zu lange für Krögers Geschmack.

„Nein, wirklich, Herr Kröger, mir ist nichts aufgefallen", sagte sie dann, „aber wir sind uns in den gerade zurückliegenden Monaten eigentlich auch immer aus dem Weg gegangen. Ich hatte sozusagen überhaupt keine Gelegenheit, an Franz etwas Außergewöhnliches wahrzunehmen."

„Mhmm, schade! Wie sieht denn Ihre Zukunft jetzt aus, Frau Dr. Wedding? Gibt es ein Testament? Und, wenn ja, sind Sie darin bedacht?"

„Glauben Sie etwa, Herr Kröger, dass ich nichts Besseres zu tun habe, als an Geld zu denken, nachdem mein Mann gerade umgekommen ist?" Rosemarie Wedding fuhr hoch, wurde giftig.

„Entschuldigen Sie bitte, Frau Dr. Wedding! Ich wollte nicht, dass Sie meine Frage falsch verstehen. Aber es ist doch nicht unmenschlich, sich danach zu erkundigen, wie es weitergeht. Und dazu gehört nun mal das liebe Geld ..."

„Ja, Sie haben ja Recht, Herr Kröger. ´tschuldigung! Ob ich nun meinen Mann noch geliebt habe oder nicht, sei dahingestellt. Aber eine Scheidung wäre mir lieber gewesen und nicht ein – möglicherweise – gewaltsamer Tod. Und jetzt berichten Sie mir noch, dass Otto Dahlmann erschossen wurde. Ich bin jetzt mit den Nerven ziemlich runter und frage mich, ob ich möglicherweise auch schon zur Zielscheibe irgendeines Mörders geworden bin, ohne zu wissen, worin mein Vergehen besteht."

„Ich verstehe Sie vollkommen, Frau Dr. Wedding. Vielleicht sollten Sie die Polizei um Personenschutz bitten. Die Kripo wird mit Sicherheit bei Ihnen auftauchen, um die gleichen Fragen zu stellen, die Sie von mir schon gehört haben. Ich hab denen erzählt, dass Dahlmann der Fahrer Ihres Mannes war. Die werden sich da auch ihren Reim drauf machen."

„Meinen Sie, dass das Zweck hat? Dass einer Bitte um Personenschutz entsprochen wird?"

„Ehrlich gesagt, das weiß ich nicht so genau. Die hiesige Polizei ist ja momentan mächtig überlastet. Der Innensenator macht Druck. Die Lager für die Flüchtlinge aus der Ostzone und aus Osteuropa sollen aufgelöst werden."

„Können Sie nicht meinen persönlichen Schutz übernehmen, Herr Kröger? Ich würde Sie dafür gut entlohnen! Und Sie wären immer in meiner Nähe! Das fänden Sie doch bestimmt nicht unangenehm, oder?", fragte Rosemarie Wedding mit kokettem Augenaufschlag.

„Wenn ich Ihren Leibwächter spiele, werde ich kaum Zeit haben, weiter zu ermitteln, um den oder die

Mörder Ihres Mannes und seines Fahrers zu finden. Ich kann Ihnen aber einen Kollegen von mir, ebenfalls Privatermittler, empfehlen. Der ist darauf spezialisiert. Fragen Sie bitte aber zuerst die Polizei, ob die das nicht übernimmt."

Rosemarie Wedding nahm die zu Ende gerauchte Zigarette aus ihrer schwarzen Spitze und drückte sie im Aschenbecher aus. Dann stand sie auf, ging zu einem dunklen, großen Sekretär, nahm etwas aus einem der Fächer, kam zurück und reichte Harry Kröger einen Briefumschlag.

„Hier, Herr Kröger! Die ausgemachte Summe für das Auffinden meines Mannes nebst den von mir grob überschlagenen Spesen. In bar. Von meinem Haushaltsgeld."

Kröger bedankte sich und fragte, ob er nun weiterhin in Ihrem Auftrag nach dem Mörder von Franz Wedding und Otto Dahlmann suchen solle.

„Tun Sie das, bitte", antwortete Rosemarie Wedding, „ich denke, wir werden uns über die Angelegenheit noch mehr als einmal unterhalten müssen. Bis dahin betrachten Sie sich bitte als engagiert."

Kröger erhob sich, wollte gehen. Jetzt stand er, wie gestern, direkt vor Rosemarie Wedding.

„Dann werd´ ich jetzt mal los", meinte Kröger.

„Bleiben Sie doch noch etwas", sagte Frau Wedding und kam noch ein klein wenig näher.

`Brauchst nur zuzugreifen!´, schoss es Kröger durch den Kopf.

Dann packte er Rosemarie Wedding mit den Händen an den Schultern und zog sie an sich, drückte seinen Mund auf ihren. Sie wehrte sich nur ein ganz klein wenig. Gewissermaßen pro forma.

Als sie sich voneinander lösten, beugte sich Harry Kröger hinunter, griff nach seinem Mantel und dem Hut.

„Hab noch einen wichtigen Termin, Frau Dr. Wedding!“

„So wichtig?“, hauchte sie.

„Ja, ziemlich ... Gut, äh, also, ich bedanke mich für das Honorar und den Kaffee und mache mich jetzt auf die Socken, um den Mörder ihres Mannes zu finden.“

„Tun Sie das, Harry. Ich drück Ihnen ganz fest die Daumen.“

Leicht benommen und etwas unsicher auf den Beinen entfernte sich Harald Kröger. Im Foyer kam ihm der Hausdiener entgegen.

„Sie wollen uns schon verlassen?“, fragte er, gleichzeitig bissig und süffisant.

Kröger fuhr auf dem Kaiserdamm Richtung Westend. Dann weiter stadtauswärts über die Heerstraße. Er bog rechts ab, fuhr die Flatowallee hoch, dann wieder links. Hier standen immer noch neben neu erbauten, langweiligen Reihenhäusern zahllose Nissenhütten, die die britischen Besatzer für Ausgebombte, Flüchtlinge und Vertriebene aufgestellt hatten. Auf den Wegen und Straßen spielten Kinder, die einen verwahrlosten Eindruck machten. Die Gegend war berüchtigt, verrufen. Viele Berliner trauten sich nicht hierher, hatten Angst vor Raub oder anderen Übergriffen. Was sollten sie auch hier? Es gab nichts zu sehen, außer wirklicher Armut. Hier war ein ungesundes Klima entstanden, bestimmt von häufigem Drogen- und Alkoholmissbrauch der Bewohner, von Prügeleien, Raub, Einbruch und Körperverletzung.

Harry Kröger hatte in dieser Siedlung einige Freunde und Bekannte. Zu ihnen gehörte Jevomir Petrovic, ein Waffenspezialist, den Kröger während seines Dienstes 1942 auf dem Balkan kennengelernt hatte. Er gehörte der berüchtigten Schwarzen Legion der kroatischen Ustascha an, die einerseits unglaublich kampfstark war, andererseits aber auch unfassbar grausam mit ihren Feinden umging. Jevomir Petrovic hatte einmal Obersturmbannführer Krotzig, dem jetzigen Dr. Wilhelm Mahlstein, zu dessen Einheit Harald Kröger damals gehörte, einen großen Korb überbracht. Als Krotzig den Deckel entfernte, schrak er entsetzt zurück und mit ihm alle, die gespannt einen Blick in das Behältnis riskiert hatten. Er war voller menschlicher Augen, abgeschnittener Ohren und Nasen. Petrovic wollte sich ausschütten vor Lachen.

„Das sind die Überbleibsel einer Einheit kommunistischer Partisanen, die uns gestern über den Weg lief“, hatte er erklärt, „meine braven Ustascha-Kameraden haben ganze Arbeit geleistet!“

Seit diesem Tag achtete Harald Kröger darauf, sich niemals einen Ustascha-Kämpfer zum Feind zu machen.

Tatsächlich entwickelte sich aber zu Jevomir Petrovic, trotz seines Hangs zu derart absurden Grausamkeiten, so etwas wie eine Freundschaft, die über die Jahre hielt. Als die Kommunisten Titos gegen Ende des Krieges die Macht in Jugoslawien übernahmen, hatte sich Petrovic mit der zurückflutenden Wehrmacht nach Deutschland abgesetzt und hier nach Kriegsende den Status einer Displaced Person erhalten. Konnte er doch den davon begeisterten Briten und Amerikanern glaubhaft nachweisen, dass er ein aufrechter Kämpfer gegen die Kommunisten gewesen und von diesen verfolgt worden war.

Harald Kröger stellte den Wagen ab und ging über einen schmalen Weg, der nicht gepflastert, sondern lediglich mit Schlacke bestreut war, zu einem der Reihenhäuser. Er wusste aus früheren Besuchen, dass ein solch schöner neuer Wagen wie der seine hier in der Siedlung eigentlich keine Chance hatte, nicht entweder geklaut oder noch am Straßenrand ausgeschlachtet zu werden. Außer, man kannte derart einflussreiche Persönlichkeiten wie Jevomir Petrovic. Er garantierte kraft seiner Autorität, die er hier genoss, gewissermaßen diplomatische Immunität. So wäre es geradezu ein Affront gewesen, wenn Kröger den Wagen aus Vorsicht weit außerhalb der Siedlung geparkt hätte.

Kröger klingelte an der Haustür. Er spürte förmlich, wie jede seiner Handlungen und Bewegungen von zahllosen Augenpaaren verfolgt wurde. Vielleicht hatte auch irgendjemand zur Sicherheit auf ihn angelegt. Eine wirklich unangenehme Vorstellung. Er drehte sich um. Die Kinder spielten nach wie vor auf der Straße Fußball und kümmerten sich nicht um ihn. Alles schien in Ordnung zu sein, keine Gefahr.

Sorica, Petrovic′ Frau, öffnete nach einiger Zeit.

Sie war vielleicht Mitte dreißig, trug wie immer grellbunte, knappe, eng anliegende und übertrieben modische Kleidung. Sorica war ein ganz klein wenig untersetzt und verbarg keinesfalls ihre ausladenden weiblichen Formen.

„Schau an, därrr Harrri! Daaas ist abärrr scheeen, dich mal wiedärr zu sähen!", freute sich Sorica aufrichtig und bat Harry ins Haus.

Der Weg ins Petrovic´ `Büro´ gestaltete sich wie ein echter Hindernislauf. Im sowieso schmalen Hausflur standen links und rechts Kartons, bis zur Decke gestapelt. Jeder freie Quadratmillimeter schien besetzt.

„Meine Güte, Sorica! Was ist denn bei euch los? Ist wieder irgendetwas vom Laster gefallen?", fragte Kröger.

„Kann maaan so saaagen", antwortete Sorica Petrovic, „ist abäärr niiicht gefaaallen, sooondern iiiist gaanzer LKWä verunglüüückt! Auf därrr Hamburrrgerrr Chaussee."

„Und was ist das alles für ein Kram?", wollte Harry wissen.

„Das Meistä sind Fernsähgeräääte. Gaaanz neu, von Grrrrundig. Heißen `Zauberspiegääll´, oderrrr so ähnlich."

Das `r´ rollte Sorica ganz tief und guttural hinten im Hals. Dabei lief es Harry immer kalt den Rücken herunter. Er hätte stundenlang zuhören können.

„Iiiissst grooooßes Geschäääft. Alle wollen Fernsäh gucken."

Sorica klopfte an der Tür am Ende des Ganges.

„Izvoli!“, rief eine Stimme von innen. Sorica öffnete, blieb mit dem Rücken zum Türblatt in der Tür stehen und sagte zu Kröger: „Komm, Harrrri.“

Kröger drückte sich an ihr vorbei und musste sich dabei winden und so dünn machen wie ein Aal, um nicht von Soricas gewaltigen Brüsten erdrückt zu werden. Eigentlich hätte er sie mit beiden Händen zur Seite schieben müssen. Aber dann hätte Jevomir sofort eine Waffe gezogen und das Magazin auf ihn leergefeuert.

„Harry, mein Freund! Dobar dan!“, begrüßte ihn Jevomir, der, im Gegensatz zu seiner grellen Frau, ein vollkommen fließendes und akzentfreies Deutsch sprach.

„Dobar dan“, grüßte Kröger zurück. Er befand sich in Petrovic′ kleinem Büro, das so vollgequalmt war, dass Harry Mühe hatte, durch die Rauchschwaden Jevomir genau auszumachen. Die Schränke und Regale in diesem Raum waren mit den verschiedensten Dingen dermaßen vollgestopft, dass sich deren Bretter stellenweise bogen und Verschiedenes hier und dort auf die Erde gefallen war, wo es ungeordnet liegenblieb. Auch auf Jevomirs Schreibtisch stapelten sich Unterlagen einen halben Meter hoch. Zwei große Telefone aus schwarzem Bakelit standen nebeneinander auf der rechten Seite des Tisches. Man spürte geradezu, dass diese Geräte das wichtigste Handwerkszeug von Petrovic waren. Die einzig modernen und neuen Gegenstände im Büro waren die zwei riesigen, mit schwarzem Leder bezogenen Chefsessel. Einer für Jevomir, der andere befand sich rechts vom Schreibtisch, an der Wand. Auf ihm saß ein unglaublich dicker Mann mittleren Alters mit vollem, dunklem Haar und einem gewaltigen, schwarzen Schnurrbart. Er trug eine zerschlissene Cordhose und darüber einen fleckigen gelben Pullover. Jevomir Petrovic hatte Harrys fragenden Blick bemerkt.

„Darf ich vorstellen? Das ist mein guter alter Freund Tomislav. Wir kennen uns schon sehr lange. Du hast doch nichts dagegen, dass Tomislav unser kleines Gespräch verfolgt, oder? Er genießt mein ganzes Vertrauen."

„Ich bitte dich, Jevomir! Das ist dein Haus, deine Wohnung. Du bestimmst hier. Ich werde mich fügen."

Petrovic wandte sich an den dicken Mann und sagte etwas auf Kroatisch zu ihm. Kröger verstand nicht viel. Er hörte aber die Worte `Harry Kröger´. Tomislav schien nichts zu beeindrucken. Er nickte nicht und sagte nichts, sondern steckte sich eine Papyrossi an, wobei er sehr stark rasselnd und gurgelnd hustete. Es klang nicht sehr gesund.

„Meine Freunde sind auch seine Freunde, hat er gesagt!", meinte Jevomir schließlich.

„Das hat er gesagt? Aber er hat doch gar nicht gesprochen."

„Vertrau mir, mein lieber Harry. Möchtest du etwas trinken? Kaffee oder Tee?"

„Kava, izvoli!", sagte Kröger.

Jevomir Petrovic rief nach Sorica und wies sie recht barsch und unfreundlich an, Kaffee zu machen.

„Zigarette?", fragte Jevomir und bot Harry eine Papyrossi an.

„Puno hvala“, sagte Harry, nahm eine der russischen Zigaretten, drückte den Filter zusammen und zündete sie an. Die Männer lehnten sich zurück und pafften.

Sorica brachte den Kaffee und schimpfte: „Meinä Gütää, Männarrr! Ihrrr müüüßt hier lüftänn! Maaan sieht die Haaand ja nicht vorrrr Augän.“

„Sorica, bitte stör nicht, wenn Männer nachdenken!“

„Na, waaaas soll da schon grrrroß herrrauskommäään, wenn ihr nachdänkt!“

Jevomir fuhr auf, schimpfte auf Kroatisch mit seiner Gattin und sie keifte zurück. Dann verließ sie das Zimmer.

„Siehst du, Harry? Man muss mit den Weibsbildern bloß ordentlich reden und sie in ihre Schranken weisen, sonst trampeln sie einem bald auf der Nase herum.“

„Tanzen! Es heißt tanzen!“, verbesserte Harry.

„Was meinst du? Verstehe nicht.“

„Na, ich meine, es heißt tanzen. Sie tanzen einem auf der Nase herum. Nicht trampeln!“

„Aha! Na, wie auch immer. Was führt dich zu mir, mein lieber Harry?“

Petrovic lehnte sich zurück. Er mochte jetzt um die vierzig sein, war nach wie vor klein, drahtig und muskulös. Sein Haar war schon in jungen Jahren relativ schütter gewesen. Deshalb verteilte er die verbliebenen, braunen Haarsträhnen sorgsam auf dem Kopf. Wenn er die Augen schloss, konnte man sehen, dass auf seine Augenlider Totenköpfe tätowiert waren.

Harry Kröger holte das Taschentuch mit der Patronenhülse hervor und reichte sie Petrovic über den Schreibtisch.

„Ich wollte dich fragen, Jevomir, ob du mir zu dieser Patronenhülse etwas erzählen kannst?"

Petrovic nahm sie entgegen und betrachtete sie von allen Seiten. Im Prinzip war das nicht nötig, weil er sofort wusste, um was es sich handelte. Aber das `So-tun-als-ob´ gehörte mit zum Geschäft.

„Nun, ja, ähm, ich weiß nicht so recht. Kommt mir ja irgendwie bekannt vor, das Ding."

Kröger legte einen 50 D-Mark-Schein auf den Tisch und sagte: „Übrigens, das ist für eure Kaffeekasse. Kann ja nicht immer vorbeikommen, mich von euch verköstigen lassen und dann abhauen."

„Das wäre aber nicht nötig gewesen", meinte Petrovic, „aber, aber, guter Bohnenkaffee ist sehr teuer geworden ..."

Kröger legte noch einen Schein obendrauf.

„Also, diese Hülse hier nimmt normalerweise die Treibladung und das Geschoss für die 9 mm Mauser Export auf. Unsere ungarischen Freunde haben die Dinger während des Krieges mit ihren Maschinenpistolen 39 M und 43 M verschossen. Sind Bleikerngeschosse mit hoher Durchschlagskraft. Stahlhülse. Pilzen nicht auf im Körper. Eigentlich eine saubere Sache. Werden gebondert, um geringe Wandstärken und weniger Rissbildung zu haben."

Kröger nickte anerkennend.

Petrovic war ein Profi, soviel war klar.

„Kannst du mir auch etwas zu dem roten Zündhütchen sagen? Und zu den Monogrammen `ML´ und `43´ daneben?"

„Aber sicher. Diese Serie von Mauser mit dem roten Boden wurde nur im Jahre 1943 gefertigt und ausgeliefert. Deshalb die `43´. `ML´ steht für Magyar Löszermüvek Veszprem. War ne ungarische Firma, die die Dinger vertrieben hat. Sind übrigens sehr selten, diese Patronen. Wie bist du denn da dran gekommen?"

„Tja, das ist so eine Geschichte. Hat mit einem aktuellen Fall zu tun, den ich gerade bearbeite."

„So, so! Willst du mir etwas darüber erzählen?"

Harry Kröger machte: „Mhmm."

„Gut, musst du ja auch nicht. Vielleicht ist es auch besser, ich erzähle dir erst einmal was. Letztes Jahr bekam ich aus Belgrad eine Anfrage nach diesen alten 9 mm Mauser Export. Ob da noch dranzukommen wäre. Ich sagte, ich wolle mich mal umhören. Tatsächlich hab ich in Wien eine ganze Palette von den Dingern noch aufgetrieben und nach Ungarn bringen lassen. Prompte Bezahlung in bar, keinerlei Probleme. Dann hörte ich, dass ein gewisser Mitar Dusic damit arbeitet."

„Dusic? Mitar? Nie etwas von dem gehört", sagte Kröger, obwohl er sich nicht hundertprozentig sicher war.

„Tatsächlich? Dann denk `mal scharf nach!"

„Da fällt mir was ein: ein gewisser Dusic hat doch 1943 die Dinarische Tschetnik-Division geführt. Das war eigentlich ein Priester! Aber der hieß Momcilo mit Vornamen."

„Stimmt genau. Und sein Sohn ist Mitar, Mitar Dusic. Der hat sich die Palette mit den Patronen über einen Mittelsmann schicken lassen. Er benutzt eine alte Luger, die er mit den Mauser-Patronen lädt."

„Und was macht er mit der Luger?"

„Er erledigt Auftragsmorde. Sehr gekonnt, sehr professionell. Freunde von mir berichten hin und wieder, wo Dusic sich befindet und wen er umgelegt hat oder wen er töten soll. Im Moment hält er sich offenbar gerade hier auf, in Berlin."

„Wusstest du schon länger davon?", fragte Kröger.

„Nun, ja, im Prinzip schon. Sein Aufenthaltsort war nicht ganz klar. Ist es immer noch nicht. Mitar Dusic ist ein überaus raffinierter Hund. Und kalt wie Schnee. Man sollte ihn nicht zum Feind haben."

„Genauso wenig wie dich", meinte Kröger.

„Gegen Dusic bin ich ein Waisenknabe! Der ist noch schlimmer als sein Vater! Und der war schon nicht ohne. Ich weiß noch, wie wir mit unserer Einheit zu Beginn des Jahres 1943 in Bukovica einrückten. An deren Bevölkerung hatte kurz zuvor Momcilo Dusic mit seinen Tschetniks Rache für einige Aktionen von uns geübt. Meine Güte, die haben an die 500 Männer, Frauen und Kinder verbrannt! Wir haben Mädchen gefunden, manche noch nicht mal zwölf Jahre alt, die hatte man nach erfolgter Vergewaltigung gepfählt! In einem Nachbardorf hatte man dem Bürgermeister die Haut von den Kniekehlen über den Rücken und Kopf bis auf die Brust gezogen! War ein schrecklicher Anblick!"

„Ihr habt´s allerdings auch ganz schön schlimm getrieben, Jevomir!"

„Glaub mir, Harry, ich weiß, was passiert ist! Ich bereue nichts."

Er hielt die Hülse hoch: „Allein die Tatsache, dass du eine von Dusic´ Patronenhülsen besitzt, gefährdet dich."

„Man muss es ihm ja nicht sagen."

„Von mir wird er es bestimmt nicht erfahren. Aber möglicherweise kennt er dich sowieso schon. So einer wie Dusic beobachtet noch ein wenig den Tatort. Schaut sich an, wer in dem Haus, in dem er einen Auftragsmord ausgeführt hat, ein und aus geht. Und du bist doch sicherlich in einem Haus oder einer Wohnung gewesen, hast einen Toten gefunden und neben ihm die Patronenhülse entdeckt, nicht wahr?"

„So ähnlich, Jevomir. Aber die Polizei traf kurz danach ein. Dadurch wird der Kreis, der die Patronenhülse haben könnte, aus Dusic´ Sicht ziemlich groß."

„Wie auch immer, Harry, du bist jedenfalls gewarnt. Sieh dich vor!"

„Geht in Ordnung. Wirst du mich benachrichtigen, wenn irgendetwas Unvorhergesehenes passiert, Jevomir?"

„Aber sicher."

Die beiden Männer verabschiedeten sich. Auch dem stillen Tomislav wollte Kröger die Hand geben, dieser sah ihn aber nur vollkommen ausdruckslos an und bewegte sich nicht einen Millimeter.

Der Anschlag

Es war mittlerweile acht Uhr am Abend. Kröger fühlte sich vollkommen zerschlagen und hundemüde. Er entschloss sich, nach Hause zu fahren, sich selbst etwas zum Abendessen zu machen, um dann sofort ins Bett zu gehen. Schlaf war jetzt dringend notwendig.

Er fuhr seinen Wagen in die Einfahrt neben dem Haus in der Utrechter Straße, parkte, stieg aus, kramte nach seinem Hausschlüssel, ging durch den kleinen überdachten Hauseingang, über dem in erhabenem Stein und geschwungener Jugendstil-Schrift das Wort `Salve´ prangte und öffnete die Tür.

Neben ihm splitterte plötzlich etwas vom Holzrahmen der Tür ab. Gleichzeitig hörte er ein Krachen. Das war ein Schuss! Jemand hatte ihn ins Visier genommen und abgedrückt!

Kröger ließ sich sofort zu Boden fallen, nahm volle Deckung, wie damals an der Front. So etwas verlernt man nicht. Er griff zu seiner Walther, entsicherte sie mit dem rechten Daumen. Wenn er jetzt aufsprang, traf ihn möglicherweise ein tödlicher Schuss. Also liegenbleiben und abwarten? Er hörte den Motor eines Wagens aufheulen und durchdrehende, quietschende Reifen auf dem Asphalt. Die Motorengeräusche wurden schwächer, der Wagen entfernte sich rasch.

Kröger blieb noch etwas liegen, erhob sich dann sehr langsam und vorsichtig. Nichts passierte. Er schaute sich um. Nirgendwo war ein Fenster aufgegangen, hatten sich Neugierige eingefunden. Eine Schießerei ohne

Zeugen. Unglaublich. Eine wirklich ruhige Wohngegend. Harry überlegte kurz, ob er nicht doch besser wegziehen sollte. Hier könnte man zu Tode kommen, ohne dass es irgendjemand bemerkte. Er holte sein Taschenmesser hervor, klappte es auf und pulte mit der Klinge das Geschoss aus dem Türrahmen. Es war zwar nur leicht deformiert, dennoch konnte Kröger nicht erkennen, ob es sich um eines von jenen handelte, mit denen Mitar Dusic die Gegend unsicher machte.

Auf Harry Kröger war bis 1945 schon vielfach geschossen worden, darum hielt sich seine innere Unruhe nach diesem Überfall in Grenzen. Trotzdem gestattete er sich ein leichtes Händezittern. Es sah ja niemand zu. Oder vielleicht doch?

Er stieg die vier Stufen in dem immer dunklen Hausflur hoch und schellte an der Wohnungstür von Frau Freiland, seiner Vermieterin. Sie machte nicht auf. Er schellte nochmals. Keine Reaktion. Offenbar war sie nicht zu Hause.

Dann ging er die zwei Treppen zu seiner Wohnung hoch, öffnete die Tür und fand hier alles so, wie er es verlassen hatte. Er überlegte. Sollte er seine früheren Kollegen von der Polizei anrufen und melden, dass man auf ihn einen Anschlag verübt hatte? Natürlich würde man ihm glauben, sehr gern sogar. Und ihn dann gewaltig in die Zange nehmen, ihn ausquetschen. Sie würden genussvoll die alten Geschichten hervorkramen, seine Arbeit bei der Gestapo und sein angeblicher Mord an den Fremdarbeitern. Das konnte er alles nicht gebrauchen.

Harry Kröger zog sämtliche Rollläden in seinen Zimmern herunter, bevor er Licht machte. Er verriegelte sorgsam die Tür, trank noch zwei Remy Martin, um sich zu beruhigen. Im Bett, auf dem Rücken liegend, nahm er noch einmal seine PPK zur Hand, lud durch, entsicherte und legte sie auf den Nachtisch. Die kleine 38er platzierte er direkt neben sich, unter das zweite Kopfkissen. Dann fiel er in einen bleiernen Schlaf.

Das klingelnde Telefon weckte Kröger mitten in der Nacht auf. Er wollte weiterschlafen. Aber es hörte nicht auf zu klingeln. Kröger schaute zu seinem Wecker. Die Leuchtzeiger wiesen auf zwanzig Minuten nach zwei. Schlaftrunken kämpfte er sich aus seinem Bett, schlich zum Schreibtisch und nahm den Hörer ab.

„Ja, bitte?“, fragte er, weder freundlich noch unfreundlich. Wie jeder Mensch erwartete er um diese Nachtzeit am anderen Ende entweder jemanden, der sich verwählt hatte oder die Meldung einer Katastrophe.

„Herr Kröger? Herr Harald Kröger? Genannt Harry?“, fragte eine männliche Stimme. Harry glaubte, dass sie das `r´ stark rollte. Kein deutscher Muttersprachler. Das musste jemand aus Osteuropa sein.

„So ist es! Um was geht es? Weshalb holen Sie mich mitten in der Nacht aus dem Bett? Und, zunächst einmal: Mit wem habe ich das Vergnügen?“

„Nimm dich in Acht, Kröger! Wir kriegen dich, du Schwein! Und dann rückst du die Karte raus!“

„Hä, wie bitte? Was für eine Karte?“

Es klickte in der Leitung. Aufgelegt.

„Viel Feind, viel Ehr!“, sagte Harald Kröger leise

zu sich selbst. Ihm war unwohl. Im Grunde kannte er derlei Anrufe aus seiner Praxis bei der Polizei. Immer wieder hatten sich dort Bürgerinnen oder Bürger gemeldet, die Botschaften bekommen hatten, die ähnlich schlimm klangen. Als Grund für eine Todesdrohung reichte oftmals schon, dass sie ihren Rasen nicht jede Woche mähten und dadurch den ganzen Hass ihrer ordentlichen Nachbarn auf sich zogen. Letztlich blieb es aber bei diesen Ankündigungen. In die Tat umgesetzt wurden sie nur äußerst selten.

In diesem Fall, so glaubte Kröger, schien die Drohung aber deutlich mehr Substanz zu haben. Insbesondere dann, wenn sie mit dem Anschlag auf ihn am Abend im Zusammenhang stand. War das nur ein Warnschuss gewesen, oder hatte der Schütze sein Ziel verfehlt? Das Leben wurde gefährlich. Und, verflucht noch einmal, was war das für eine Karte, die der Anrufer haben wollte?

Kröger legte sich wieder zu Bett. Sein Schlaf war unruhig.

Am Morgen wachte er gegen sieben Uhr auf und fühlte sich wie gerädert. Vorsichtig zog er die Rollos hoch. Er stellte sich dabei nicht direkt vor die Fenster, sondern hielt sich seitlich. Es fiel aber kein Schuss. Nachdem er sich sehr heiß und danach kalt geduscht hatte, fühlte er sich etwas besser. Kröger überlegte, was zu tun, wie nun am klügsten vorzugehen sei. Der Einzige, der ihm jetzt weiterhelfen konnte, war Jevomir Petrovic. Den musste er noch einmal sprechen, ihn anrufen. Das war leichter gedacht als getan. Denn niemand nahm ab. Weder Jevomir noch Sorica Petrovic meldeten sich. Harry Kröger versuchte es in unregelmäßigen Abständen, rief an, ließ es lange klingeln. Niemand zu Hause. Das war mehr als seltsam, weil Jevomir Petrovic es bisher immer so geregelt hatte, das sein `Büro´ permanent besetzt blieb. Kröger nahm sich deshalb vor, noch einmal zur Siedlung zwischen Flatow- und Schirwindther Allee zu fahren, um dort nach dem Rechten zu sehen. Vielleicht war ja auch nur Petrovic´ Telefon gestört.

Auf dem Weg zur Haustür überlegte Harald Kröger, wie er am geschicktesten und möglichst ungesehen in sein Auto gelänge. Immerhin bestand die Möglichkeit, dass wieder irgendjemand auf ihn angelegt hatte und ihn dieses Mal wirklich traf.

„Wenn du jegliches Risiko vermeiden willst, dann musst du zu Hause bleiben!“, sagte er zu sich selbst. Er wählte den Weg durch den Keller, der über eine kleine Treppe zu einer Tür führte, die sich zum Garten hin öffnete. Kröger befand sich jetzt hinter dem Haus und musste nach rechts gehen. Dort stand in der Einfahrt sein Wagen. Er erreichte ihn, ohne behelligt zu werden, setzte sich hinein, startete den Motor, fuhr rückwärts aus der Einfahrt und dann die Utrechter Straße hinunter.

Während der Fahrt schaute er häufig in die Rückspiegel um festzustellen, ob ihm jemand folgte. Das schien aber nicht der Fall zu sein.

Aus einem Grund, den er sich selbst nicht genau erklären konnte, fuhr er dieses Mal aber nicht bis vor Petrovic´ Haustür, sondern stellte den Borgward am unteren Ende von einem der drei Zufahrtswege zur Siedlung ab. Den Rest ging er zu Fuß, wobei er sich konzentriert umsah, damit ihm nichts Ungewöhnliches entginge.

Die kleine Stichstraße, an dem der Sozialbau stand, in dem Petrovic wohnte, umging Kröger. Er wählte den Zugang über die Rasenfläche des Gartens, um dann an die Tür des Hinterausgangs zu klopfen. Das hatte er nach Absprache mit Jevomir schon häufiger so gemacht, insbesondere dann, wenn beide nicht daran interessiert waren, dass ihre Zusammenkünfte allzu sehr publik wurden.

Auf sein Klopfen reagierte allerdings niemand. Er pochte lauter an die Tür, rief Jevomirs Namen. Keine Antwort. Dann drückte Kröger die Klinke herunter und stellte fest, dass die Tür nicht verschlossen war. Harry trat vorsichtig in den sich anschließenden rückwärtigen Hausflur und rief in gedämpfter Lautstärke abwechselnd nach Jevomir und Sorica. In der Wohnung blieb es totenstill.

Kröger griff unter die linke Schulter und holte seine Walther hervor, entsicherte sie. Er lauschte noch einmal mit äußerster Anstrengung. Außer dem Lärm, den die wie immer auf der Straße spielenden Kinder machten, war nichts zu hören. Leise und vorsichtig bewegte Kröger sich vorwärts. Er erinnerte sich an die zahllosen Häuserkämpfe, an denen er teilgenommen hatte. Eine Zeitlang war er einer Sturmbrigade zugeteilt gewesen. Die konnten das, hatten darin Erfahrung. Ihr Vorgehen war überaus kalt und effektiv gewesen. Handgranate in den Raum, Feuerstoß hinterher, dann mit dem Sturmtrupp nachrücken. Das konnte er heute und hier aber nicht durchexerzieren.

Zur Linken war die Tür zu Petrovic´ Büro. Sie stand weit geöffnet. Es roch nach Alkohol, genauso wie in Dahlmanns Wohnung. Ein kurzer Blick hinein genügte, um die Situation zu klären. Jevomir saß hinter seinem überladenen Schreibtisch in dem neuen, schwarzledernen Bürostuhl. Und war daran mit Paketklebeband gefesselt. Wie bei Otto Dahlmann.

„Verfluchte Scheiße!“, schimpfte Kröger halblaut, als er erkannte, weshalb Petrovic so dümmlich grinste. Ihm waren die Ober- und die Unterlippe entfernt, weggeschnitten worden. Die großen Wunden hatte man genäht. Es sah gruselig aus. Wie mit Bindfaden umwickelte, rote Fleischrouladen vorm Braten. Die Blutung hatte der Täter allerdings nicht zur Gänze stillen können. Das Blut war Petrovic offenbar in wahren Sturzbächen über das Kinn gelaufen und dann auf den Pullover getropft, ihn geradezu getränkt. Jetzt tröpfelte es nach.

„Wer macht denn so etwas?“, fragte Harry leise. Petrovic beklagte sich nicht, denn er war tot. An der ehemals weißgetünchten Wand dahinter, die vom permanenten Rauchen mittlerweile braun war, rannen Vorhänge aus Blut, Knochensplitter und Gehirnmasse zäh und langsam herunter.

Auch Tomislav war tot, erschossen. Aber nicht gefesselt. Ihm schien auch kein Körperteil zu fehlen. Sein gewaltiger Leib hatte es ermöglicht, dass er, ohne seine sitzende Position in dem Sessel an der Wand zu verändern, von einem Zustand, dem lebenden, in den anderen, dem toten, übergewechselt war. Die einzig erkennbare Veränderung war auf seinem scheußlichen, gelben Pullover zu erkennen, der nun einige zusätzliche Flecken hatte. Rote Flecken. Sein Gesichtsausdruck blieb dagegen, genau wie gestern, starr und blöde. Kröger überlegte für einen kurzen Moment, ob Tomislav vielleicht gestern schon tot war, und Petrovic und er es nur nicht bemerkt hatten. Gerochen hatte es ja schon seltsam.

Kröger versuchte, Tomislavs Arm zu bewegen. Er war knüppelhart. Totenstarre. Das gleiche traf auf Jevomir zu. Es waren auf beide jeweils drei Schüsse abgegeben worden. Bei Tomislav hatte einer die Herzgegend getroffen, zwei Fangschüsse im Brust- und Bauchraum. Jevomirs zweiter Fangschuss war dagegen in die Stirn eingedrungen und durch den Schädel gegangen. Kröger wunderte sich. Die Auftragsmörder, mit denen er in seiner Laufbahn als Kripo-Beamter zu tun bekommen hatte, sagten immer, dass man nie ins Gesicht schießen dürfe. Die Identifizierung der Leiche müsse nämlich einwandfrei gewährleistet bleiben. Das sei keine Hilfestellung für die ermittelnde Polizei, sondern für die Auftraggeber. Die wollten schließlich hieb- und stichfeste Beweise dafür, dass der, den sie für teures Geld angeheuert hatten, auch wirklich seine Arbeit zu Ende brachte und nicht irgendeinem bis zur Unkenntlichkeit das Gesicht zerschoss, den er dann als Zielperson ausgab.

Wo war Sorica? Wie es sich für einen so traditionellen Haushalt gehörte, hielt sie sich wahrscheinlich in der Küche auf. Kröger quetschte sich wie am gestrigen Abend durch den vollgestopften Flur, vorbei an den Pappkartons mit den Fernsehern.

In der Küche saß Sorica auf einem Stuhl, der mit rotem Plastik bezogen war, vor einem großen Batzen Teig. Auch sie war nicht gefesselt.

Wahrscheinlich wollte sie etwas backen, vielleicht einen Kuchen oder ähnliches. Ihr Gesicht konnte Kröger nicht sehen, denn sie war mit dem Kopf vornüber in den Teig gefallen, als sie die tödlichen Schüsse trafen. Man sah nur ihren Haarschopf, ihre prächtigen, dunklen Locken. Kröger dachte aus irgendeinem Grund daran, dass man nun, aus dem Abdruck ihres Gesichts im Teig, eine wirklich gelungene Totenmaske gießen könnte.

Es war nicht zu glauben! Fünf Tote, Ermordete innerhalb kürzester Zeit! Und Harald Kröger war jeweils derjenige gewesen, der die Leichen entdeckte.

Obwohl einigen Freunden bei der Berliner Kripo seine Verbindungen zu Jevomir Petrovic bekannt waren, – jeder Kripo-Beamte hatte seine speziellen Freunde und Informanten im Milieu –, durfte Kröger auf keinen Fall riskieren, mit Petrovic in eine wie auch immer geartete Verbindung gebracht zu werden. Er musste schnellstens fort. Kröger lauschte. Ein Martinshorn, mit dem sich seine ehemaligen Kollegen immer lauthals und schon von fern ankündigten, damit sämtliche in Frage kommenden Täter vorgewarnt waren und das Weite suchen konnten, war nicht zu hören. Harry Kröger suchte in aller Eile den Fußboden in der Küche und im Büro nach Patronenhülsen ab. Nichts. Darauf, dass es sich um denselben Täter handelte, der auch schon Otto Dahlmann ins Jenseits befördert hatte, deuteten jedenfalls die aus der Wand und dem Bürostuhl von Jevomir gepulten Geschosse hin. Auch in der Küche waren die Kugeln durch Sorica hindurch in die Wand geschlagen. Sie fehlten ebenfalls. Ganze Arbeit. Was aber war mit dem adipösen Tomislav?

Kröger ging zurück ins Büro und untersuchte die Wand hinter Jevomirs dickem Freund. Hier war nichts zu sehen. Die Geschosse waren nicht durch die gepolsterte Rückenlehne hindurchgegangen. Vielleicht steckten sie aber noch darin. Kröger umfasste mit beiden Händen den Kopf des Toten und zog ihn nach vorn. Außer, dass Tomislav nun gewaltig und schnarchend furzte, tat sich nichts. Harry Kröger zog mit aller Kraft. Schließlich konnte er für einen kurzen Moment einen Blick auf den Rücken der Leiche erhaschen. Keine Austrittslöcher. Der gewaltige Körper hatte alle drei Kugeln aufgefangen und nicht wieder hergegeben.

Kurz danach verließ Harry die Wohnung wieder durch die Hintertür, schaute sich um und ging einen anderen Weg als den, den er gekommen war, zu seinem Wagen zurück. Draußen schien alles normal. Auf der Rückfahrt sah und hörte er keinen einzigen Polizeiwagen.

Kröger war ratlos, konnte sich auf all das keinen Reim machen, der einigermaßen Sinn ergab.

Er zündete sich eine Ernte 23 an und suchte im Autoradio einen Sender, der Musik spielte.

„Ganz Paris träumt von der Liebe ...“ Caterina Valente legte plötzlich los. Kröger erschrak und drehte sofort weiter. Wo war BFN? Ah, hier. Ein Wortbeitrag. Der Sprecher erläuterte die Verkehrsregeln in der Bundesrepublik und West-Berlin. Falls man in zivil von der deutschen Polizei angehalten werde, weil man aus Versehen links gefahren sei, solle man sich als Service-Man, also als britischer Militärangehöriger, zu erkennen geben. Ein Sketch, eine Spielszene, machte das nun deutlich. Ein unglaublich schlechtes Englisch sprechender deutscher Verkehrspolizist fragte einen Briten nach seinen Papieren. Der antwortete in einem noch schlechteren Gemisch aus englischen und deutschen Brocken: „Listen, Officer, ick bin from the englische Wehrmacht!“ Kröger lachte laut auf. Die Tommys! Humortechnisch kannten die keine Gnade!

Anschließend wurde Musik gespielt. Tennesse Ernie Ford sang `Give Me Your Word´. Das war ja noch entsetzlicher als Caterina Valente! Kröger verstand die Welt nicht mehr. Was war mit den `Inselaffen´ los? Er schaltete das Radio wieder aus.

Auch wenn die Luft dort wieder bleihaltig zu werden versprach, lenkte Kröger seinen Wagen zurück in Richtung seiner Wohnung. Er musste überlegen, wie weiter vorzugehen war. Sollte er Rosemarie Wedding noch einmal eingehend befragen? Vielleicht wusste sie mehr, als sie vorgab. Auch Willy Mahlstein dürfte über einiges Wissen verfügen, das Licht in die seltsamen Vorgänge bringen könnte. Hingen der Mord an Wedding einerseits und die Morde an Dahlmann und der Familie Petrovic andererseits überhaupt zusammen? Oder waren sie nur zufällig in so rascher Reihenfolge begangen worden? Welche Bedeutung kam dem Anschlag auf ihn, Harald Kröger, zu? Stand dieser in einem Zusammenhang mit den Tötungen? Was bedeutete der nächtliche Anruf? Was wollte der Anrufer von ihm tatsächlich haben?

Als Harry langsam in die Utrechter Straße fuhr, schaute er aufmerksam nach rechts und links. Dann lenkte er sein Auto in die Einfahrt und stellte es hinter dem Haus ab. Dort standen die Vorderräder auf dem gepflegten Rasen von Frau Freiland. Das würde Ärger geben. Aber den nahm er in Kauf. Besser ein kaputter Rasen, für den er bezahlen würde, als ein verlorenes Leben.

Erst nachdem Harry den Schlüssel im Haustürschloss gedreht hatte, bemerkte er auf der anderen Straßenseite, schräg gegenüber, den Einbeinigen in seinem schicken Anzug. Es war derselbe, der ihm schon gestern aufgefallen war. Der Einbeinige schaute zu ihm hinüber, unbeweglich. Dann ging er weiter.

Heute, es war kurz vor der Mittagszeit, wurde nicht geschossen. Harry gelangte unbehelligt ins Haus. Er dachte über den mutmaßlich Kriegsversehrten auf der anderen Straßenseite nach. Wie der ihn angeschaut hatte! Oder war das Einbildung gewesen? Und purer Zufall, dass er heute vor seinem Haus stand?

Unheimlich.

Long John Silver

In seiner Wohnung griff Kröger als Erstes zum Telefon und wählte die Nummer von Willy Mahlstein.

Seine Sekretärin, Fräulein Storck, meldete sich und sagte, dass Mahlstein nicht im Hause sei. Erst am Nachmittag könne man ihn wahrscheinlich wieder erreichen.

Kröger lehnte sich zurück. Immer schön ruhig bleiben. Es war langsam Zeit fürs Mittagessen. Ein `Strammer Max´ mit Tomaten in der hauseigenen Pfanne? Keine Lust! Eine Selbsteinladung bei der Hauswirtin? Lieber nicht. Also, ab zu Mampe um die Ecke!

Nach dem Genuss des Tagesgerichts `Leber Berliner Art´ mit gebratenen Apfelscheiben, Zwiebelringen und Kartoffelpüree und zwei großen Schultheiß wechselte Harry Kröger die Lokalität. Er fuhr zum Kranzler, das seit einiger Zeit das neue weltläufige Aushängeschild der Stadt war, sofern man den Zeitungen Glauben schenkte. Das Wetter war schön und man konnte draußen auf der Veranda Platz nehmen. Kröger bestellte sich ein Kännchen Kaffee, denn hier konnten kleinere Portionen nicht geordert werden, da der Inhaber sich die Aussicht vergelten lassen wollte. Zusätzlich orderte Harry Kröger beim in schwarzweiß gewandeten und relativ übellaunigen Kellner einen Cognac. Beide Bestellungen kamen kurz danach, präsentiert auf einem kleinen silbernen Tablett mit Papierserviette. Der Bohnenkaffee wurde in einer kleinen, dickwandigen, silbernen Kanne ausgegeben, die die schwungvolle Gravur `Café Kranzler´ trug. Die weiße Tasse und Untertasse aus dickwandigem Porzellan trugen jeweils die Aufschrift `Onko Kaffee´, genauso wie die kleine, bunte Papierserviette auf der Untertasse. Kreisrund waren darauf zusätzlich die Fahnen aus aller Herren Länder in Farbe abgedruckt, um zu zeigen, dass Onko Kaffee nicht nur in der Bundesrepublik und Berlin seine Liebhaber gefunden hatte, sondern auf der ganzen Welt.

Kröger blinzelte in die Sonne, trank den Kaffee und schlürfte den Cognac, der ein klein wenig seifig schmeckte. Trotz der im Grunde bedrückenden und gefährlichen Erlebnisse der gerade vergangenen Tage freute sich Kröger des Lebens. Er musste grinsen. Er saß hier draußen wie auf einem Präsentierteller. Wenn ihn jemand abknallen wollte – jetzt hätte er eine wirklich gute Gelegenheit dazu.

Dann fiel ihm plötzlich wieder der einbeinige Mann in dem schicken Anzug auf. Er saß vis-à-vis, vier Tische weiter, und bestellte soeben etwas beim Ober. Die Krücken hatte er seitwärts, rechts, auf einem beigestellten Stuhl abgelegt. Als der Kellner sich entfernte, schaute der Einbeinige mit einem weder freundlichen noch feindlichen Blick zu ihm hinüber.

Kröger stand auf und ging an dessen Tisch.

„Einen schönen guten Tag, der Herr“, begrüßte er ihn.

„Guten Tag“, erwiderte der Einbeinige. Er war kräftig, hatte ein hartes Gesicht, tief zerfurcht. In seinen Augen schimmerte aber eine gewisse Milde.

„Ganz akzeptables Wetter, nicht wahr? Immerhin

ist diese Stadt ja sonst ein wahres Regenloch. Und wir sind jetzt schon eine Woche ohne Regen. Ist schon erstaunlich, nicht wahr?“

„Kann man wohl sagen.“

„Hätten Sie mal Feuer?“, fragte Kröger.

„Aber sicher“, antwortete der Einbeinige, griff mit der Linken in eine Tasche und hatte bereits beim Herausziehen ein Zippo-Feuerzeug in der Hand, das er blitzschnell und gekonnt aufklappte und entzündete.

„Nicht schlecht“, meinte Kröger, nahm eine Zigarette in den Mund und wandte sich damit zur Flamme.

„Wollen Sie auch eine?“, fragte Kröger.

„Was haben Sie denn im Angebot?“

„Ernte 23.“

„Oh, nein danke. Ist nicht meine Marke.“

„Meine auch nicht. Habe ich aus Versehen gezogen.“

„Kann passieren. Wissen Sie, wie der Name `Ernte 23´ zustande kam?“

„Keine Ahnung.“

„Nehmen Sie doch bitte Platz. Dann erzähle ich es Ihnen, falls es Sie wirklich interessieren sollte.“

Harry Kröger bedankte sich, setzte sich und bedeutete dem Ober, der gerade mit der Bestellung des Einbeinigen an den Tisch trat, dass er hierhin umgezogen sei. Der Kellner quittierte das mit einem muffeligen Gesichtsausdruck.

„Legen Sie los!“, forderte Kröger sein Gegenüber auf.

„Im Jahre 1923 fiel die Tabakernte in Nordgriechenland besonders reichhaltig aus. Dabei war die

Qualität der Orienttabake so gut, dass man sich bei Reemstma in Hamburg entschied, diese auch als Mischungsgrundlage für eine neue Marke zu verwenden. Ein Jahr später kam dann `Ernte 23´ auf den Markt."

„Aha, sehr interessant. Wusste ich nicht", sagte Harry und fügte hinzu: „Vielleicht darf ich mich vorstellen?"

„Nicht nötig", sagte der Einbeinige.

„Tatsächlich? Woher kennen Sie mich?"

„Sie sind nicht unbekannt. Vor allem in gewissen Kreisen."

„Was sind denn das für `gewisse´ Kreise?"

„So diese und jene. Dazu gehören Menschen, mit denen Sie bis 1945 hin und wieder zu tun hatten."

„Ich hatte mit einer ganzen Menge Leute zu tun."

„Das glaube ich. Sie, Herr Kröger, waren doch vorgestern Nacht bei einer der kleinen, intimen Feiern im Prälat mit dabei."

Kröger musste lachen: „Kleine, intime Feier! Das ist gut! – Woher wissen Sie das? Darf ich übrigens Ihren Namen erfahren?"

„Mein Name tut nichts zur Sache. Nennen Sie mich einfach Schmidt. Und aus welchen Quellen ich mein Wissen beziehe, das werden Sie nicht erfahren."

„Gut, Herr Schmidt. Gehe ich richtig in der Annahme, dass Sie mich beobachten?"

„Wie kommen Sie denn darauf?"

„Nun, gestern habe ich Sie vor der Post in der Gerichtstraße gesehen. Vorhin vor meiner Wohnung. Jetzt hier."

„Kann sein, dass es so ist, wie Sie vermuten. Kann

aber auch nicht sein. Ich spaziere häufig in der Gegend herum. Da ist man mal hier, mal dort."

„Wenn Sie etwas von mir wollen, was könnte das sein, Herr Schmidt?"

„Tja, wissen Sie, es könnte um einen gewissen Franz Wedding gehen, Vorstandsvorsitzender der Wedding-Bau AG. Sie haben ihn ja wahrscheinlich nicht mehr gesprochen, oder?"

„Nein, die Gelegenheit hatte ich leider nicht."

„Ich hörte, dass Sie Franz Wedding im Kempinski aufgespürt haben. Und dass er da schon tot gewesen sei. Wie es aussah, hatte er sich eine Überdosis Morphium gesetzt."

„Stimmt. Es hatte den Anschein."

„Also kann es auch anders gewesen sein?"

„Ein Selbstmord ist natürlich möglich", sagte Kröger.

„Halte ich für vollkommen ausgeschlossen."

„Wieso? Kannten Sie Franz Wedding?"

„Ich wette darauf, dass es sich um einen Mord handelt! Franz Wedding ist umgebracht worden", sagte der Einbeinige.

„Wie soll das vor sich gegangen sein?"

„Jemand hat ihm die Spritze gesetzt. Hat ihm dabei ganz bewusst eine Überdosis verpasst."

„Die Kripo sieht das anders."

„Das mag ja sein. Das liegt möglicherweise daran, dass es bei der hiesigen Kripo seit Ihrem Weggang nicht mehr so viele pfiffige Leutchen gibt."

„Danke für die Blumen. Was aber wollen Sie von mir? Warum verfolgen Sie mich?"

„Ich will Ihnen helfen. Will Ihnen eine kleine Geschichte erzählen, Vermutungen loswerden."

„Ich bin ganz Ohr."

„Das hat mit den Partys im Prälat zu tun. Sie wissen ja von dem Sparverein, in den jedes Mitglied einzahlt. Und dass dann ab und zu, genauso wie in einer simplen Eckkneipe, Kassensturz gemacht und ein Teil der Kohle gewissermaßen versoffen wird. Der Rest des Geldes bleibt in der Kasse. Natürlich geht es da um ganz andere Beträge als jene, die in einer Kneipe zusammenkommen. Jeder der etwa zwanzig Mitglieder des Sparvereins ist übrigens berechtigt, auch für private Feiern daraus etwas zu entnehmen. Oder wenn mal eine kleinere oder größere Anschaffung für die Freizeit ansteht."

„Moment mal. Was sind kleinere oder größere Anschaffungen für die Freizeit?"

„Das kann ein edles Pferd für die Tochter eines der Mitglieder sein oder ein neuer Sportflitzer. Vielleicht auch ein kleines Ferienhaus oder eine Weltreise. Sowas in der Art."

Kröger pfiff durch die Zähne: „Wirklich finanziell gut ausgestattet, dieser Sparverein."

„Ich sagte es ja. Oberstes und ungeschriebenes Gesetz ist absolutes Stillschweigen. Schlafende Hunde sollen nicht geweckt werden. Vor allem nicht bei der Finanzverwaltung. Alles läuft mündlich. Wer Gelder für sich persönlich entnehmen will, der muss vorher bei einer Mitgliederversammlung um Erlaubnis bitten. Wenn es nicht allzu unverschämt ist, wird niemandem sein Wunsch nach einem bestimmten Betrag abgeschlagen."

„Wieviel befindet sich denn in guten Zeiten in diesem Topf?"

„Zuletzt etwa zehn Millionen Mark."

„Donnerwetter! Das sind Beträge! Und das alles ist Schwarzgeld?"

Der einbeinige Herr Schmidt antwortete nicht darauf, sondern fuhr fort: „Das Geld existiert nur in bar und befindet sich mal an diesem, mal an jenem Ort. Zuletzt lag es in einem Bahnhofs-Schließfach, zu dem Franz Wedding den einzigen Schlüssel besaß. Denn er war damit beauftragt, die Gelder zum nächsten Versteck zu bringen. So wurde das gehandhabt. Aus Sicherheitsgründen, und um Spuren zu verwischen. In unregelmäßigen Abständen erhielt mal dieser, mal jener aus dem Sparverein den Auftrag, die Beträge in ein anderes Schließfach in einer anderen Stadt `umzulagern´. Und plötzlich findet man Franz Wedding tot im Hotel. Ohne das Geld. Wenn Sie mich fragen: Jemand hat ihn umgelegt, hat ihm die Überdosis verpasst und ist dann mit den zehn Millionen abgehauen."

„Haben Sie denn schon einen bestimmten Verdacht, wer das Geld an sich genommen haben könnte?"

„Ich versuche gerade, mich in Ihre Situation hineinzuversetzen. Sie kommen in das Zimmer von Franz Wedding. Er ist tot. Oder zumindest so gut wie. Sie entdecken durch Zufall die Geldscheine, nehmen sie an sich und verschwinden. Möglich ist natürlich auch, dass Sie Franz Wedding eigenhändig ins Jenseits beförderten, um an das Geld zu kommen."

„Absurd!", sagte Kröger, „als ich in Weddings Hotelzimmer eintrat, war alles schon gelaufen. Jemand hatte bereits alles durchsucht. In einem großen Metall-Reisekoffer fand ich einen einzigen, einsamen

100 Mark-Schein. Sonst nichts. Sogar den hab ich dagelassen."

„Sehr anständig! Ich bin auch in gewisser Weise geneigt, Ihnen Glauben zu schenken. Wenn dem aber so ist und Sie unschuldig sind, dann würde ich Ihnen empfehlen, die Mitglieder des schwarzen Sparvereins zu befragen. Vielleicht ist unter denen einer, der wirklich Konkretes über das Ableben Weddings und das Verschwinden des Geldes weiß."

„Sie werden´s nicht glauben, aber diesen Gedanken hatte ich auch schon. – Gehören Sie denn auch zu diesem Sparverein?"

„Sie brauchen es gar nicht ständig zu versuchen. Von mir erfahren Sie dazu nichts!"

„Wissen Sie, wer für die Schüsse auf mich und die nächtliche Beschimpfung am Telefon verantwortlich ist?"

„Meine Güte, man schießt auf Sie? Keine Ahnung, wer so etwas macht", antwortete der Einbeinige, „ich vermute aber, dass ein Mann wie Sie, ehemals erfolgreicher und nun suspendierter Polizist mit unklarer Vergangenheit, sich im Laufe seines irdischen Daseins eine Menge Feinde gemacht hat. Werde mich aber erkundigen, ob einer aus dem Sparverein dabei ist, durchzudrehen und Sie mit unflätigen Anrufen belästigt. Oder mit Kugeln, die er auf Sie abschießt."

„Erkundigen Sie sich bei dieser Gelegenheit doch bitte auch gleich, was ich angeblich besitze und unbedingt herausrücken soll. Denn ich müsse irgendetwas sofort abliefern. Eine Karte oder etwas in der Art. Ist schlimm, wenn man nicht weiß, was und wo das ist."

„Wird gemacht“, sagte der Einbeinige.

Beide gossen sich Kaffee aus den schweren, silbernen Kännchen nach, die so gut die Wärme leiteten, dass man sich am Griff beinahe die Finger verbrannte. Sie schlürften.

„Wie schmeckt Ihnen denn der Onko-Kaffee?“, fragte Kröger.

„Köstlich! Ich liebe Onko-Kaffee!“

„Haben Sie zu Hause auch Onko-Kaffee?“

„Aber selbstverständlich habe ich in meiner Küche Onko-Kaffee!“, erwiderte der Einbeinige, „aber nur ganze Bohnen. Ich mahle ihn mir selbst. Dann schmeckt er noch besser. Darf ich Ihnen jetzt einmal eine Zigarette anbieten?“

„Aber gern. Welche Sorte bevorzugen Sie denn?“

„Eine ganz neue. HB heißt die. Schon mal probiert?“

„Nein, noch nicht! Aber ich hab die Werbung dafür im Kino gesehen. Ist eine Filterzigarette.“

Der Einbeinige bot Kröger eine an.

„In letzter Zeit melden sich übrigens irgendwelche wohlmeinenden Mediziner und behaupten, man bekomme vom Rauchen Lungenkrebs und Durchblutungsstörungen. Das ende dann beim Raucherbein, das einem abgenommen werden müsse und dann beim vorzeitigen Tod.“

„Das halte ich für überzogene Panikmache. Ist doch lächerlich!“, meinte Kröger.

„Könnte sein. Könnte aber auch nicht sein. Schmeckt Ihnen die HB?“

„Sogar sehr gut. Ich muss wirklich überlegen, wann ich das letzte Mal eine Filterzigarette rauchte, die so reich im Geschmack war wie die neue HB!“

„Ja, HB ist schon eine starke Zigarette!“

„Mit Ihrem Bein, ist das eine Kriegsverletzung?“, fragte Kröger.

„So ist es“, antwortete Herr Schmidt, „ich bin einer von denen, die nach der letzten Kurlandschlacht per Schiff ins Reich evakuiert werden konnten. Bin Zugführer gewesen. Eine Panzergranate hat meine Leute bei einem Stoßtruppunternehmen in Stücke gerissen. Mir wurde das Bein zerfetzt. Erst dachten die Ärzte, man könne es vielleicht retten. Während der Fahrt mit der `Gleiwitz´ Richtung Westen ist es dann aber schwarz angelaufen. Das Gewebe starb ab. Da haben sie´s mir noch auf dem Schiff abgenommen. War `ne verdammte Schweinerei. Hatten nicht genug Betäubungsmittel. Haben mir ersatzweise gestoßene Holzkohle verabreicht. Das hat´s aber auch nicht gebracht.“

„Scheiß Krieg!“, sagte Kröger.

„Was ist mit Ihnen? Sie waren erst bei der SS und dann bei der Gestapo. Sollen fünf flüchtige Fremdarbeiter am Ende des Krieges erschossen haben.“

„Nein, habe ich nicht! Das ist eine Tat, die man mir in die Schuhe schiebt. Und die Ermittlungen und die anstehende Gerichtsverhandlung werden meine Unschuld an den Tag bringen!“

„Sind Sie sich da ganz sicher?“

„Nein. Ich vermute, da läuft ein Komplott gegen mich. Das begann schon damit, dass ich als ehemaliger Beamter der Gestapo öffentlich herausgestellt und angeblich enttarnt wurde. Ich hätte mir nach 1945 die

Beschäftigung bei der Kripo mithilfe falscher Angaben über meine Vergangenheit erschlichen. Dabei habe ich meine Zeit bei der Gestapo während des Bewerbungsverfahrens überhaupt nicht verschwiegen. Überdies haben eine ganze Reihe der jetzigen Polizisten eine ähnliche und meist viel schlimmere Vergangenheit. Meinen Fall versucht man künstlich zu verschärfen, indem man mir die eigenhändige Hinrichtung von Fremdarbeitern nachsagt."

„Und warum will man Sie unbedingt loswerden und, wenn möglich, wegen der erwähnten Taten verurteilen?"

„Wenn ich das wüsste! Kann sein, dass die Erklärung ganz simpel ist: Man statuiert an mir ein Exempel. Will `Vorbelastete´ rausschmeißen, damit sich die noch im Amt Befindlichen von jeglicher Schuld reinwaschen können. Zudem besteht die Möglichkeit, bei dieser Gelegenheit auf die selbstreinigenden Kräfte bei der Polizei zu verweisen. Dass man gewillt ist, mit der Nazi-Vergangenheit ein für allemal aufzuräumen."

„Was auch immer im April 1945 geschehen sein mag, Herr Kröger: Ich halte Sie für eine ehrliche Haut! Ich bin übrigens in dieser Stadt nicht ganz ohne Einfluss und werde versuchen, so lang wie es eben geht, meine schützende Hand über Sie zu halten. Sie müssen mir dafür etwas versprechen! – Bringen Sie mir den Mörder von Franz Wedding!"

„Ich werde mein Bestes tun, Herr Schmidt", sagte Kröger, „sehr freundlich wäre es, wenn Sie mir bei meinen Befragungen der Mitglieder des Sparvereins insofern helfen könnten, indem Sie mir die Namen und Adressen nennen. Einen von ihnen kenne ich ja schon: Willy Mahlstein."

„Sehen Sie, hier fangen die Schwierigkeiten an", meinte der Einbeinige, „diese Menschen, allesamt hochkarätige Vertreter der regionalen und überregionalen Wirtschaft, Verwaltung und Politik, sind nicht besonders daran interessiert, zu so unschönen Dingen wie gewaltsame Tode in ihren Kreisen befragt zu werden. Sie möchten ganz generell anonym bleiben. Die Prasserei des Sparvereins passt nicht so recht ins momentane gesellschaftliche und wirtschaftliche Umfeld. Wirft ein schlechtes Licht auf unsere Helden des Wirtschaftswunders! Wilhelm Mahlstein wäre natürlich ein Anfang für Ihre weiteren Ermittlungen. Allerdings glaube ich, dass ihm der Gedanke, Wedding habe sich selbst getötet, ob beabsichtigt oder nicht, durchaus behagt. Er wird bei der Wedding-Bau dessen Platz einnehmen. Vor diesem Hintergrund ist er sogar ein Verdächtiger. Obwohl er sich immer als besonders guten Freund von Franz Wedding bezeichnete."

„Ich werde vorsichtig sein. Wie soll ich aber an die übrigen Leute herankommen?"

„Ich gebe Ihnen drei Namen samt Anschriften und Telefonnummern", antwortete Herr Schmidt, „dann können Sie loslegen. Bitten Sie Rosemarie Wedding, Sie bei den Herren zu avisieren und deutlich zu machen, dass es sich bei Ihnen, Herr Kröger, um eine absolute Vertrauensperson handelt. Wie weit Sie nach dieser Vorarbeit kommen, das hängt von Ihrem Geschick ab."

„Hört sich nicht sehr einfach an.“

„Wird es auch nicht sein. Lassen Sie sich etwas einfallen.“

Der Einbeinige holte aus einer seiner Innentaschen einen Umschlag hervor und schob ihn Harry Kröger über den Tisch.

„Darin finden Sie die Namen und etwas Bargeld, das Sie sowohl für Ihre Auslagen verwenden als auch als Honorar betrachten können.“

Kröger nahm den Umschlag an sich, steckte ihn ein.

„Wie kann ich Sie erreichen?“

„Gar nicht! Ich melde mich bei Ihnen.“

„Warum ermitteln Sie nicht einfach selbst? Und warum liegt Ihnen so viel an der Aufklärung des vermeintlichen Mordfalles?“, fragte Kröger.

Herr Schmidt griff nach seinen Krücken und rappelte sich schnell und geschickt hoch.

„Meine Güte, was wollen Sie jetzt von mir hören? Vielleicht habe ich einen ausgeprägten Sinn für Gerechtigkeit? Möglicherweise war Franz Wedding ein guter Freund von mir? Vielleicht habe ich finanzielle Interessen? Es ist alles denkbar. Aber selbst ermitteln? Sehen Sie mich an! Wenn´s gefährlich wird, bin ich nicht sehr mobil. Das könnte schnell tödlich enden! Für mich!“

„Kennen Sie einen Mitar Dusic?“, fragte Kröger. Dabei beobachtete er Gesicht und Augen von Herrn Schmidt ganz genau. Er konnte darin allerdings keinerlei Regung erkennen.

„Wen? Wer soll das sein? Nein, kenne ich nicht.“

Er wandte sich zum Gehen.

„Ich verabschiede mich, Harry Kröger. Sie hören von mir. Wünsche Ihnen alles Gute!“

„Soll ich Sie irgendwohin fahren?“, fragte Kröger.

Herr Schmidt lachte: „Nicht nötig. Ich fahre selbst. Habe mir in meinen Mercedes 170 S-D Handgas einbauen lassen.“

„Kein schlechtes Auto!“

„Das können Sie laut sagen.“

Herr Schmidt entfernte sich.

„Sieht von Weitem wie Long John Silver aus Stevensons `Schatzinsel´ aus“, sagte Kröger leise zu sich selbst. Dann fragte er sich, ob der einbeinige Herr Schmidt wohl auch auf der Suche nach einem Schatz war und dafür notfalls morden würde.

Hans von Ziehtlow

Harry Kröger saß noch ein wenig auf der Terasse des Kranzler, trank einen weiteren Kaffee und schaute sich die jungen Mädchen an, die auf dem Gehweg vorbeischlenderten. Anschließend zahlte er, gab dem Ober trotz dessen missmutigen Wesens ein anständiges Trinkgeld und verschwand.

Kröger schlenderte zu seinem Wagen zurück. Er stieg ein und öffnete den Umschlag. Darin waren ein zusammengefaltetes Stück Papier und Banknoten: zehn 500 Mark-Scheine und fünf 1000 Mark-Scheine. Ein fürstliches Honorar.

Das Papier war im oberen Drittel mit Schreibmaschine beschrieben. Tatsächlich fanden sich hier nur drei Namen samt Adressen und privaten und beruflichen Telefonnummern. Der erste Name lautete: Landesgerichtsrat Dr. Hans von Ziehtlow. Der zweite war ebenso klangvoll: Ronald Karl-Gerd von Going. Der dritte lautete: Professor Dr. Ernst Ferdinand Berkenkamp. Kröger pfiff durch die Zähne. „Unsere Hautevolee!“, sagte er zu sich selbst. Er verstaute das Geld in seinen Taschen, stieg aus und ging zur nächsten Telefonzelle. Von dort rief er Rosemarie Wedding an.

„Oh, hallo, Herr Kröger“, meldete sie sich, „wie schön, von Ihnen so bald wieder zu hören!“

„Freut mich ebenso, Frau Dr. Wedding. War die Polizei wegen Otto Dahlmann schon bei Ihnen?“

„Ja, vorhin. Es waren wieder diese beiden, Pat und Patachon: Ihr Bewunderer Schabowski und sein Vorgesetzter, Eisleben. Sie berichteten mir ziemlich lustlos und unbeteiligt vom Mord an Dahlmann, und dass ich das ja wahrscheinlich eh von Ihnen schon erfahren hätte. Dann fragten sie mich noch, ob ich mir vorstellen könne, wer Otto Dahlmann aus welchem Grund umgebracht hat."

„Und, was haben Sie ihnen erzählt?"

„Die Wahrheit, nämlich, dass ich keine Ahnung habe! Die beiden waren aber hartnäckig und versuchten, ähnliche Zusammenhänge herzustellen wie Sie. Eisleben fragte nach dem Nachlass von meinem Mann und wer den erbe. Solche Dinge. Meinen Wunsch nach Personenschutz haben die beiden aber abgelehnt. Obwohl – Eisleben bot sich an, hin und wieder bei mir vorbeizuschauen, um nach dem Rechten zu sehen."

„Geiler Sack!"

„Bitte, Herr Kröger, was denken Sie denn von einem gestandenen Kriminalrat?"

„Alles Mögliche! Und, haben Sie Anton Eisleben gestattet, Ihnen persönlich und unbürokratisch Hilfe zu leisten?"

„Nein. Ich hab ihm gesagt, dass Herr Kröger meinen persönlichen Schutz garantieren wird."

„So, so! Damit ich meinen Aufgaben in vollem Umfang gerecht werden kann, möchte ich Sie bitten, etwas für mich zu tun. Ich habe drei Adressen samt Telefonnummern von Freunden Ihres Mannes, die ich unbedingt zu den Umständen seines Todes befragen will. Da die einem kleinen Privatermittler wie mir mit angeblicher Gestapo-Vergangenheit nicht ohne Weiteres Auskunft geben, könnten Sie für mich dort die Türen öffnen. Das heißt, Sie müssten die Herren anrufen, mich avisieren und deutlich machen, dass ich unbedingt vertrauenswürdig sei und in Ihrem Auftrag handele. Würden Sie das für mich übernehmen?"

„Aber sicher doch. Geben Sie mir mal die Namen durch. Ich notiere."

Kröger diktierte.

„Wie sind Sie denn an diese Adressen überhaupt gekommen?", fragte Rosemarie Wedding, „woher wissen Sie, dass das Freunde und Bekannte von Franz sind?"

„Hat mir jemand zugeflüstert. Sah aus, wie Long John Silver aus der `Schatzinsel´."

„Klingt ja sehr mysteriös!"

„War es auch. Ich wurde gestern und heute von einem Einbeinigen beschattet. Als ich ihn ansprach, hat er mich ebenfalls engagiert, den Tod von Ihrem Mann aufzuklären."

„Wer könnte das sein? Ich kenne keinen Einbeinigen."

„Er wollte sich mir partout nicht vorstellen. Ich sollte ihn mit `Herrn Schmidt´ anreden. Tippe, dass auch er ein früherer Bekannter oder Freund von Franz Wedding war."

„Franz hat ja in letzter Zeit nur noch ganz wenig mit mir geredet. Aber wenn, dann hörte ich niemals von dem einbeinigen Herrn Schmidt!"

„Übrigens ist gestern Abend auf mich geschossen worden! Vor meiner Haustür!"

„Ach, du lieber Himmel, das ist ja schrecklich! Wer denn? Hat das etwas mit dem Tod von Franz zu tun?"

„Wenn ich das wüsste. Nachts bekam ich dann noch einen anonymen Anruf. Jemand beschimpfte mich und verlangte eine Karte zurück. Sie wissen nicht zufällig, was es damit auf sich haben könnte, oder?“

„Woher sollte ich? Eine Karte? Wirklich, Herr Kröger, dass das nun alles solche Ausmaße annimmt, das wollte ich natürlich nicht! Das tut mir wirklich leid. Haben Sie der Polizei davon erzählt?“

„Nein, noch nicht. Habe dafür so meine Gründe. Erläutere ich Ihnen die Tage mal.“

„Da bin ich aber gespannt! Wie wäre es mit einer kleinen Andeutung?“

„Sie werden alles noch früh genug erfahren. Im Moment möchte ich Sie nur darum bitten, die erwähnten Kontakte für mich herzustellen.“

Sie vereinbarten, dass Rosemarie Wedding das sofort erledigen würde und ihn, Kröger, anschließend über mögliche Termine in Kenntnis setzen wolle. Kröger sagte, er fahre jetzt nach Hause und sei dort telefonisch erreichbar.

Harry Kröger hatte kaum seine Wohnungstür geöffnet, als das Telefon klingelte. Rosemarie Wedding benachrichtigte ihn, dass er heute, um sechzehn Uhr, gern bei Herrn Dr. von Ziehtlow vorbeischauen könne. Die Herren von Going und Professor Dr. Berkenkamp habe sie noch nicht erreicht. Harald Kröger bedankte sich und rief anschließend seine alte Freundin Anneliese Birgl im Landgericht an. Er und Anneliese hatten sich vor Jahren kennengelernt, und da es aus irgendeinem unerfindlichen Grund niemals zu einer echten Beziehung gekommen war, eine mehr oder weniger feste Freundschaft geschlossen. Man achtete sich und half sich gegenseitig.

Anneliese Birgl meldete sich. Sie tauschten zunächst ein paar Freundlichkeiten aus.

„So, Harry, nachdem wir jetzt die Artigkeiten beendet haben“, sagte Anneliese Birgl, „was ist der Grund deines Anrufes? Du willst doch was, oder?“

„Nur eine Kleinigkeit“, antwortete Kröger, „ich hab gleich einen Termin bei Dr. Hans von Ziehtlow. Der nennt sich nach wie vor Landgerichtsrat. Ist der denn überhaupt noch bei euch?“

„Oje, Ziehtlow? Na, viel Spaß! Besonders beliebt war der bei seinen Kollegen nie. Und noch weniger bei den Angeklagten. Ist letztes Jahr aus dem Dienst geschieden. Arbeitet jetzt, wie ich hörte, als Rechtsanwalt.“

„Was hat ihn denn so unbeliebt gemacht?“

„Er war ein unglaublicher Prinzipienreiter. Alles nach Vorschrift, keine Menschlichkeit. Wie man sich so einen echten Preußen eben vorstellt. Rechthaberisch, unnahbar. Alles musste immer im Laufschritt erledigt werden. Seine Lieblingsworte waren `Zack, Zack´!“

„Macht denn das Leben überhaupt Spaß, wenn man so ist?“

„Na, ihm hat´s offenbar Spaß gemacht. Ein fähiger Jurist war er jedenfalls. Kannte alle Schliche und Tricks und wusste über Gesetzesnovellen immer eher Bescheid als die anderen. Trotzdem: Alle im Haus waren froh, als Ziehtlow ausschied.“

„Wo kommt Ziehtlow her? Der Name klingt irgendwie nach ostdeutschem Schwertadel."

„Richtig getippt! Die Ziehtlows sind ganz alter Adel aus der Mark Brandenburg. Hatten dort ein Rittergut mit riesigem Landbesitz. Ging natürlich 1945 alles verloren. Haus, Hof und Ländereien haben schon längst die Kommunisten in der Ostzone unter sich aufgeteilt. Man munkelt, dass Ziehtlow, raffiniert, wie er nun einmal ist, mit Hilfe der Bestimmungen des Lastenausgleichsgesetzes eine nicht fürstliche, sondern königliche Entschädigung in geradezu unverschämter Höhe für den Verlust von Haus und Hof herausgeholt hat."

„Und, wie sieht´s mit seiner politischen Vergangenheit aus?"

„Tja, wie sieht´s damit aus?" Anneliese Birgl sprach plötzlich sehr leise. „Du weißt ja, wir haben hier `ne Menge Leute im Haus, die unter Adolf freudig mitgearbeitet haben. Hans von Ziethlow gehörte auch dazu. War aber eher so eine Art Monarchist. Unklar, ob und wo er im Zweiten Weltkrieg gedient hat. Nach 1945 tauchte er plötzlich hier auf. Ich als kleine Beamtin habe natürlich niemals Einblick in Ziethlows Personalakte gehabt. Wie dem auch sei: Er dürfte sich der Millionen aus dem Lastenausgleich erfreuen!"

„Danke, Anneliese. Hast mir sehr geholfen. Bist ein Schatz!"

„Ja, ja, ich weiß. Wann treffen wir uns denn mal wieder?"

„Ich melde mich."

„Du meldest dich doch nur, wenn du Auskünfte oder Derartiges von mir willst!“, beschwerte sich Anneliese Birgl mit einer Art verständnisvollem Augenzwinkern in der Stimme, das letztendlich jedoch besagte, dass ihrer beider Verhältnis zueinander trotzdem ganz in Ordnung sei.

Dr. Hans von Ziethlow wohnte ganz in der Nähe von Rosemarie Wedding, ebenfalls in einer mächtigen, mehrere Stockwerke hohen Stadtvilla vom Anfang des Jahrhunderts. Sie lag nicht direkt an der Straße, sondern etwas zurückgesetzt. Kröger musste durch ein Tor, schritt auf einem Weg durch breite, sattgrüne Rasenflächen, auf denen Kirsch- und Apfelbäume standen und die von Hecken eingefasst waren. Eine Treppe führte unter ein von kleinen Säulen gestütztes Vordach und vor eine große, zweiflügelige Holztür mit Schnitzarbeiten und einer großzügigen Teilung, deren Zwischenräume mit buntem Glas ausgefüllt waren. Alles schien aufs Äußerste gepflegt zu sein.

Direkt vorm Haus war der Hof gepflastert. Auf ihm stand ein silberner Porsche 550 Spyder und glitzerte in der Sonne. Ihm gegenüber ein weißer Mercedes 220. Kröger zog anerkennend die rechte Augenbraue hoch. Er drückte auf einen Messing-Klingelknopf neben dem Hauseingang. In ein kleines Metallschild darüber war der Name des hier Wohnenden in geschwungener Schrift graviert.

Es dauerte lange, bis sich jemand näherte und die Tür öffnete:

“Ja bitte?”, fragte eine schwarzhaarige, kräftige Frau, die wie das Zimmermädchen eines Hotels gekleidet war. Sie mochte vielleicht fünfunddreißig Jahre alt sein.

Kröger grüßte, stellte sich vor und erwähnte den Termin mit Hans von Ziehtlow.

„Ah, ja, Herr Kröger! Kommen Sie bitte herein. Sie werden erwartet!“

Von der Haustür führte ein langer Gang zu einer ebenfalls zweiflügeligen Wohnungstür. Kurz davor ging rechts eine Treppe nach oben. Die Haushälterin nahm diesen Weg. Im ersten Stock traten beide dann in eine Art Foyer oder Empfangshalle ein, die sehr hoch und groß war und offenbar über die Höhe von mehreren Stockwerken ging. Die Kassettendecke weit oben schien gleichzeitig auch ein Teil des Daches zu sein. In ihr befand sich eine große, bunte Glasarbeit. Das Licht, das hindurchfiel, warf zahllose farbige Bilder auf den Fußboden.

Die Wände waren über die gesamte Fläche mit dunklem Holz verkleidet. Das hatte zur Folge, dass das Auge zwar bis zur Glasdecke emporschauen, nicht aber die dunklen Winkel und Ecken des Raumes einsehen konnte.

„Warten Sie bitte hier“, sagte die Haushälterin, „ich werde Sie Herrn Dr. von Ziehtlow melden.“

„Tun Sie das“, entgegnete Kröger etwas unwirsch. Er hatte immer gedacht, dass derlei Achtung vor blauem Blut, wie es diese Frau signalisierte, schon seit einiger Zeit aus der Mode gekommen sei.

Kröger wartete und wartete. Und wurde wütend. Was sollte das? Angeblich hatte man doch einen Termin miteinander.

Schließlich erschien Dr. Hans von Ziehtlow, ein großer, kräftiger Mann mit braungebrannter Gesichtshaut. Er trug ein englisches Tweed-Jackett, dazu ein weißes Hemd und das unvermeidliche seidene Halstuch, mit dem sich oft Kulturbeflissene und auch der Adel untereinander erkannten und auswiesen. Seine Beine kleideten weiße Breeches, die in schwarzglänzenden und bis zu den Knien reichenden Schaftstiefeln steckten. `Fehlt nur noch die Reitgerte´, dachte Kröger.

„Entschuldigen Sie bitte, dass ich Sie warten ließ, Herr Kröger, aber ich musste zunächst noch meinen Hausarzt konsultieren. Gesundheit ist ja schließlich das Wichtigste, das wir haben."

Harry Kröger äußerte sich nicht dazu. Er ärgerte sich über das Hinhalten.

Eine Tür öffnete sich im Hintergrund des Foyers und ein Mann mit dem typischen Artzkoffer betrat den Raum. Ziehtlow ging auf ihn zu. Das nachfolgende kurze Gespräch wurde ausgesprochen leise geführt, sodass Kröger nichts verstehen konnte. Der Arzt verabschiedete sich ohne Handschlag. Als er auf der Höhe von Kröger war, sahen sie sich an, grüßten kurz.

Ziehtlow kam auf Kröger zu und bat ihn, doch bitte zu folgen. Kröger reichte ihm zum Gruß die Hand, die der Gastgeber offenbar nicht gern nehmen wollte, es dann aber, nach sichtlicher Überwindung, doch tat.

„Bitte entschuldigen Sie mich einen Moment", sagte Ziethlow dann und verschwand durch die Tür, in die er eingetreten war.

Kröger hörte Wasser rauschen. Jemand hatte einen Hahn aufgedreht und wusch sich offenbar die Hände. Dann konnte man einen stumpfen Schlag vernehmen. Kurz darauf erschien Ziethlow wieder. Seine rechte Hand war gefährlich rot und schien geschwollen.

„Ist etwas passiert, Herr Dr. von Ziehtlow? Haben Sie sich verletzt?“

„Nein, es ist nichts!“

Aus Ziehtlows Äußerem wurde Harry Kröger nicht schlau. Was für eine Herrenreiter-Attitüde! Für einen kurzen Moment strich das durch die Decke einfallende Licht über Ziehtlows Gesicht. Kröger schrak fast zurück. Es war von Schmissnarben geradezu übersät. An einer Stelle auf der rechten Wange kreuzten sich jeweils zwei von ihnen. Er hatte gehört, dass dieses Narbenmuster in Studentenkreisen `Bonner Schranke´ hieß. Kröger musste an Bahngleise und an `Käsekästchen´ denken, das sie früher häufig in der Schule unter der Bank gespielt hatten.

Ziethlows Gesichtszüge waren, genau wie das Verhalten seiner Haushälterin, weder sympathisch noch unsympathisch. Am ehesten schien die Kategorie `undurchsichtig´ zutreffend zu sein. Er führte Kröger in einen angrenzenden Salon, der ausgesprochen modern eingerichtet war und nichts davon ahnen ließ, dass man sich in einer über 50 Jahre alten Villa befand, deren Erbauer sich eher dem Jugendstil verpflichtet gefühlt hatten.

„Nehmen Sie doch bitte Platz. Vielleicht dort, in der Raucherecke?“

Kröger tat, wie ihm geheißen, und setzte sich in

ein filigranes Stahlrohrgestell mit ungewöhnlich ausladender Sitzfläche. „Knoll-Design!“, kommentierte Hans von Ziehtlow.

„Bitte?“

„Na, der Sessel, in dem Sie sitzen, der ist von Knoll!“

„Aha! Na ja, dann“, sagte Kröger und versuchte, Bewunderung und Sachverstand in dieser Antwort durchklingen zu lassen, obwohl er nicht sehr viel über das besagte Design wusste.

Ziethlow nahm gegenüber von Kröger in einem ähnlichen Stuhl Platz.

„Sie möchten etwas über Franz Wedding wissen, sagte man mir.“

„So ist es! Es gibt begründete Zweifel an der offiziellen Version der Umstände seines Todes.“

„Tatsächlich? Gibt es die? Wie lautet denn die offizielle Todesursache?“

Kröger war sich vollkommen sicher, dass von Ziethlow diese kannte. Weshalb er sie sich noch einmal referieren ließ, war Kröger unklar. Vielleicht ein Mittel, um eingangs des Gesprächs sofort festzulegen, wer hier der Lehrer und wer der Schüler war. Ein kleines Machtspiel. Harry Kröger erzählte, dass die Polizei entweder von beabsichtigtem Selbstmord oder einer unabsichtlichen Überdosierung ausging. Kröger dagegen und andere aus dem `Sparverein´ hätten daran aber berechtigte Zweifel.

„Was wissen Sie denn über unseren Sparverein?“, fragte Ziethlow mit leichter Empörung.

Kröger erläuterte, dass er sogar schon bei dessen

letzter Feier im Prälat eingeladen und anwesend gewesen sei. Und von dort weggeholt wurde, um Franz Wedding im Kempinski zu treffen. Ziethlow passte das Ganze offenbar überhaupt nicht.

„Und was wollen Sie jetzt von mir wissen?", fragte von Ziehtlow.

„Ich bin an Ihren Vermutungen interessiert, wer wohl Franz Wedding auf dem Gewissen haben könnte."

„Herr Kröger, Sie wissen sicher, dass dieser Wunsch, an mich gerichtet, etwas ausgesprochen Unverschämtes hat!"

„Inwiefern?"

„Nun, Sie werden mir doch wohl glauben, dass, hätte ich den Verdacht, Franz sei eines gewaltsamen Todes gestorben, ich dieses sofort der Polizei mitgeteilt hätte. Und, obendrein: Würde ich also so etwas vermuten und jemanden einer solchen Tat verdächtigen, ich dieses ebenfalls den Vertretern der Kripo sagen würde! Da beides nicht geschehen ist, habe ich also keinerlei diesbezügliche Verdächtigungen."

„Auch keine Vermutungen?"

„Herr Kröger, Frau Wedding hat mich inständig gebeten, Sie möglichst noch heute zu empfangen, um Ihnen bei Ihren Ermittlungen weiterzuhelfen. Sie hat mir nicht gesagt, dass ich Ihre Unterstellungen ertragen müsse."

„Dann stelle ich fest: Sie haben keinerlei Zweifel daran, dass Franz Wedding sich entweder suizidierte oder versehentlich Morphium, welches er sich in seiner Freizeit zuweilen spritzte, überdosierte, sodass er auf Grund dessen verstarb. Dann verbleibt die Frage, was mit den ungefähr zehn Millionen D-Mark geschah, die er in zwei Koffern in seinem Hotelzimmer lagerte und die er gerade aus einem Schließfach abgeholt hatte, um sie an einem anderem Ort zu deponieren?“

„Was gehen Sie denn unsere Gepflogenheiten im Sparverein an? Sie sollen doch die Umstände des Todes von Franz Wedding klären und sich nicht um unsere Angelegenheiten kümmern. Ich wiederhole: Für mich besteht da kein Klärungsbedarf!“

„Aber es könnte doch beides zusammenhängen, nicht wahr? Es sind schon eine Menge Leute für sehr viel weniger als zehn Millionen umgebracht worden!“

„Ich glaube, davon können Sie doch wohl am ehesten ein Lied singen, nicht wahr?“, fragte Ziethlow. „Von Ihnen erzählt man, dass Sie Ihre Arbeit bei der Kriminalpolizei deshalb verloren, weil Sie am Ende des Krieges mehrere Fremdarbeiter aus der Ukraine ermordet, Pardon, erschossen haben.“

„Was man sich so alles erzählt“, entgegnete Kröger, „von Ihnen wird berichtet, dass Sie am Volksgerichtshof tätig waren und eine ganze Reihe Unschuldiger dem Henker überantworteten.“

Ein fast unmerklicher Schatten huschte über Ziethlows Gesicht. Für einen kurzen Moment wurde es ganz still im Raum. Dann räusperte sich Hans von Ziehtlow.

„Ich will Ihnen etwas erklären“, begann er ruhig, „danach werden Sie erkennen, dass Sie unser beider Leben und Handeln nicht miteinander vergleichen können und dürfen.“

„Ich bin gespannt! Erklären Sie es mir!“

Kröger gab sich keine große Mühe mehr, freundlich zu bleiben.

„Sehen Sie, Herr Kröger, kraft der mir vom Staat verliehenen Würde habe ich die Befähigung, die Macht, das Privileg und die Unabhängigkeit, Recht zu sprechen. Und immer, wenn ich dazu ansetze, ist es auch tatsächliches und wirkliches Recht, das ich spreche. Es verhält sich genau so wie im orthodoxen christlichen Gottesdienst. Dort wird während der Feier des Abendmahls der Wein zum wirklichen Blute Christi und das gereichte Brot zu dessen tatsächlichem Leib! Es sind keine Symbole mehr. Es gibt keine Zweifel.“

„Wollen Sie mir damit etwa zu verstehen geben, dass Ihre vorsätzlich begangenen Justizirrtümer während der glorreichen zwölf Jahre keine Verbrechen waren?“

„Werden Sie nicht beleidigend! Natürlich waren das keine Verbrechen! Ich, als Richter, kann gar keine Verbrechen begehen, wenn ich nach den Buchstaben des `gesatzten Rechtes´ urteile.“

„Na, Sie machen es sich aber sehr einfach.“

„Ich mache es mir nicht einfach, Herr Kröger, nein, ganz und gar nicht! Sobald ich meine Robe angezogen hatte und die Sitzungen eröffnet waren, sprach aus mir nicht Hans von Ziehtlow, sondern ein Richter, der sich nicht von äußeren Eingebungen leiten ließ.“

„Mit Verlaub, Herr Dr. von Ziehtlow, aber ich hoffe, dass Sie nicht selbst glauben, was Sie da sagen.“

„Herr Kröger, ich glaube, unser Gespräch ist beendet“, sagte Ziehtlow kühl, „Sie finden sicherlich selbst hinaus, nicht wahr?“

Harry Kröger stand auf und ging.

„Mit solchen Leuten wie Ihnen wird also der neue Staat gemacht“, sagte Kröger, „ich denke, wir werden beim Jüngsten Gericht alle eine Menge Ärger bekommen. Der einzige Trost ist es, dass es Ihnen nicht gelingen wird, sich auch dort als vermeintlich unabhängiger Richter hineinzuschmuggeln. Aber, wer weiß? Man hat schon Pferde vor der Apotheke kotzen sehen.“

„Gehen Sie!“, brüllte Hans von Ziethlow, „verschwinden Sie aus meinem Haus, Sie schäbiger Lump!“

„Man hört, Sie waren bei Freisler in der Lehre und offenbar ein guter Schüler!“

Mitar Dusic

Auch wenn Harald Kröger durch die Jahre des Krieges und die bei der Polizei abgebrüht war, so musste er doch nach diesem Disput erst einmal in einer Kneipe vorbeischauen, um ein Herrengedeck zu sich zu nehmen. Er bestellte sich dazu zwei Bouletten mit Senf und versuchte, sich über die Fälle der vergangenen Tage gedanklich Klarheit zu verschaffen.

Neben ihm nahm jemand Platz. Es handelte sich um Anton Eisleben von der Kripo.

„Schönen Guten Tag, Herr Kröger!“

Harry wandte sich zu ihm: „Na, gibt´s denn sowas? Der Herr Kriminalrat Eisleben! Verfolgen Sie mich?“

„Nein, so kann man es nicht nennen“, antwortete Eisleben, „ich war nur zufällig in der Gegend. Wollte bei Frau Dr. Wedding nach dem Rechten sehen.“

„Und, ist dort alles in Ordnung?“

„Ich denke schon“, sagte Eisleben. „In letzter Zeit trinke und speise ich übrigens öfters hier, Herr Kröger.“

„Tatsächlich? Aber Sie wohnen nicht hier, oder?“

„Nein. Ich wohne nicht hier.“ Eisleben ließ nichts heraus. „Wir haben übrigens heute schon mehrfach bei Ihnen angerufen.“

„Was wollten Sie denn von mir?“

„Oh, nichts Besonderes. Eigentlich hatte ich bloß vor, Sie von einem weiteren bedauernswerten Vorfall in Kenntnis zu setzen. Sie kennen doch Jevomir Petrovic und seine Frau Sorica, nicht wahr? Die wohnen auf dem Gelände der Tommys, da hinten, an der Kladowallee. Ich glaube, Jevomir Petrovic war einer Ihrer Informanten im Milieu."

„Keine Ahnung, wovon Sie sprechen", sagte Kröger.

„Ich bitte Sie! Natürlich gehörte Petrovic zu Ihren Spitzeln!"

„Nicht, dass ich wüsste!"

„Wir bekamen einen anonymen Anruf. In der Wohnung von Petrovic habe es gewisse Vorfälle gegeben. Wie diese genau aussahen oder sich anhörten, das wollte uns der Anrufer nicht mitteilen. Wir also hin! Und, was glauben Sie, was wir vorfinden?"

„Woher soll ich das wissen?"

„Nun, wir finden drei Leichen vor: Jevomir Petrovic, seine Frau Sorica und einen unglaublich fetten Kerl, den wir nur mit vier Mann aus seinem Sessel hochhieven konnten und der in keinen der Zinksärge von der Gerichtsmedizin passte. Wir mussten ihn aufrecht in ein Begleitfahrzeug setzen und vorher festbinden."

„Muss ganz schön gruselig ausgesehen haben, so ein Toter als Beifahrer."

„Stimmt, hat wirklich keinen besonders guten Eindruck bei der hiesigen Bevölkerung hinterlassen."

„Haben Sie denn eine Ahnung oder einen Hinweis darauf bekommen, wer das getan haben könnte?"

„Wie man´s nimmt! Petrovic war gefesselt. Jemand hatte ihm die Ober- und die Unterlippe chirurgisch mit einer Schere oder einem Messer entfernt. Riesensauerei. Dahlmann war ja die Nase abgeschnitten worden. Könnte also derselbe Täter gewesen sein. Hat wohl Spaß daran, seine Opfer zu verstümmeln. Ante mortem! Kann natürlich auch zu seinem Folterprogramm gehören. Vielleicht wollte er etwas in Erfahrung bringen und hat, um seinem Wunsch Nachdruck zu verleihen, Dahlmann die Nase und Petrovic die Lippen abgesäbelt. Ein wirklich nettes Kerlchen. – Wissen Sie, um wen es sich bei dem fetten Kerl handelte?"

„Nein, woher sollte ich auch?"

„Das habe ich mir schon fast gedacht. Sie leiden unter eklatantem Gedächtnisverlust! Ist ja fast eine Amnesie. Die hatten Sie ja auch schon bei Franz Wedding und Otto Dahlmann. Kröger, Sie ziehen eine Spur von Leichen hinter sich her und wollen von nix ne Ahnung haben. Sie wissen schon, dass Sie nicht mehr lange Ihr Lügengebäude aufrechterhalten können, nicht wahr? Irgendwann kracht´s zusammen. Und dann jammern Sie herum und rufen uns, die ehemaligen Kollegen, weil Sie in Gefahr sind und jemand möglicherweise auf Sie anlegt!"

Anton Eisleben stand verärgert auf und entfernte sich grußlos.

Harry Kröger überlegte. Möglicherweise hatte Eisleben Recht und er, Harry, sollte sich doch etwas intensiver mit der Polizei zusammentun. Das dürfte seinen aktuellen und zukünftigen Klienten aber gar nicht in den Kram passen. Er wäre wahrscheinlich rasch seine Aufträge los und bekäme in den Kreisen der Privatermittler einen schlechten Leumund. Geschäftsschädigend. Konnte er sich nicht leisten.

Kröger fuhr nach Hause. Dort versuchte er, Rosemarie Wedding zu erreichen, um zu erfahren, ob sie mit den beiden anderen Mitgliedern des `Sparvereins´ schon Termine für seine Besuche abgemacht hatte. Nach dem unschönen Disput mit Hans von Ziethlow verspürte er allerdings keine besondere Lust, mit möglichweise ähnlich gelagerten Herren derlei Gespräche zu führen.

Bei Rosemarie Wedding nahm niemand ab. Er ließ es lange klingeln.

Kröger schnappte sich die Tageszeitung und ging die aktuellen Kino-Anzeigen durch. Ablenkung war angesagt. Das KiKi spielte `Rhythmus im Blut´. Ein amerikanisches Musical. Nicht Krögers Fall. Im Babylon lief immer noch `Der Förster im Silberwald´, im DEFA-Filmtheater an der Kastanienallee `Des Teufels General´ mit Curd Jürgens als Fliegergeneral Harras. `Gut, sehen wir uns den an. Mal was Anspruchsvolles.´ Sollte er eventuell eine von seinen weiblichen Bekannten dazu animieren, mitzukommen? `Keine Lust.´

Curd Jürgens gab sich im Film so, wie man es von ihm erwartete: ehrlich, standhaft, zackig, schnodderig, integer, charmant, draufgängerisch. Die Zuschauerinnen und Zuschauer im DEFA-Theater waren durchweg reiferen Alters, hatten in aller Regel selbst die im Film beschriebene Zeit bewusst und aktiv miterlebt. Nach dem Ende der Vorführung sah Kröger sich um. Die Gesichter signalisierten, dass man sich gut unterhalten hatte. Ob irgendjemand von ihnen durch das eben Gesehene zur inneren Einkehr oder zum Nachdenken über die jeweils eigene Rolle während der Jahre bis 1945 angeregt worden war, ließ sich nicht erkennen.

Harry Kröger schaute auf einen Absacker in der `Quelle´ vorbei. Das war eine Kneipe, die eigentlich `Zur Quelle´ hieß, sich in Moabit befand und schon ungezählte Jahre existierte. Sie gehörte zum Territorium eingefleischter Sozialdemokraten und Kommunisten. Zur `Quelle´ hatte Harry eine ganz besondere Beziehung.

Kröger stieg die vier Stufen zum Eingang empor, öffnete die schwere Holztür und schob den Vorhang aus dunklem Filz zur Seite, der hier, wie in den meisten Kneipen, von einer halbrunden Messingstange vorm Ein- und Ausgang herunterhing.

Hier tobte das Leben. Sofort umfing ihn lautes Stimmengewirr. Die Musikbox direkt neben der Eingangstür war ordentlich gefüttert worden und auf maximale Lautstärke gestellt. Das Golgowski-Quartett spielte und sang gerade `Am 10. Mai ist der Weltuntergang´. Die Luft war rauchgeschwängert, tiefblau und zum Schneiden. Männer grölten, Frauen kreischten, zwischendrin der geschäftige Wirt und seine junge Kellnerin, die sich nach Kräften bemühten, die nach Zerstreuung gierende Kundschaft fachgerecht abzufüllen. Die Gaststätte war bis auf den letzten Platz besetzt. An zwei der runden, schweren und dunklen Tische hatten sich Skatrunden gebildet. Vor der Theke in diesem hohen und großen Raum, der rundum bis etwa in Kopfhöhe eine dunkle Holztäfelung hatte, standen die Männer in Dreierreihen und unterhielten sich laut. Der Wirt hieß Otto Herstelle und kannte natürlich all seine Pappenheimer. Er begrüßte deshalb auch den neuen Gast mit Vornamen: „Herrengedeck, Harry?“

„Aber sicher!“, entgegnete dieser, während er auf einem gerade freiwerdenden Barhocker Platz nahm. Er zündete sich eine seiner Ernte 23 an und besah sich wohlwollend das Leben und Treiben um ihn herum. Gegenüber, auf einer Fensterbank, hatte bis vor einiger Zeit noch ein gewaltiger Röhrenotto von Telefunken gestanden. Jetzt übernahm dessen Aufgabe die neue Musikbox von Seeburg.

„Det Jesicht kenn ick doch!“, sagte plötzlich die Stimme eines Mannes, der sich, von Harry bisher unbemerkt, genähert hatte. „Na klar, verflucht, det Jesicht kenn ick!“

Harry Kröger schaute auf und blickte in die Augen eines ihm völlig unbekannten Mannes. Er war beeindruckend groß, kräftig, fast schon dicklich und mochte vielleicht Ende fünfzig sein.

„Tut mir leid, aber ich kann mich nicht erinnern, Sie jemals zuvor gesehen zu haben“, sagte Harry Kröger.

„Dafür kann ick det umso besser!“, erwiderte der Mann. Es klang angriffslustig. Er drehte sich nach halbrechts und sprach nun zu einem jüngeren Mann, ohne Kröger aus den Augen zu lassen.

„Weeßte, wer det is´, Kalle?“, fragte er.

„Nee, keene Ahnung! Isser wat Besonderes?“

„Kannste wohl sagen! Der arbeitete bei der Kriminalpolizei. Heißt Harald Kröger. Jetzt haben se´n rausgeschmissen, weil er ne unsaubere Vergangenheit hat!"

„Wenn´s danach jinge, dann müssten se aber ner Menge Leute kündigen!", meinte der jüngere Mann.

„Stimmt! Aber mit diesem hier haben´se auch mal einen erwischt, der wirklich Dreck am Stecken hat!"

„Ach, tatsächlich? Det is ja mal interessant! Was hatter denn jetan?"

„Der war bei ´er Gestapo! Is als Spitzel rumjeloofen. Hat Kollegen von uns verhaftet, deren einziges Verbrechen es war, ausländische Sender zu hören oder Witze über Hitler und seine Konsorten zu erzählen, wa. Die mussten dann in den Bau oder ins Konzentrationslager."

Der Mann, der Kröger beschuldigte, wurde immer lauter. Weitere Gäste wandten sich um und hörten mit. Ausgerechnet jetzt machte die Musikbox eine Pause, so dass seine Stimme im ganzen Raum gut zu hören war.

„Der war sogar hia, in ´er Quelle, als Arbeiter verkleidet, um unsere Jenossen auszuhorchen! Harald Kröger von der Geheimen Staatspolizei! Um das Maß vollzumachen, hat er ukrainische Kollegen von uns, die hier zwangsweise arbeiten mussten, auf der Flucht kaltblütig erschossen. Und jetzt is´ er hier! Was für ´n Glück für uns!"

Von allen Seiten konnte man Unmutsäußerungen hören, Murren. Irgendeiner rief: „Was will der hier? Schmeißt den Kerl raus!"

„Rausschmeeßen?", rief der kräftige Mann, der Kröger beschuldigte, „Rausschmeeßen jenügt nicht!

Man sollte ihn am nächsten Baum uffhängen! Det ist ´n kaltblütiger Mörder, der hat´s nicht anders verdient!“

Der Wirt mischte sich ein: „Hier wird niemand aufgehängt! Wohl verrückt geworden? Ihr wisst ja nicht mehr, was ihr da sagt! Habt zuviel getrunken.“

„Halt dich da raus, Otto! Du musst ja nüscht gesehen haben!“

Harry war in seiner Haut sehr unwohl geworden. Wenn eine Meute aufgebracht war, dann konnte es sehr schnell äußerst gefährlich werden.

„Darf ich zu meiner Verteidigung etwas sagen?“, meldete er sich mit möglichst sicherer Stimme zu Wort.

„Nein, darfst du nicht!“, sagte der kräftige Mann und holte aus, um Kröger mit der Faust ins Gesicht zu schlagen. Harry wich gekonnt aus, der Schlag ging ins Leere. Einen weiteren Fausthieb des Jüngeren, der mit `Kalle´ angesprochen worden war, konnte Kröger ebenfalls parieren. Die Umstehenden drängelten nun näher, wollten Kröger packen und festhalten, während Kalle zu einem zweiten Schlag ansetzte, der Kröger ins Gesicht traf.

„Machen wir das Schwein fertig, den Arbeitermörder!“, scholl es plötzlich von weiter hinten.

„Jawoll, fertigmachen!“, wiederholten einige der Gäste voller Überzeugung.

Die Situation wurde für Harry Kröger brandgefährlich. Er griff in sein Schulterholster und zog die Walther hervor, richtete sie nach vorn, ließ die Mündung von einem zu anderen und wieder zurück wandern.

„Also gut, ihr habt´s ja nicht anders gewollt!“, sagte er, „wer mich kaltmachen will, der macht mit meiner Walther Bekanntschaft! Ihr lasst mich jetzt ruhig und unbehelligt gehen. Sonst vergesse ich mich und drücke ab. Das wird dann für einige von euch ne sehr schmerzhafte Angelegenheit.“

Vor Kröger bildete sich eine Gasse bis zum Ausgang. Niemand wollte sich eine Ladung Blei einfangen. Die Gesichter der Männer waren voller Hass.

Kröger trat diesen Weg langsam und mit äußerster Aufmerksamkeit an, schaute nach links und rechts und bemerkte dennoch nicht, dass einer der Gäste sich einen der Barhocker an den Füßen gegriffen hatte, sich plötzlich von hinten näherte, das schwere Holzgestell hochriss, zuschlug und ihn traf. Kröger taumelte, strauchelte, fiel zu Boden. Ihm schwindelte. Er wusste, dass sich eine Ohnmacht näherte. `Nur das nicht! Dann ist es aus!´, dachte er noch, bevor ihm die Sinne schwanden.

Irgendwann kam er wieder zu sich. Kopf und Rücken schmerzten. Also lebte er noch! Kröger prüfte, ob er Finger und Zehen bewegen konnte. Es funktionierte. Aber er war gefesselt! Er saß auf einem seiner eigenen Küchenstühle in seiner Wohnung. Oberkörper, Arme und Beine waren mit breitem, braunem Klebeband fest an die Stuhlbeine und die Rückenlehne fixiert. Kröger konnte sich keinen Millimeter bewegen.

Er sah sich um. In seiner Wohnung schien alles hell, in Ordnung und an seinem Platz. Dabei waren die Leute in der Quelle doch drauf und dran gewesen, ihn fertig zu machen. Und nun? Irgendjemand hatte ihn gerettet, dann in seine Wohnung gebracht, um ihn zu fesseln. Was passierte hier?

Harry Kröger blinzelte in die Dunkelheit seines Wohnzimmers. Da saß doch jemand, dort, ihm genau gegenüber! Die Umrisse der Person ließen sich allerdings kaum erkennen.

„Na, da haben Sie aber gewaltiges Glück gehabt, dass ich gerade in der Nähe war“, sagte eine Stimme. Sie kam von dem Gegenüber. Kröger meinte, dass in dieser, wenn auch recht schwach, das rollende `r´ der Süd- und Osteuropäer zu hören war.

Kröger hustete, räusperte sich und fragte dann: „Haben Sie mich hierher gebracht?“

„So ist es“, antwortete die Stimme, „ich habe Sie in dieser Arbeiterkneipe vor dem Schlimmsten bewahrt, habe Sie gewissermaßen gerettet. Der Pöbel wollte Ihr Blut trinken, das war klar. Als Sie nach der Attacke mit dem Barhocker am Boden lagen, wollten die ersten zutreten. Ich bin dazwischen gegangen. Musste dafür, genau wie Sie, meine Waffe ziehen und einen Warnschuss in die schöne und schwere Holzkassettendecke der Kneipe abgeben. Erst dann wichen die Kerle zurück. Anschließend habe ich Sie mit Hilfe des Wirtes gepackt, rausgeschleift, in mein Auto gesetzt. Der Kneipier musste sich dafür schwere Anwürfe gefallen lassen. Er hat zu seinen Gästen gesagt, dass er auch die Polizei holen könne und ob ihnen das lieber sei. Er dulde keine Lynchjustiz in seiner Wirtschaft. Da waren sie dann still und haben uns gewähren lassen. Und nun sitzen wir hier.“

„Wer sind Sie?“

„Mein Name ist Dusic, Mitar Dusic. Ich vermute, Jevomir Petrovic hat Ihnen schon angedeutet, dass ich wahrscheinlich in der Stadt bin. Ach, übrigens, ich halte eine Pistole in Händen, die auf Sie gerichtet ist. Nur zur Sicherheit.“

„Wahrscheinlich eine 9 mm Mauser Export und Patronen mit roten Zündhütchen.“

„Alle Achtung! Sie haben also bei Otto Dahlmann die Patronenhülse entdeckt, die ich dort zurückließ. Und Petrovic konnte Ihnen natürlich sagen, wer mit Patronen dieses Typs arbeitet, nicht wahr?“

„Ja, das konnte er. Warum haben Sie ihn und seine Frau erschossen?“

„Und den Dicken! Vergessen Sie das nicht. Tja, sagen wir mal, dass ich einen Auftrag erledigt habe.“

„Haben Sie auch Franz Wedding umgelegt?“

„Sollte ich eigentlich. Ich hätt´s auch gern getan. Aber mir war jemand zuvorgekommen. Ärgerlich. Schmälert mein Honorar.“

„Und was wollen Sie jetzt von mir? Die Nase abschneiden? Oder die Lippen?“

„Ach, ja, meine kleinen Andenken. Das mache ich bei den meisten meiner Kunden so. Diese Dinge sammele ich wie andere Leute Schmetterlinge. Ich habe zu Hause schöne, selbstgebaute Schaukästen mit den sauber beschrifteten Hinterlassenschaften sämtlicher Kunden.“

„Beschissenes Hobby!“

„Ich find´s interessant. Ich überlege schon, was ich mir von Ihnen mitnehme.“

„Nichts! Nur über meine Leiche!“

„Das ließe sich bewerkstelligen ... Ich habe Sie übrigens in den letzten Tagen aus guten Gründen beobachtet und verfolgt.“

„Haben Sie auch auf mich geschossen? Und des Nachts angerufen?“

„Ja, habe ich. Das gehört zu meinem kleinen Repertoire der Einschüchterung, das ich auch bei Ihnen versuchsweise eingesetzt habe. Aber Sie sind natürlich aus anderem Holz geschnitzt, haben ja auch bei der Gestapo gearbeitet, selbst Menschen gefoltert und erschossen. Bei Ihnen muss ich, wie bei Dahlmann, schwerere Geschütze auffahren. Ich, vielmehr meine Auftraggeber, möchten etwas von Ihnen zurückhaben. Sie, Harry Kröger, besitzen etwas, das Ihnen nicht gehört!“

„Was soll das denn sein?“

„Eine Karte, eine Landkarte. Die haben Sie nach dem Besuch von Franz Wedding im Kempinski mitgehen lassen!“

„Vollkommener Unsinn! Ich habe nichts mitgehen lassen. Schon gar nicht irgendeine bescheuerte Karte.“

„Das sind meine Auftraggeber aber anderer Ansicht. Sie glauben sogar, dass Sie Franz Wedding getötet haben.“

„So ein Blödsinn! Warum sollte ich?“

„Weil Sie die Landkarte für sich ganz allein haben wollten!“

„Meine Güte, ich weiß von keiner Landkarte! Was soll ich denn damit? Was hat es damit überhaupt auf sich? Da hätte ich doch lieber die zehn Millionen

Mark gestohlen, wenn sie denn noch dagewesen wären."

„Stimmt, das war Pech für Sie. Die waren schon weg. Das Geld hatte sich Otto Dahlmann unter den Nagel gerissen. Den habe ich dann ja auch zu Hause besucht und ihn danach gefragt. Er wollte nichts sagen. Betonte immer, dass er nicht wisse, wer das Geld genommen habe, dass er angeblich überhaupt nichts davon wusste, warum Wedding so viel Geld mit sich führte. Auch von der Karte wollte er nichts gewusst haben. Ich habe ihm dann die schöne, gerade Nase chirurgisch gekürzt. Als ich ihm danach den Spiegel vorhielt, jammerte er, konnte oder wollte aber weiterhin schweigen. Erst nachdem ich mit einer weiteren kleinen Amputation drohte, zeigte er mir, wo das Geld versteckt war. Über die Karte verfügte er allerdings nicht. Er beteuerte, für mich durchaus glaubhaft, dass er von einer solchen tatsächlich nichts wusste. Und auch, dass er seinen Chef, Franz Wedding, nicht umgebracht habe. Er erwähnte aber, dass er Sie zu später Stunde aus dem Prälat abholte und zum Kempinski fuhr. Und Sie dort den toten Wedding entdeckten, ihn durchsuchten und offenbar die Karte an sich nahmen."

„Ich kann nur wiederholen, dass das vollkommener Unsinn ist", sagte Kröger, „ich wusste über irgendeine dubiose Karte nicht Bescheid. Die muss jemand anderes genommen haben. Vielleicht der wirkliche Mörder von Franz Wedding. Und vom Geld habe ich, außer einem 100 D-Mark-Schein, nichts gesehen."

„Wer könnte dann wohl die Landkarte besitzen?"

„Was weiß ich? Möglicherweise doch Otto Dahlmann.“

„Ich sagte es schon: Er konnte mir glaubhaft versichern, dass er seinen Chef nicht getötet und nichts geraubt hatte.“

„Ich war´s jedenfalls auch nicht!“

Mitar Dusic atmete schwer: „Herr Kröger, Sie werden sich sicherlich fragen, weshalb auch Sie an einen Stuhl gefesselt und mit all diesem Klebeband eingewickelt sind? Sie können´s sich sicher schon denken, nicht wahr? Sehen Sie, die meisten meiner Kunden, von denen ich Informationen möchte, erzählen mir irgendwelche Lügengeschichten, um sich reinzuwaschen. Deshalb betäube ich sie mit Äther, wie ich es auch bei Dahlmann und Petrovic tat, und fixiere sie dann. Oder ich betäube sie nicht, weil sie, wie in Ihrem Fall, schon ohnmächtig sind. Wenn sie aufwachen, stelle ich sie vor die Wahl: Entweder sie erzählen mir alles, was ich wissen möchte, oder ich amputiere ihnen etwas. Schneide Ihnen die Nase ab, die Finger, die Ohren, entferne die Augen, reiße die Zähne heraus oder schneide einen ganzen Arm ab. Einigen Männern habe ich auch schon den Penis abgeschnitten und die Hoden entfernt. Anschließend vernähe und versorge ich die Wunden fachmännisch.“

„Sie sind wohl so ne Art Hobbychirurg, was?“

„Wie man´s nimmt. Tatsächlich habe ich einige Semester Medizin an der Universität von Belgrad studiert. Bin dann aber doch irgendwann in die Fußstapfen meines Vaters getreten, da mir das Aufschlitzen von Kommunisten mehr lag.“

„Meine Güte, Dusic, aus welcher Irrenanstalt sind Sie eigentlich entflohen? Bei Ihnen ist auch etwas Wichtiges amputiert worden: Ihr Gehirn! Oder haben Sie das selbst gemacht?"

„Ihnen wird die Kaltschnäuzigkeit noch vergehen, Herr Kröger. Ärgern Sie mich nicht zu sehr, sonst entferne ich zuerst Ihre rechte Hand. Sie sind doch Rechtshänder, oder? Übrigens, obwohl Sie mich hier so übel beschimpfen, werde ich mit Ihnen genauso gnädig verfahren, wie mit Dahlmann. Denn ich narkotisiere vor meinen kleinen Operationen die Opfer. Und wenn sie dann aufwachen, fehlt ihnen ein wichtiges Teil des Körpers! Ich habe herausgefunden, dass das für meine Kunden noch viel bestürzender ist, als würde ich die Amputationen bei vollstem Bewusstsein durchführen. Denn ich sage niemals, welches Teil ich zuerst entfernen werde."

„Sie sind krank, Dusic! Sie müssen in die Klapsmühle! Am besten wäre es, Sie fahren jetzt gleich zur Irrenanstalt nach Wittenau und weisen sich selbst ein. Dort kennt man sich seit achtzig Jahren mit Geisteskrankheiten bestens aus und kann Sie vielleicht mit einigem Erfolg behandeln."

„Schluss mit dem dummen Geschwätz, Kröger! Sie sagen mir jetzt, wo sich die Karte befindet! Dann entlasse ich Sie aus unserer Unterhaltung vielleicht als ganzer Mann. Wenn nicht, werde ich Sie gleich operieren!"

Mitar Dusic, dessen Gesicht von der niedrig hängenden Wohnzimmerlampe verdeckt wurde und von dem Kröger nur die Arme und Hände sehen konnte, stellte jetzt auf den niedrigen Wohnzimmertisch eine kleine Flasche aus braunem Glas ab, auf der ein Etikett klebte. Darauf stand `Diethylether´ und weitere Bezeichnungen, die Kröger aus der Entfernung nicht lesen konnte. Daneben legte Dusic eine Art Mappe mit umlaufendem Reißverschluss. Nach dem Öffnen klappte er die Mappe auseinander. Innen waren, ordentlich und sauber, eine größere Anzahl chromblitzender Werkzeuge in Schlaufen und anderen Halterungen untergebracht.

„Mein Operationsbesteck“, sagte Dusic stolz, „alles nur vom Besten und Feinsten. Sehen Sie, Herr Kröger: hier meine Skalpelle, Wundhaken, Retraktoren, Spekula, Stapler, Kauter, Scheren, Säge, Nadelhalter, Nadeln, Fäden. Alles, was man als Chirurg auf Reisen benötigt.“ Während seiner Erläuterungen zeigte er jeweils auf die einzelnen Bestecke.

„Also, noch einmal: Wo ist die Karte?“

„Verdammt noch einmal, ich hab´s Ihnen doch schon gesagt! Ich weiß weder wovon Sie reden, noch wo die Karte sein könnte. Ich habe sie jedenfalls nicht!“

„Ich überlege gerade, was ich Ihnen zuerst abschneide, wenn Sie nicht reden wollen. Ah, ich habe eine Idee! Suchen Sie sich was aus! Ich komme Ihnen entgegen. Entscheiden Sie sich für den Körperteil, den Sie im täglichen Leben am wenigsten brauchen.“

„Dusic, Sie sind ein verdammter und beschissener Idiot! Wenn ich Sie in die Finger kriege, werde ich nicht lange fackeln!“

„Sie werden mich aber niemals zu fassen bekommen, Kröger“, sagte Dusic. „Wissen Sie was? In die Finger bekommen, das war ein Stichwort! Ich schneide Ihnen als Erstes den kleinen Finger der linken Hand ab. Das ist ein Körperteil, dessen Verlust sich noch einigermaßen verschmerzen lässt.“

Kröger war hellwach. All seine Energien waren darauf gerichtet, möglichst heil aus dieser Situation herauszukommen.

Dusic zog aus einem Seitenfach seiner Operationsmappe einige länglich gefaltete, weiße Stoffe hervor, die wie Herrentaschentücher aussahen. Er öffnete die Flasche mit dem Äther und schüttete großzügig die klare Flüssigkeit auf den Stoff. Anschließend verschloss er die Flasche wieder, stand auf, näherte sich mit drei raschen, kurzen Schritten Kröger und drückte ihm das Tuch auf Mund und Nase. Harry Kröger versuchte, sich zu wehren, warf den Kopf hin und her. Dusic machte diese Bewegungen mit. Er hatte offenbar Erfahrung mit derartigen Situationen. Kröger roch den süßlichen Äther, musste ihn einatmen. Es half nichts. Er wurde zum zweiten Mal an diesem Abend ohnmächtig. `Hoffentlich nur der Finger!´ war sein letzter bewusster Gedanke.

Kröger wachte auf. Jemand schlug ihm mit der Hand leicht ins Gesicht, rief laut seinen Namen. Er lag auf seiner Couch, nicht mehr gefesselt und atmete gierig die frische Luft ein, die durch das geöffnete Wohnzimmerfenster drang. Über sich sah er, noch sehr verschwommen, die Gesichter von Peter Schabowski und einem Streifenpolizist.

„Harry, wach endlich auf, meine Güte!“, forderte und schimpfte Schabowski.

Kröger wurde schlecht, maßlos übel. „Ich muss kotzen!“, brachte er hervor. Jemand hielt ihm einen Eimer hin. Kröger übergab sich.

Schabowski reichte ihm ein Glas Wasser. Kröger trank gierig.

„Was war hier los?“, fragte Peter Schabowski.

„Mitar Dusic hat versucht, mich zu verstümmeln!“, hörte Kröger seine eigene Stimme sagen. „Ist an mir noch alles dran?“

„Was soll das heißen, alles dran?“

Harry Kröger versuchte sich aufzurichten, sah an sich herunter, nahm die linke und dann die rechte Hand hoch, befühlte seine Nase und seinen Mund.

„Alles dran“, sagte er.

„Der ist ja vollkommen fertig!“, hörte Kröger die Stimme von Schabowski, „den bringen wir ins Krankenhaus.“

Kröger fiel zurück in seinen Tiefschlaf.

Als er aufwachte, sah er als Erstes hoch über sich eine weißgetünchte Decke mit Stuck-Ornamenten. `Oje, ich bin im Urban!´, dachte er, `hoffentlich liege ich nicht wieder mit acht Mann auf einem Zimmer! Sieht man mir ja nicht an, ob ich privat oder Kasse versichert bin´.

Kröger hob den Kopf und schaute umher. Kein weiteres Bett im Zimmer. Alles weiß. Ein kleiner Tisch mit Blumenstrauß darauf und zwei Sesseln daneben. Er lag privat und lobte seinen Herrn dafür. Die Segnungen, denen nur gut verdienende Selbstständige und Beamte teilhaftig wurden. Halleluja!

Jemand nahm seine Hand. Er schaute nach rechts. Da saß Rosemarie Wedding mit besorgtem Gesicht. Sogar mit dieser Leichenbittermiene sah sie unglaublich attraktiv aus.

„Hallo, Frau Wedding“, sagte Kröger und glaubte nicht, dass die kratzige Stimme, die er hörte, seine eigene war, „wer hat mich hier im Krankenhaus abgeliefert? Sie waren das doch nicht, oder?“

„Nein, das war Ihr früherer Kollege, Peter Schabowski. Der hat Sie zu Hause in einem ziemlich besorgniserregenden Zustand gefunden. Irgendjemand hat Ihnen eine sehr starke Äthernarkose verpasst, die fast tödlich war. Sie haben kaum noch geatmet.“

Kröger erinnerte sich dunkel an Schabowski, der versuchte, ihn wach zu bekommen, und an das Gesicht des uniformierten Polizisten.

„Wie lange habe ich geschlafen?“

„Gestern, am späten Abend, wurden Sie eingeliefert. Jetzt haben wir zwei Uhr nachmittags. Wie fühlen Sie sich?“

„Geht so. Gar nicht mal so schlecht. Immer noch etwas müde. Wie lange sitzen Sie denn schon hier?“

„Heute Morgen rief mich Schabowski an und sagte mir, wo ich Sie finden könne. Bin vor zwei Stunden eingetroffen und halte seitdem Ihr Händchen.“

„Wie niedlich.“

„Nicht wahr? Draußen vor der Tür sitzt übrigens Schabowski. Er sagte mir, dass er Sie unbedingt sprechen will, sobald Sie aufgewacht sind. Soll ich ihm Bescheid geben?“

„Gern. Lassen Sie mich aber erst etwas trinken."

„Sie dürfen nichts trinken. Hat mir der Arzt ausdrücklich gesagt. Ich soll Sie mit aller Gewalt davon abhalten. Nach einer solchen Äthernarkose darf lange Zeit nichts getrunken werden!"

„Verdammter Mist! Und ich hab unsagbaren Durst."

Rosemarie Wedding stand auf und rief Schabowski herein. Der näherte sich laut und wenig rücksichtsvoll dem Krankenbett.

„Mann, Harry, was machst du denn für einen Scheiß? Was war bei dir los? Wer hat dich an den Stuhl gefesselt und betäubt?"

„Hallo, Peter. Eins nach dem anderen. Also: Ich war gestern Abend in der Quelle in Moabit, wurde dort angegriffen und niedergeschlagen, war ohnmächtig. Als ich aufwachte, befand ich mich in meinem Wohnzimmer, an einen meiner Küchenstühle gefesselt. Mit Paketklebeband. Mit im Zimmer befand sich Mitar Dusic, ein Killer aus Belgrad. Der hat Dahlmann und die Petrovic-Familie gefoltert und umgebracht. Von mir wollte er unbedingt etwas haben, eine Karte."

„Eine Karte? Was für eine? Eine Landkarte, oder was?"

„So ist es! Er sagte, diese sei im Besitz von Franz Wedding gewesen. Ich hätte sie der Leiche im Kempinski abgenommen. Meine Beteuerungen, dass das nicht stimme, ließ er nicht gelten."

„Was soll denn da drauf sein, auf der Karte?", fragte Schabowski.

„Weiß ich nicht. Hat er mir nicht gesagt. Weiß er möglicherweise selbst nicht. Aber seine Auftraggeber sind hinter dem Wisch her, wie der Teufel hinter der Seele."

„Und warum betäubt dich der Kerl, dieser Dusic, mit Äther, wenn er doch was von dir wissen will? Wenn du im Tiefschlaf bist, dann kannst du doch gar nichts mehr sagen!"

„Das Narkotisieren gehört zu seiner speziellen Foltermethode. Wenn er glaubt, dass seine `Kunden´ nicht die Wahrheit sagen, und das glaubt er schon aus Prinzip, dann versetzt er sie in Tiefschlaf und amputiert ihnen irgendein Körperteil. Sagt aber vorher nicht, welches das sein wird. Und dann wachen sie auf und sind für immer was ganz Wichtiges los geworden! Da er eine medizinische Ausbildung hat, sind die Wunden immer einigermaßen akzeptabel versorgt und genäht."

„Ist ja vollkommen pervers! Sowas hab ich ja noch nie gehört!"

„Otto Dahlmann fehlte doch die Nase. Die hat Dusic abgesäbelt. Und Petrovic fehlten die Ober- und die Unterlippe. Das war auch Mitar Dusic."

„Meine Güte, wie ekelhaft!", sagte Rosemarie Wedding, die zugehört hatte und dabei so bleich wie die Wand des Krankenzimmers geworden war.

„Was hast du denn überhaupt in der Quelle verloren, Harry? Und wer hat dich dort niedergeschlagen? Und warum?", fragte Schabowski.

„Alte Geschichte, Peter. Ganz alte Geschichte."

„Ja, dann raus mit der alten Geschichte!", schimpfte Schabowski.

„Da waren ein paar Leute, die mich noch aus

meiner Zeit als Gestapo-Beamter kannten. Ein paar Kommunisten und Sozis. Die haben mir unterstellt, dass ich immer noch ein alter Nazi sei. Sind auf mich losgegangen, wollten mich lynchen. Irgendeiner hat mich mit einem Barhocker ausgeknockt. Bevor die mich dann endgültig fertigmachten, ist Mitar Dusic dazwischen gegangen. Hat mich mit seinem Wagen nach Hause gebracht und wollte mich auf seine spezielle Art verhören."

„Und was hatte dieser Dusic dort verloren?"

„Ich denke, er hat mich in den letzten Tagen verfolgt, beschattet. Wollte wohl eine günstige Gelegenheit erwischen, um mich nach der Karte auszuquetschen. – Und wie kommt es, dass du mich gerettet hast? Hab dir wahrscheinlich mein Leben zu verdanken, zumindest aber einige Finger."

„Dann hab ich ja was gut bei dir", meinte Peter Schabowski. „Ich hab gestern Abend bei dir Sturm geklingelt. Hatte noch ein paar Fragen zu den Umständen des Todes von Petrovic und dem dicken Kerl, der mit im Büro saß. Telefonisch konnte ich dich nicht erreichen. Und auf der Rückfahrt vom Büro kam ich bei dir vorbei. Dein Auto war nirgends zu sehen. Aber es brannte Licht. Das konnte ich durch einen ganz kleinen Spalt in einem der Rollos erkennen. Und da ich immer im Dienst bin, kam mir das seltsam vor. Deshalb habe ich angeklingelt. Immer wieder. Gegen die Tür gehämmert. Aus deiner Wohnung war irgendetwas zu hören. Türenschlagen oder so. Da hab ich schließlich die Wohnungstür eingetreten und dich dann gefunden. Allein, auf dem Sofa liegend."

„Gut gemacht!“, sagte Kröger.

„Müssen wir dich denn hier im Krankenhaus beschützen und einen Kollegen vor die Tür stellen, der aufpasst, dass Dusic sich nicht hereinschleicht?“

„Erst einmal: Ich werde noch heute hier verschwinden! Dann nehme ich mir irgendwo ein Hotelzimmer, bis die Gefahr vorbei ist ...“

„Was für ein Unsinn, Harry!“, sagte Schabowski, „wenn Mitar Dusic ein solcher Könner ist, wie du sagst, dann hat er es ruckzuck herausgefunden, wo du dich aufhältst. Dann besucht er dich eben dort.“

„Herr Kröger kann bei uns wohnen!“, meldete sich plötzlich Rosemarie Wedding, „das wäre nur recht und billig. Immerhin habe ich Herrn Kröger diese Suppe gewissermaßen eingebrockt.“

„Kommt überhaupt nicht in Frage“, sagte Kröger.

„Doch, natürlich kommt das in Frage!“, sagte Schabowski, „Frau Dr. Wedding hat dich engagiert und insofern auch Verantwortung für dich und etwas Schuld an deinem Zustand. Ich schlage vor, dass du das Angebot sofort annimmst.“

Harry Kröger dachte kurz nach und willigte dann ein: „Das kann allerdings für Frau Wedding auch gefährlich werden.“

„Wir haben einen Wachdienst, der nach dem Rechten sieht“, sagte Rosemarie Wedding. „Außerdem ist das Haus mit Alarmanlagen geradezu vollgestopft. Da kann, glaube ich, nicht allzu viel passieren.“

Der diensthabende Arzt hatte massive Einwände gegen Krögers Entlassung. Dieser musste schließlich unterschreiben, dass er das Krankenhaus auf eigene

Gefahr verließ. Am selben Abend saß Kröger mit Rosemarie Wedding in bequemen Liegestühlen auf der Terrasse ihres Hauses und schaute in das Dunkel des nahen Waldes. Zuvor hatte sie von der Wach- und Schließgesellschaft zusätzliche Bewachung angefordert. Auch der nach wie vor übellaunige Butler Hendrik sollte, natürlich gegen zusätzliche Vergütung, die nächsten Tage im Haus übernachten. Wie Peter Schabowski, so wusste auch Harry Kröger, dass gegen einen wild entschlossenen Mitar Dusic kein Kraut gewachsen sein würde. Da half kein Wachdienst. Und schon gar nicht ein eifersüchtiger Hausdiener.

Rosemarie hatte sich in ihrem Stuhl auf die Seite gelegt, eine embryonale Haltung eingenommen, sich richtig zusammengekuschelt, wie es Frauen häufig tun und Harry Kröger fest in den Blick genommen. Das war eine jener vollstes Verständnis suggerierenden weiblichen Verhör-Haltungen. Es würden Fragen kommen. Sie kamen.

„Erzählen Sie mir doch jetzt einmal, was damals, zu der Zeit, als Sie noch Gestapo-Beamter waren, passierte? Haben Sie früher in der Quelle ermittelt? Haben Sie welche von denen verhaftet oder sonst was getan? Warum wollten die Sie gestern Abend lynchen?“

„Die Geschichte wird Sie nicht interessieren.“

„Da kennen Sie mich aber schlecht! Doch, sie interessiert mich brennend. Legen Sie los!“

Kröger fühlte sich schlaff und weich und wenig widerstandsfähig. Er merkte immer noch die Nachwirkungen der Narkose, die fast sein Herz hatte stillstehen lassen. Diese körperliche Schwäche und die jetzige Situation, die Anwesenheit von Rosemarie Wedding, machten ihn mitteilsam, ließen ihn für einen Moment seinen Panzer vergessen und ablegen. Irgendetwas mahnte ihn aber nach wie vor zur Vorsicht. Er begann zu erzählen.

„Das war Anfang 1944 gewesen. Ich hatte Fronturlaub, kam aus Russland zurück. Nach Meinung meiner Vorgesetzten hatte ich mich bewährt, insbesondere im Nachrichtendienst. Deshalb schlug man mir vor, in und für die Gestapo zu arbeiten. Als damaliger überzeugter Nationalsozialist willigte ich ein. Wir haben dann hier in der Stadt fürchterlich gewütet und jeden, der `Rundfunkverbrechen´ begangen oder defätistische Reden geführt hatte, gepackt und ins Konzentrationslager gesteckt. Und wir waren mächtig stolz darauf."

„Rundfunkverbrechen? Sie meinen, wenn man ausländische Sender hörte?"

„Ein geradezu läppisches Vergehen. Während des Krieges betrieb zum Beispiel die britische BBC einen deutschsprachigen Dienst, der über die tatsächliche Kriegslage informierte. Deutsche, die wir beim Abhören erwischten, bekamen schwere Strafen aufgebrummt. Solche Leute haben wir unseren damaligen Verhörspezialisten ans Messer geliefert! Wahre Heldentaten. Im Laufe des Jahres 1944 kamen mir immer größere Zweifel an diesem Vorgehen."

„Und wie verhielt es sich mit den defätistischen Reden?"

„Sie werden sich möglicherweise daran erinnern, dass man damals häufig von Wehrkraftzersetzung sprach. Das konnte das öffentliche Zweifeln am `Endsieg´ sein oder das Erzählen von Witzen über Hitler, Goebbels, Himmler oder Göring."

„Ich war damals noch als ganz junges Mädchen im BDM. Da haben wir auch manchmal Witze über Goebbels und all die anderen gemacht. Immer hinter der Hand."

„Wer dabei erwischt wurde, der musste mit dem Schlimmsten rechnen. Und ich habe geholfen, diese `Schwerverbrecher´ zu verhaften. Eine Tatsache, auf die ich nicht besonders stolz bin."

„Wenn ich das richtig verstanden habe, dann drückten sich also auch in der Moabiter Kneipe diese Rundfunkverbrecher und Wehrkraftzersetzer herum?"

„So ist es. Die Quelle war gewissermaßen eine der Einflugschneisen in den Bezirk Moabit. Dort lebten viele Sozialdemokraten und Kommunisten, die Hitler niemals gewählt hatten, und betrieben ihre mehr oder weniger erfolgreiche Widerstandstätigkeit. Eines Abends, mein Kollege Arno Werther und ich hatten Nachtdienst, kam unser Vorgesetzter herein und sagte, er habe einen ganz wichtigen Auftrag für uns. Wir sollten im Laufe der nächsten Stunden mal in der Quelle in Alt-Moabit vorbeischauen. Dort würde es einen Arbeiter geben, der lauthals defätistische Witze erzähle. Arno Werther und ich waren schon lange nicht mehr solche Heißsporne wie zu Beginn unserer Gestapo-Zeit und konnten unser Gähnen nur mühsam unterdrücken. Auf dieses Einfangen von kleinen Leuten hatten wir keine Lust mehr. Wir fragten, was er denn so für Witze erzähle. Unser Vorgesetzter wollte erst nicht so richtig damit rausrücken, dann gab er uns aber doch ein Beispiel. Wir haben uns totgelacht!"

„Lassen Sie mal hören! Ich möchte auch lachen", bat Rosemarie Wedding.

„Also: Adolf Hitler und der Propagandaminister Goebbels stehen nach einem schweren Luftangriff auf dem Berliner Funkturm und schauen auf die zerstörte und brennende Stadt hinunter. Sagt der Führer: Ach, mein lieber Goebbels, die armen Berliner müssen dieser Tage so schwer leiden. Wenn ich nur wüsste, was ich ihnen Gutes tun könnte. Antwortet Goebbels: Springen Sie, mein Führer!"

Rosemarie Wedding lachte laut auf: „Nicht schlecht! Den kannte ich noch nicht! Dafür sollte man nicht in den Knast wandern, sondern einen Orden für Originalität bekommen!"

„Das fand ich auch. Aber mein früherer Chef verstand in dieser Hinsicht überhaupt keinen Spaß. Er drohte uns sogar. Wenn wir das so überaus erheiternd finden würden, liefen wir über kurz oder lang Gefahr, unseren Lebensabend in Bergen-Belsen oder in einem Strafbataillon an der Ostfront zu beschließen. Wir sollten ihm sagen, was uns lieber sei. Er würde dann dafür sorgen, dass wir schnellstmöglich dorthin verbracht würden."

„Da hat sich die Heiterkeit wahrscheinlich schlagartig gelegt?"

„Aber hallo! Ich hab dann sofort nach dem Namen des besagten Arbeiters gefragt. Unser Vorgesetzter, Kriminaldirektor Bertram Pietsch, ..."

Rosemarie Wedding unterbrach Kröger: „Wie

hieß der, Bertram Pietsch?“

Kröger bestätigte.

„Also, ich meine, nein, ich weiß, dass Franz im letzten Jahr öfters Besuch von einem gewissen Pietsch bekam. Er wurde mir nur kurz vorgestellt, dann zogen sich die beiden immer zu Gesprächen zurück. Ob das derselbe war wie dieser Kriminaldirektor? Groß, schlank, fast schon dünn, kugelrunder Kopf und irgendetwas Fieses im Blick, im Gesicht. Schlecht zu beschreiben.“

„Könnte hinkommen“, meinte Kröger, „aber hier in der Stadt ist er mir nach dem Krieg nicht aufgefallen. Er war plötzlich verschwunden. Wie alle, die richtig viel Dreck am Stecken hatten.“

„Franz sagte mir eines Tages, dass Pietsch am Ende des Krieges in der SS-Einheit von Oskar Dirlewanger kämpfte. Er meinte, dass seien wirklich ganz schlimme Finger gewesen.“

„Das wusste ich nicht, dass es den bescheuerten Bertram Pietsch dahin verschlagen hat! Dass er doch noch zum Kommiss musste. Na, es gibt offenbar Restbestände von Gerechtigkeit in der Welt!“

„Weiter im Text!“, forderte Frau Wedding auf, „was sagte Pietsch, als Sie nach dem Namen des angeblichen Wehrkraftzersetzers fragten?“

„Na, den kannte er gar nicht. Pietsch meinte nur, dass sich der Betreffende nach Feierabend meist in der genannten Kneipe aufhalte, dort ein paar Biere trinke und dann, wenn er genug davon intus habe, seiner üblen Tätigkeit nachgehe und lauthals diese besonderen Witze erzähle. Ich habe dann nach dem

Informanten gefragt, der davon berichtet hatte, und wollte diesen vernehmen. Bertram Pietsch sagte mir daraufhin, dass das nicht gehe. Es habe einen anonymen Anruf gegeben, der nicht weiter verfolgt worden sei. Man sei ja froh über derlei Meldungen besorgter Volksgenossen. Meine Bemerkung, dass wir auf diese Weise ein Volk von Denunzianten würden, ließ er nicht gelten. Pietsch meinte, wenn das mit mir so weiterginge, würde er mich wirklich schon bald im KL sehen. Dann schickte er mich und Arno Werther los. Wir sollten uns bei dieser Verhaftung etwas raffinierter als sonst anstellen. Sollten nicht mit unserem schicken Dienst-Mercedes vor der Tür parken und auch auf unsere schwarzen Ledermäntel verzichten. Denn sonst würden wir in der Quelle vor einer Mauer des Schweigens stehen. Die dortigen `Sozis und Kommunistenschweine´, wie er sich ausdrückte, würden uns nämlich sofort erkennen. Das sei alles `rotes Pack´, mit dem nach dem Krieg rigoros aufgeräumt werden müsse. Das sei leider im Moment nicht möglich. Bei den meisten von ihnen handele es sich um wichtige Rüstungsarbeiter. – Tja, und dann haben wir uns schließlich als Malocher verkleidet und sind los."

„Interessant, interessant", sagte Rosemarie Wedding. „Ihr habt euch also in die Höhle des Löwen begeben."

„So ungefähr. Ich weiß noch ganz genau, dass wir unseren Dienstwagen in einer Seitenstraße abstellten und den Rest zu Fuß gingen. Es war eine schöne, laue Sommernacht. Und, obwohl schon zehn Uhr, noch immer nicht dunkel. Sommerzeit war verordnet. Schon im Frühjahr mussten die Uhren ja zwei Stunden vorgestellt werden. Ich selbst hatte mir alte, schlabbernde Stoffhosen angezogen, ein großkariertes Hemd und eine leichte, etwas zerschlissene braune Jacke. Auf dem Kopf trug ich einen `Kuh-Schiss´, eine flache Stoffmütze mit kurzem Schirm. Arno Werther hatte sich ähnlich auf Arbeiter getrimmt. Unter dem Arm trugen wir beide abgeschabte, lederne Taschen, die bei den hiesigen Arbeitern als Transportbehältnisse für Pausenbrote und Düppen weit verbreitet waren. Sie sahen aus wie zweckentfremdete Schultornister. Meistens waren sie es auch."

„Wie sah Ihr Plan aus?"

„Wir hatten keinen besonderen Plan. Wir wollten uns einfach unter die Leute mischen und herumhorchen. Was Besseres fiel uns nicht ein. – Wie alle Gebäude, so war auch das Haus, worin sich die Kneipe `Zur Quelle´ befand, von außen vollkommen dunkel, die Blenden waren vorschriftsmäßig heruntergelassen. Das Einzige, was darauf hinwies, dass man sich hier traf, trank und rauchte, war die Musik, die halblaut, gedämpft, nach außen drang. Drinnen umfing uns sofort lautes Stimmengewirr, Gelächter, Rufe und die Tanzmusik, die aus einem Radio kam, das rechts auf einer Fensterbank stand und voll aufgedreht war. Die Gaststätte war bis auf den letzten Platz besetzt. Die Männer unterhielten sich laut. Hinter der Theke zapfte der Wirt im Akkord. Es waren nur wenig jüngere Männer zu sehen. Bei diesen handelte es sich in erster Linie um Fremdarbeiter aus dem Osten. Sie fielen durch ihre seltsame, schlecht sitzende und bunte

Kleidung auf. Zuweilen war auch ihre osteuropäische Physiognomie unverkennbar. Wir haben uns gewundert, dass die dort Fremdarbeiter mitfeiern ließen. Dafür hätten wir den Wirt und seine Lizenz bereits kassieren können. Aber wir wollten ja etwas Anderes. Während wir dort so herumstanden, schien niemand an uns interessiert zu sein. Aber wir wussten, dass man uns ganz genau beobachtete. Jeder Kneipier, der Fremdarbeiter in seiner Gaststätte duldete, ging ein großes Risiko ein. Nach uns kamen immer mehr Gäste. Wir latschten zur Theke und bestellten. Wir kamen dann schnell mit einigen der Gäste ins Gespräch. Sie fragten, woher wir denn stammten, man habe uns hier in der Quelle noch nie gesehen. Wir erzählten, dass wir eigentlich in Wolfsburg arbeiteten und dass wir gerade eben hier in der Stadt eingetroffen seien, um an einem Lehrgang teilzunehmen. Es gehe um Waffentechnik und wir seien angewiesen, nicht darüber zu reden. Tatsächlich wurde es ein wirklich lustiger Abend. Nach kurzer Zeit waren wir sternhagelvoll und lachten uns schlapp über die Hitler-Witze, die jetzt von den Umstehenden erzählt wurden."

„Fallen Ihnen noch welche ein?", fragte Rosemarie Wedding.

„Ja, die sind mir alle ziemlich präsent geblieben. Ich weiß noch, dass ein kleiner Mann Folgendes erzählte: Also, der Führer marschiert in einer kleinen Stadt im Osten ein, die er damit \`heim ins Reich´ holen will. Am Straßenrand stehen die jungen Mädchen mit Blumensträußen und jubeln ihm zu. Dann geht ein kleines Mädchen auf den Führer zu und reicht ihm ein

Grasbüschel. Der Führer fragt unwirsch: `Was, zum Teufel, soll ich denn damit?´ und ist ziemlich sauer. Sagt das kleine Mädchen ganz verschüchtert: `Die Leute sagen doch hier immer, wenn der Führer ins Gras beißt, kommen bessere Zeiten´."

Harry Kröger und Frau Wedding wieherten vor Lachen.

„Schließlich haben sie noch einen von den Fremdarbeitern aufgefordert, die bis dahin reglos und etwas verloren in einer Ecke herumgestanden hatten. Ein gewisser Oleg wurde herangeholt, der angeblich schöne Stalin-Witze kannte."

„Und, hat der einen erzählt?"

„Hat er! Eigentlich wollte er erst nicht so recht, wurde aber durch Schulterklopfen und mit Freibier und Korn gefügig gemacht. Sein Witz ging in etwa so: Stalin, Hitler und Churchill sind vor dem Jüngsten Gericht. Sie sollen zur Strafe für ihre Untaten durch ein Moor wandern. Je mehr sie in ihrem Leben gelogen hätten, desto tiefer würden sie einsinken."

In Vorfreude auf eine saftige Pointe kicherte Rosemarie Wedding schon jetzt. Harry erzählte weiter.

„Churchill sinkt sofort bis zu den Knien ein. Stalin bis zum Hals. Hitler aber überhaupt nicht. Stalin und Churchill wundern sich und fragen, wie er das mache. Sagt Hitler: Ich stehe auf den Schultern von Goebbels."

Kröger und Rosemarie lachten laut.

„Nachdem Oleg erzählt hatte, gab´s in der Kneipe kein Halten mehr. Die Bude dröhnte vor Lachen. Dann nahmen sie Oleg auf die Schultern und trugen ihn durch den Raum. Ich weiß noch, dass im Radio `Rosamunde´ gedudelt wurde. Mein Kollege Arno Werther schüttete sich aus vor Lachen und meinte leise zu mir, dass man Handhabe genug habe, um den ganzen Laden verhaften zu lassen. Ich wusste in diesem Moment schon gar nicht mehr, zu welcher Welt ich eigentlich gehörte. Ich lachte und lachte, bestellte für mich und Werther noch je ein Gedeck und sagte nur noch lallend, dass er, Arno Werther, nicht immer so ein Langweiler und Spielverderber sein solle."

„Dann war´s doch ein runder Abend, oder? Haben Sie denn noch irgendwelche Leute verhaftet?", wollte Rosemarie Wedding wissen.

„Wie man´s nimmt. Uns kam ein wahrhaft epochales Ereignis dazwischen, was zur Verhaftung und zu brutalen Verhören aller Anwesenden führte, an denen wir, Arno und ich, auch beteiligt waren."

„Was passierte?"

„Plötzlich ebbte die Ausgelassenheit in der Kneipe ab. Oleg wurde wieder auf den Boden gelassen, man tuschelte, redete laut, jemand ging zum Radio, suchte einen anderen Sender. Worte waren zu hören, wie `unfassbar´, `unglaublich´ und zufriedene Ausrufe wie `na endlich´. Wir fragten, was los sei. Einer der Umstehenden sagte, dass es eine geradezu sagenhafte Nachricht gebe. Irgendjemand habe ein Attentat auf Hitler verübt. Arno und ich waren wie vom Schlag gerührt und fragten, ob der Führer tot sei. Es hieß, man wisse noch nichts Genaues. Alle im Raum waren aber voller Hoffnung, dass es Hitler erwischt habe. Es hieß, ein Offizier der Wehrmacht habe einen Sprengsatz in der Wolfsschanze neben Hitler deponiert. Und dann wurde es immer ruhiger in der Kneipe, die Gespräche leiser. Dann hörten wir eine weibliche Stimme, die Stimme von Irmgard, der Wirtin. Mit ihrem dünnen, mädchenhaften Singsang stimmte sie die Internationale an: `Wacht auf, Verdammte dieser Erde, die stets man noch zum Hungern zwingt! Das Recht wie Glut im Kraterherde nun mit Macht zum Durchbruch dringt. Reinen Tisch macht mit dem Bedränger! Heer der Sklaven, wache auf! Ein Nichts zu sein, tragt es nicht länger Alles zu werden, strömt zuhauf!´"

„Donnerwetter!", sagte Rosemarie Wedding, „Sie können den Text ja auswendig."

„Ja, den kann ich tatsächlich auswendig. Das war auch ein eindrückliches Ereignis. Die Leute in der Kneipe hatten Tränen in den Augen. Alle fielen leise in den Gesang mit ein. Der Wirkung konnte man sich nicht entziehen, wenn man nicht aus Stein war. Uns lief es kalt über den Rücken. Irgendwann fragte mich mein Kollege dann, ob ich an jenem Abend noch jemanden festnehmen wolle. Ich meinte zu ihm, dass wir das besser nicht tun sollten. Es konnte ja sein, dass Hitler wirklich tot war. In einem solchen Fall hätten sich die Gewichte sofort zu unserem Nachteil verschieben können. Dann passierte aber etwas, womit zwar jeder in der Kneipe wahrscheinlich täglich rechnete, was aber in dieser Form scheinbar noch nicht eingetreten war. Vorm Haus waren die Geräusche von wild aufheulenden Motoren und quietschenden Bremsen und Reifen zu hören. Es polterte wild an der Tür, die der Wirt in der Zwischenzeit offenbar verschlossen hatte. Jemand rief: `Aufmachen, Polizei!´ Die Frau des Wirts öffnete und wurde sofort zur Seite gestoßen. Als habe man ein Schleusentor urplötzlich geöffnet, ergossen sich zahlreiche Polizisten mit unter das Kinn gezogenem Sturmriemen, gezogenen Pistolen und Knüppeln in das Lokal. Sie packten sich wahllos die Nächststehenden, warfen sie zu Boden oder drängten sie an die Wände, legten ihnen Handfesseln an. Die übrigen, die sie noch nicht gegriffen hatten, schienen zu überlegen, was zu tun sei. Ob sie Widerstand leisten oder sich abführen lassen sollten. Schließlich nahmen sie die Hände hoch, ergaben sich."

„Und was habt ihr getan?"

„Wir wollten uns natürlich nicht zu erkennen geben. Deshalb taten wir dasselbe und ließen uns, unter Stößen und Schlägen mit den Knüppeln, ebenfalls abführen und auf die Ladefläche einer der zwei bereitstehenden Lastwagen verfrachten. Für uns konnte es bis dahin im Grunde nicht besser laufen. Wir mussten keine blödsinnigen Verhaftungen von Witzeerzählern vornehmen, weil es eine Razzia gab. Dann machte aber einer der Polizisten einen wirklich schlimmen Fehler. Ernst Wieland, ein ganz Altgedienter, erkannte mich und Werther, als wir gerade auf die Ladefläche steigen wollten. Aber er begriff die Situation nicht richtig, denn er begrüßte uns freundlich und lud uns ein, vorn im LKW, neben dem Fahrer, Platz zu nehmen. Er hatte nicht gemerkt, dass damit unsere Deckung aufflog. Oder, was ich heute eher glaube, er tat das ganz bewusst. Aus welchen Gründen auch immer. Jedenfalls guckten uns die Arbeiter, mit denen wir eben noch im Wirtsraum getrunken und gefeiert hatten, mit hasserfüllten Blicken an. Die hätten uns am liebsten umgebracht.“

Harry Kröger schwieg.

„Tja, das war die Geschichte über meine besondere Beziehung zur Quelle“, sagte Kröger.

„Ich verstehe Sie nicht“, sagte Frau Wedding, „wieso gingen Sie gestern Abend denn überhaupt dorthin zurück?“

„Das weiß ich selbst nicht so genau“, antwortete Kröger, „aus irgendeinem unerfindlichen Grund hat es mich dort wieder hingezogen. Wie ein Täter, der zum Tatort zurückkehrt.“

„Wirklich seltsam!“

Später des Nachts saß Harry Kröger auf der Bettkante im luxuriösen Besucherzimmer der Wedding-Villa. An Schlaf war nicht zu denken. Er steckte sich die letzte Ernte 23 an und goss sich Mineralwasser in ein Glas. Auf ärztlichen Rat sollte er zwar erst am kommenden Morgen etwas trinken, aber er hielt sich nicht daran. Würde schon schiefgehen. Kröger schaltete das Radio an, das auf dem Nachttisch stand. Nachdem die Röhren warmgelaufen waren, meldete sich eine Frauenstimme und verkündete, dass man das Nachtprogramm des Sender Freies Berlin höre. Nach der Ansage erklang mal wieder langweilige, geschlechtslose Programmmusik. Sanfte Streicher spielten musikhistorisch Unbedeutendes. Kröger drehte am Sendersuchknopf, wollte Neues, bisher nie Gehörtes. Er schaltete auf die Mittelwelle um. Es rauschte aus den Lautsprechern. Wo war AFN? Ah, hier! Nachrichten! Wie langweilig! Aber nein, das war der Wetterbericht für die US-Flieger: „This is AFN K´town! Now listen to english speakin´ Dieter Griefhahn with his weather forecast for today!“

Dann meldete sich english speakin´ Dieter Griefhahn. Er war seit einiger Zeit eine der größten – unfreiwilligen – Humorbomben bei AFN. Auch Kröger hatte dessen unnachahmliche Wettervorhersagen schon einmal gehört und sich weggelacht. Griefhahn war Mitarbeiter des Meteorologischen Instituts Freiburg und von der U.S. Air Force engagiert worden, die Wettervorhersagen auch für den amerikanischen Flugbetrieb zu machen. Wie es dazu kam, dass Griefhahn selbst den Wetterbericht auf Englisch verlesen durfte, konnte sich niemand erklären, denn seine Sprachkenntnisse waren grausam schlecht. Kröger vermutete, dass die Amis mit ihrem teilweise anarchistischen Humor ganz bewusst Dieter Griefhahn ausgesucht hatten. Denn dieser ignorierte vollkommen das `th´, sprach es wie `se´ aus und ließ auch bei allen anderen Besonderheiten des Englischen seine sprachlichen Wurzeln im Schwäbischen voll durchschlagen. Eigentlich war sein Kauderwelsch kaum zu verstehen, geschweige denn zu ertragen, weder für die Amerikaner, noch für Deutsche oder sonstige Menschen auf der Erde. Gleichzeitig schien english speakin´ Dieter Griefhahn ein freundlicher und gebildeter Mann zu sein, der in erster Linie der Meteorologie diente und überdies glaubte, seine Sache auf AFN gut zu machen. Nachdem er also seinen heutigen Wetterbericht abgeliefert hatte, fragte der Radio-Discjockey dann allen Ernstes: „There is one thing I want to know about you, Dieter! How comes that you are so cool?“

Dieter Griefhahn wusste nicht recht, was er mit dieser Frage anfangen sollte und redete irgendetwas, wobei seine Konsonanten wie Kanonenschläge krachten.

Kröger lachte laut auf. Köstlich! Was hatten die Allgemeinen Rundfunkanstalten Deutschlands dagegenzusetzen? Nichts!

Es war mittlerweile vier Uhr morgens. Harry Kröger spürte, wie er endlich die nötige Bettschwere bekam. Er legte sich hin und schlief.

Adel verpflichtet

Harald Kröger erwachte um die Mittagszeit und sofort sprang ihn die Erinnerung an die gerade vergangenen Ereignisse an, unangenehm und kalt. Er stand auf, sah zur Uhr, erschrak darüber, dass es bereits nach zwölf war, rasierte sich, duschte. Vielleicht würde er hier im Haus noch ein Frühstück bekommen.

Er griff zum Haustelefon und wählte. Hendrik, der übellaunige Hausdiener und Butler meldete sich. Kröger verlangte, Frau Wedding zu sprechen.

„Ich muss erst nachsehen, ob die gnädige Frau im Hause ist“, sagte er. Kröger verdrehte die Augen. Das konnte lange dauern. Hendrik würde alles unternehmen, um ihn zu schikanieren.

„Hendrik, wünschen Sie eigentlich, dass ich Ihrer Chefin mal sage, wie schlecht Sie Ihren Aufgaben gerecht werden? Und dass Sie heimlich in Frau Wedding verliebt sind?“

„So ein Unsinn, Herr Kröger, ich weiß nicht, wovon Sie reden!“

„Hören Sie schon auf, Hendrik. Sie hassen mich. Das ist mehr als auffällig.“

Hendrik schien zu überlegen.

„Also gut“, sagte er dann, „Frau Wedding ist zum Mittagessen ins Old Inn nach Zehlendorf gefahren. Unsere Köchin ist erkrankt und auf meine bescheidenen Kochkünste legt die Chefin nicht besonders großen Wert.“

„Danke für die Auskunft, Hendrik. Ist sie allein

gefahren? Will sie dort jemanden treffen?“

„Nein, sie ist allein los und sagte, sie sei am frühen Nachmittag wieder zurück. Und, sie sagte noch, dass ich Sie nicht stören solle. Sie sollten so lange schlafen, wie Sie mögen, Herr Kröger.“

Nachdem Harry Kröger in einem riesigen Spiegel auf dem Flur der Wedding-Villa sein Äußeres überprüft und als akzeptabel eingestuft hatte, bat er Hendrik, ihm ein Taxi zu rufen. Zehn Minuten später verließ er das Anwesen. Draußen schien die Sonne heiß und gnadenlos. Der Sommer kam mit Riesenschritten näher.

Das Taxi war lange unterwegs, musste an Großbaustellen vorbei, die gleichsam über Nacht entstanden waren. Die Bauwut war geradezu exzessiv. Und um die vielen neuen Projekte realisieren zu können, beseitigte man schnell jene Relikte aus früheren Zeiten, die der Bombenkrieg verschont hatte und die doch eigentlich erhaltenswert waren. Die verbreitete Mentalität, einen Schlussstrich unter die Ereignisse der Jahre des Nazi-Reiches zu ziehen, war so entschlossen, dass man mit beinahe teuflischer Freude einfach alles abriss, niederlegte und beseitigte, was in die Jahre bis 1945 gehörte. Harry Kröger wusste, dass im Senat von – noch – geheimen Plänen die Rede war, die den Bau einer riesigen Stadtautobahn vorsahen, die der S-Bahn-Trasse der Ringbahn folgen sollte und gewaltige städtebauliche Einschnitte zur Folge haben würde. Was für ein Wahnsinn!

Kröger ließ vorm Old Inn, einem kleinen, aber feinen Restaurant am Rand des Zehlendorfer Wäldchens, halten, bezahlte und stieg aus. In der Gastwirtschaft herrschte der normale, ruhige und gesittete Mittagsbetrieb. Es war ein Restaurant, das sich mit der gediegenen Einrichtung und den hohen Preisen einer Klientel empfahl, zu der sich auch Rosemarie Wedding nach ihrer Heirat mit dem Bauunternehmer zählen durfte. Kröger schaute sich um, suchte nach ihr. Er erkannte sie, allein sitzend, an einem der Tische vor den Fenstern.

Selbstverständlich sah sie auch heute wieder aus, als sei sie einem Modemagazin entsprungen. Ihre leuchtend blonden Haare waren perfekt frisiert. Sie trug einen schwarzen Rollkragenpullover und darüber die Jacke eines eng geschnittenen schwarzen Reisekostüms. Immer noch ganz die trauernde Witwe. Frau Wedding lachte verhalten, wie es sich für eine Trauernde gehörte, war aber doch erfreut, als Kröger an ihren Tisch trat und sie begrüßte. Sie zeigte dabei ihre strahlenden Zähne.

„Guten Tag, Herr Kröger! Ist es Zufall, dass Sie hier sind, Absicht oder geplanter Zufall?“

„Ganz und gar Absicht, Frau Wedding! Ihr Butler sagte, dass Sie fort seien und wollte zuerst nicht damit herausrücken, wo Sie sich aufhalten. Erst als ich ihn erpresste, wurde er weich.“

„Der Ärmste! Womit haben Sie ihn denn erpresst?“

„Ach, – nicht der Rede wert.“

Rosemarie Wedding setzte noch einmal ihr schönstes Lächeln auf und schaute Harry Kröger tief in die Augen.

„Sie sind nicht ganz ungefährlich, wissen Sie das?“

„Ich bitte Sie! Was denken Sie denn von einer trauernden Witwe?“

„Sie würden sich erschrocken abwenden, wenn ich´s Ihnen erzähle. Darf ich mich zu Ihnen setzen?“

Sie wies auf die Stühle an ihrem Tisch.

„Sie haben die freie Wahl.“

Kröger nahm Platz und schlug die Speisekarte auf, die ihm ein eifriger Kellner sofort vorlegte.

„Was essen Sie denn dort? Ist das zu empfehlen?“, fragte er.

„Entrecote! Ganz akzeptabel! Dazu diesen leckeren Roten aus Frankreich!“

„Das sieht doch sehr gut aus. Werde ich auch essen.“

Nachdem der Wein serviert war, stießen sie an und tranken.

Natürlich kamen sie sehr schnell auf die zurückliegenden Ereignisse zu sprechen.

„Haben Sie eigentlich gar keinen Verdacht, wer Mitar Dusic beauftragt haben könnte?“, fragte Rosemarie Wedding.

„Da habe ich allerdings einen ganz leisen Verdacht. Und hier kommt der Einbeinige wieder ins Spiel.“

„Ach, der mysteriöse Herr Schmidt!“

„Genau der, Frau Wedding! Der hatte mir ja berichtet, dass auch Ihr ehemaliger Mann dem sogenannten `Sparverein´ angehörte.“

„Dem was? Dem `Sparverein´? Was ist das?“

„Darin haben sich eine ganze Reihe unserer industriellen und verwaltungstechnischen Schwergewichte zusammengefunden. Die zahlen da ganz genauso in eine gemeinsame Kasse ein wie die Mitglieder der Sparvereine in stinknormalen Kneipen. Nur, dass es bei dieser ganz speziellen Ausprägung um deutlich höhere Einlagen geht. Der Einbeinige erzählte mir, dass zuletzt zehn Millionen D-Mark im Topf waren."

„Donnerwetter, das ist nicht schlecht! Wahrhaftig kein Sparverein für arme Leute."

„Ich erfuhr, dass die Gelder mitsamt der ominösen Landkarte immer in einem Schließfach lagerten. Zur Sicherheit wechselte man häufig den Lagerort. Das heißt, man entnahm sie dem einen Schließfach, um sie in einem anderen unterzubringen. Oft hier in Berlin, manchmal auch in einer anderen Stadt. Den Transport des Geldes und der Karte besorgte immer ein anderer aus dem Verein. Man wechselte sich ab. Zuletzt war Franz Wedding an der Reihe gewesen. Nach Auskunft von Herrn Schmidt hätte das Geld eigentlich in einem oder zwei Koffern im Hotelzimmer sein müssen. Ich habe das Zimmer im Kempinski durchsucht und nichts gefunden. Außer einem einsamen 100-Mark-Schein, den ich liegenließ. Bevor Mitar Dusic mich betäubte, hatte er mir noch gesagt, dass er das Geld bei Otto Dahlmann fand, nicht aber die Karte. Es könnte also sein, dass Dahlmann der Mörder Ihres Mannes war."

„Aber warum bekamen Sie dann Drohanrufe und einen Besuch von diesem Mitar Dusic?"

„Na, ja, ganz einfach. Ich komme schließlich als Dieb der Karte durchaus in Betracht. Überhaupt: die Karte! Die muss ja denselben oder einen noch größeren Wert als das Geld haben, wenn alle so versessen darauf sind! – Wie dem auch sei: Ich denke, dass einige Mitglieder des Sparvereins Ähnliches vermuten und mich vielleicht als Mörder Ihres Mannes verdächtigen."

„Was für ein Quatsch! Wie sollte das denn funktionieren?"

„Ist gar nicht einmal so weit hergeholt. Es könnte doch sein, dass ich aus irgendeiner Quelle von dem Sparverein wusste und davon, dass Ihr Mann sich just an dem besagten Abend mit dem Bargeld und der Karte im Hotel aufhielt. Dann könnte ich an seine Tür geklopft haben, mir wurde geöffnet, und ich tötete Franz Wedding. Anschließend hätte ich die Karte an mich nehmen und verschwinden können."

„Gut, das ist natürlich denkbar. Aber dann hätten Sie doch auch das Geld mitgenommen, wären aus der Stadt verschwunden, ab in die Karibik oder sonst wohin. Wo man Sie nicht so schnell findet. Und dann: ein Mord mit einer Überdosis Morphium! Das setzt doch voraus, dass der Täter um diese Dinge Bescheid wissen musste. Dass er Franz´ Vorlieben für diese Droge kannte. Und das Ganze musste doch auch irgendwie inszeniert werden. Franz hat doch sicherlich nicht freiwillig seinen Arm hingehalten, damit ihm da jemand eine Überdosis reinspritzt."

„Vollkommen richtig. Gesetzt den Fall, ich wäre der Mörder gewesen, hätte ich, damit das Ganze nach Selbstmord oder versehentlicher Überdosierung aussieht, einiges Vorwissen haben müssen. Jene Mitglieder des Sparvereins, die mich des Mordes und des Raubes möglicherweise verdächtigen, denken sicher, ich hätte einen Komplizen. Jemand, der sich mit Franz Weddings Gewohnheiten auskannte. Und da käme Otto Dahlmann wieder ins Spiel."

Der Ober brachte das Entrecote für Harry Kröger.

„Dahlmanns Rolle ist mir überhaupt nicht klar", sagte Kröger, „lebend habe ich ihn nur ein einziges Mal und ganz kurz gesprochen. Das war, als er mich von der Feier im Prälat abholte und am Hinterausgang des Kempinski absetzte. War Dahlmann ein Komplize von irgendwem in diesem Spiel? Oder handelte er auf eigene Faust? Wusste er zu diesem Zeitpunkt bereits, dass sein Chef nicht mehr lebte? War es so geplant, dass ich den toten Franz Wedding entdecken sollte?"

„Vielleicht hat Otto Dahlmann den Toten zuerst entdeckt und die Gelegenheit beim Schopf gepackt, plötzlich unglaublich reich zu werden? Ohne dass von vornherein eine Absicht bestand?", fragte Rosemarie Wedding.

„Umgebracht hat Dahlmann Ihren Mann angeblich nicht. Das hat zumindest Dusic behauptet. Der hatte ihn ja gefoltert und gesagt, dass Dahlmann anschließend definitiv die Wahrheit gesagt habe. Weil nach seiner speziellen Foltermethode jeder Betroffene die Wahrheit sagen würde."

„Vielleicht steckten mein Mann und Dahlmann unter einer Decke?", fragte Rosemarie Wedding. „Möglicherweise wollten sie sich die zehn Millionen und die Karte gemeinsam sichern. Und dann ist irgendetwas aus dem Ruder gelaufen. Eine dritte Person kam möglicherweise ins Spiel."

„Sieht so aus, als wenn wir das Problem jetzt und

hier nicht lösen werden“, meinte Kröger. „Konnten Sie mir übrigens bei von Going und Professor Dr. Berkenkamp Termine besorgen?“

„Ja, konnte ich“, antwortete Rosemarie Wedding, „war ein hartes Stück Arbeit. Die beiden zeigten sich noch weniger als von Ziehtlow geneigt, einem `Privatschnüffler´, wie sie sich auszudrücken pflegten, Auskünfte zu erteilen.“

„Und mit dem war es schon verdammt schwierig.“

„Was hat Ziethlow denn erzählt?“

„Nichts, womit man etwas anfangen könnte“, sagte Kröger, „hohles, selbstgefälliges Zeug. Hat mich behandelt wie einen Fußabtreter. Zuletzt machte er mir noch Vorhaltungen im Zusammenhang mit dem angeblichen Mord an den Fremdarbeitern. Da hab ich ihm gesagt, dass er ja wohl selbst nicht ganz unbelastet sei, was seine Arbeit am Volksgerichtshof anging. Er wurde daraufhin mächtig sauer und wollte mir weismachen, dass ein Richter wie er niemals ein falsches Urteil unter den jeweils gegebenen Umständen fällen könne. Das sei unmöglich. Seine Urteile verwandelten sich durch die ritualisierten, geheiligten Handlungen im Gerichtssaal zu wirklichem Recht, genauso, wie sich der Wein und die Oblate zu dem wirklichen Blut und dem tatsächlichen Fleisch Christi im orthodoxen Gottesdienst wandeln würden. So etwas musste ich mir anhören.“

„Der hält sich wohl für einen kleinen Gott oder so etwas!“

„Vermutlich. Ich habe Hans von Ziehtlow im Übrigen in Verdacht, dass er unter einem schlimmen

Waschzwang leidet. Sofort, nachdem ich ihm die Hand zum Gruß gereicht hatte und die er nur sehr widerwillig entgegennahm, entfernte er sich. Suchte offenbar ein Badezimmer auf. Ich hörte Wasser laufen. Er wusch sich die Hände. Und dann schlug etwas krachend auf harten Untergrund. Kurze Zeit später erschien Ziethlow wieder. Seine rechte Hand sah ganz seltsam aus. Rot, blutunterlaufen."

„Also doch!", sage Rosemarie Wedding.

„Was soll das heißen: also doch?"

„Meine beste Freundin, die Isabell von Funk, erzählte mir vor einiger Zeit von diesem Waschtick. Ziehtlow habe panische Angst davor, dass fremde Bakterien und anderes Getier sich über seinen Körper verbreiten könnten. Deshalb gebe er Menschen nur äußerst selten die Hand. Nicht einmal mit Handschuhen tue er das gern. Wenn sich ein Händedruck nicht vermeiden lasse, laufe er anschließend sofort ins Bad, um sich geradezu exzessiv die Hände zu waschen. Danach schlage er meist seine Rechte mit dem Handrücken und mit voller Wucht auf einen Tisch, eine Ablage oder etwas Ähnliches. Das muss mordsmäßig weh tun."

„Au, verflucht, das ist ja eine gefährliche Macke", meinte Kröger.

„Ronald Karl-Gerd von Going soll auch nicht besonders einfach sein", sagte Frau Wedding, „wenn sie wollen, können Sie heute zum Kaffeetrinken bei ihm vorbeischauen. Wohnt in so einem seltsamen Haus, an dem außen alle möglichen Hirsch- und Rehgeweihe angebracht sind. Und Jagdmotive in Sandstein gemeißelt. Von Going ist ein passionierter Jäger. Wäre schön, wenn Sie auf diesem Gebiet mitreden könnten. Dann haben Sie Gemeinsamkeiten und werden schneller warm miteinander!“

„Ich denke mal, dass von Going in erster Linie Tiere jagt. Ich beschäftige mich ja eher mit der Jagd auf Menschen.“

„Das klingt ja schrecklich, Herr Kröger! So, als würden Sie Ihr spezielles Wild ebenfalls abknallen.“

„Mein Wild schießt zurück, Frau Wedding. Das ist viel gefährlicher.“

Nach einer kurzen Pause fragte Rosemarie Wedding: „Können Sie eigentlich tanzen, Herr Kröger?“

„Was meinen Sie? Standard, Latin, Jitterbug?“

„Na, ich denke, in erster Linie Jitterbug.“

„Hören Sie, Frau Wedding! Mein zweiter Vorname ist Jitterbug!“

„Na, wenn das so ist, dann können Sie mich ja heute Abend ausführen. Hätten Sie Lust und Zeit?“

„Na, aber sicher!“

„Ziehen Sie Ihre Dancing-Shoes an.“

Wie Rosemarie Wedding es mit von Going vereinbart hatte, stand Harry Kröger kurze Zeit später vor der Eingangstür eines mit Jagdtrophäen geschmückten und verzierten großen, zweiflügeligen Hauses in der Trabener Straße in Halensee. Es mochte aus der Gründerzeit stammen. Allzu genau kannte sich Kröger mit Baustilen und ihren jeweiligen Epochen jedoch nicht aus. Das Ganze machte einen irgendwie pathologischen Eindruck. Nichts gegen das vollkommene Aufgehen für ein Steckenpferd. Aber dies hier war eindeutig zu viel des Guten. Nicht ein Quadratzentimer der Straßenfront, den nicht mindestens das Geweih eines Rehbocks schmückte.

Kröger drückte auf den Klingelknopf. Nach kurzer Zeit öffnete ein distinguierter, kahlköpfiger Herr unbestimmten Alters in weißem Oberhemd und längsgestreifter Weste darüber. An den Händen trug er weiße Leinenhandschuhe.

„Sie wünschen, mein Herr?", fragte er. Und tatsächlich, man hörte am starken Akzent, dass er offenbar englischer Muttersprachler war. Ein tatsächlicher, echter britischer Butler!

Kröger stellte sich vor, überreichte seine Visitenkarte und erwähnte den Termin, den Rosemarie Wedding mit Ronald Karl-Gerd von Going vereinbart hatte. Der Butler bat ihn herein.

Innen war es dunkel. Auch im Treppenhaus hingen an den Wänden unzählige Geweihe von Hirschen, Elchen und anderem Getier. Es gab Stoßzähne von Elefanten und ausgestopfte Tiger- und Löwenköpfe, dazwischen die gewaltigen Schädel von Keilern und Bären.

Der Butler öffnete eine Tür und bedeutete Kröger, einzutreten. „Warten Sie hier bitte einen Moment, mein Herr! Ich melde Sie bei Herrn von Going an."

Der Raum war fast so groß wie die Bibliothek der Weddings. Auch hier war die vorherrschende Farbe dunkles, fast schon schwarzes Braun. An den Wänden hingen, wie nicht anders zu erwarten, weitere Jagdtrophäen. Die Tür in der gegenüberliegenden Wand öffnete sich und herein trat ein fast ebenso großer und kräftiger Mann wie Hans von Ziehtlow. Allerdings etwas jünger. Er trug einen dunkelgrauen und tadellos sitzenden Nadelstreifenanzug von italienischem Zuschnitt. Seine Haare waren schwarz, seine Gesichtshaut gebräunt. Mit einem breiten Lächeln, das schneeweiße Zähne sehen ließ, kam er mit ausgestreckter Hand auf Kröger zu.

„Herr Kröger? Mein Name ist Going. Ich begrüße Sie!“, sagte er mit kräftiger, sonorer Stimme, flankiert von einem kräftigen Händedruck.

Harald Kröger stellte sich ebenfalls noch einmal vor. Von Going bot ihm einen Platz an einem gewaltigen, langen Konferenztisch an, der mitten im Raum stand. Er selbst nahm ebenfalls Platz und reichte Zigaretten und Zigarren. Der Butler kam herein, fragte nach Getränkewünschen. Kröger nahm eine der teuren kubanischen Zigarren, lehnte aber ein Getränk dankend ab.

„Was kann ich für Sie tun, Herr Kröger?“, fragte Ronald Karl-Gerd von Going in aufgeräumten Tonfall.

„Es geht um den Tod von Dr. Franz Wedding und seinem Fahrer Otto Dahlmann.“

„Ja, das ist eine ganz tragische Geschichte. Ich kannte ja den Franz recht gut. Und auch Herrn Dahlmann.“

„Sie wissen sicherlich auch von Rosemarie Wedding, dass ich in ihrem Auftrag nach dem Mörder von Herrn Wedding fahnde?“

„Wie ich hörte, handelt es sich doch gar nicht um

einen Mord, oder? Allenfalls Selbstmord. Am wahrscheinlichsten scheint mir selbst die versehentliche Überdosierung des Morphiums."

„Gewisse Details am Tatort haben in mir jedoch die Überzeugung reifen lassen, dass es sich um Mord handelt. Meine ehemaligen Kolleginnen und Kollegen von der Polizei sehen das leider noch nicht so."

„So, so, Mord also? Glauben Sie? Warum sollte jemand Franz Wedding umbringen?"

„Weil er zehn Millionen Mark in bar mit sich führte, die Gelder Ihres `Sparvereins´. Und eine bestimmte, offenbar wertvolle Karte, eine Landkarte. Wedding war an der Reihe mit der Umlagerung dieser Dinge in ein anderes Schließfach. Und dieses viele Geld und die Karte wollte jemand haben."

„Teufel, woher wissen Sie denn vom `Sparverein´? Wer hat Ihnen davon erzählt?"

„Ist unerheblich, Herr von Going! Ich werde mittlerweile bedroht, weil irgendjemand offenbar glaubt, ich hätte die Karte an mich gebracht."

„Sie werden bedroht? Von wem? Doch nicht etwa von Mitgliedern des Vereins?"

„Nein, nicht direkt von den Mitgliedern, sondern von einem Killer. Ich vermute aber, dass er seinen Auftrag von Mitgliedern des Sparvereins bekam."

„Das ist aber eine sehr schwerwiegende Anschuldigung, Herr Kröger! Wissen Sie denn genau, was Sie da sagen? Ich selbst habe noch niemals einen Auftragsmörder angeheuert und werde das auch zukünftig unterlassen." Von Going atmete tief ein.

„Nun, das ist sehr unerfreulich für Sie, Herr Kröger“, fuhr er fort, „ich finde Ihre Anschuldigungen allerdings geradezu ungeheuerlich und würde Sie am liebsten hinauswerfen lassen. Doch ich neige nicht zu unkontrollierten Gewaltausbrüchen und versuche, allen zu helfen, wenn ich nur kann. Was soll ich also für Sie tun, Herr Kröger? Was wünschen Sie?“

„Ich benötige Hinweise. Wer könnte als Mörder von Franz Wedding in Betracht kommen? Wer könnte die Karte an sich genommen haben?“

Nach dieser Rede konnte Kröger förmlich sehen, wie sich von Going zurückzog.

„Woher sollte ich wissen, wer die Täter sind oder sein könnten? Ich müsste ja unverschämte Unterstellungen aussprechen, die mir gesellschaftlich außerordentlich schaden würden. Und, überhaupt, Sie erzählen mir hier, dass Sie den Täter suchen. Vielleicht sind Sie es ja selbst und wollen davon nur ablenken!“

„Ich kann nur hoffen, dass Sie mir glauben. Beweise für meine Unschuld habe ich nicht, genau so wenig, wie ich Belege für die Theorie vom Raubmord habe.“

„Wie kommen Sie eigentlich darauf, dass Franz Wedding tatsächlich ermordet wurde?“, fragte von Going.

„Die Morphium-Spitze steckte im falschen Arm. Er war Linkshänder. Folglich hätte er mit der Linken die Spritze gehalten und in den rechten Arm gestochen. Der Mörder hatte das nicht bedacht. Die leere Kanüle saß in einer der linken Armvenen.“

„Vielleicht konnte Franz Wedding ja mit beiden Händen gleich gut agieren?“

„Könnte sein. Aber so etwas Diffiziles wie eine Spritze setzen, das macht man doch sicher nur mit der sichersten Hand, oder?“

„Und das ist Ihr einziger Anhaltspunkt für einen Mord?“

„Und das fehlende Geld und die Karte. Also ein Raubmord.“

„Nun gut“, meinte von Going, „unsere zehn Millionen sind verschwunden! Ich bereue das gar nicht einmal so, Herr Kröger. Denn, obwohl das Geld in einen Topf geworfen wurde und für alle da sein sollte, gab es immer einige aus dem Verein, die sich unverhältnismäßig mehr daraus bedienten. Die führten ein Leben in Saus und Braus. So etwas kostet natürlich richtig viel Geld. Diese großen Entnahmen machten die weniger Anspruchsvollen natürlich stinksauer.“

„Gehörte denn Franz Wedding zu denen, die sich häufig daraus bedienten?“

„Das kann man wohl sagen!“

„Gab es denn intern, also innerhalb des Sparvereins, keine Kontrollinstanz? Jemand, der darüber wachte, dass ein gewisses Gleichgewicht gewahrt blieb?“

„Doch, natürlich, da gab es jemanden. Und auf den war und ist hundertprozentig Verlass. Der hat mehrmals Franz Wedding zur Ordnung gerufen. Aber Franz hat sich nicht viel darum gekümmert.“

„Und dann war Wedding eines Tages plötzlich tot! Bestraft für seine Gier.“

„Bitte, Herr Kröger! Sie stellen sich unsere Gemeinschaft offenbar als Mafia-Organisation vor, die unliebsame Mitglieder einfach umlegt.“

„Wie sollte ich mir den Sparverein denn vorstellen?"

Ronald Karl-Gerd von Going schwieg und schaute Harry Kröger nur an. Es verging eine Weile.

Dann sagte Kröger: „Ich stelle mir gerade vor, ebenfalls Mitglied des Sparvereins zu sein. Ich glaube, ich wäre wahrscheinlich ausgesprochen ungehalten, wenn jemand von dem gemeinsam erwirtschafteten Geld deutlich mehr nimmt, als er hineintat!"

„Na, was heißt schon `gemeinsam erwirtschaftet´."

„Wie meinen Sie das?", fragte Kröger.

„Ach, Sie wissen gar nicht, wie diese gewaltigen Beträge zusammenkamen?"

„Na, ich denke, jedes Mitglied legte da so viel vom eigenen Gewinn hinein, wie es glaubte, entbehren zu können. Möglicherweise gab es eine Mindesteinlage, je nach Größe und Liquidität des Unternehmens."

„Ja, gewisse Regeln gab es. Eine Mindesteinlage auch." Wieder entstand eine Pause.

„Und, wie kamen die Gelder zusammen? Waren das keine Gewinne der beteiligten Unternehmer?"

„Sagen Sie, Herr Kröger, kennen Sie sich ein wenig in der Bundespolitik aus?"

Harry Kröger war verunsichert, da er nicht wusste, was diese Frage jetzt und hier bezwecken sollte. Wollte von Going das Thema wechseln?

„Nun, ja, ein wenig", antwortete Kröger, „was man so im Radio hört und in den Zeitungen liest."

„Sagt Ihnen das so genannte `Erste Wohnungsbaugesetz´ aus dem Jahre 1950 etwas?"

Kröger überlegte: „Also, wenn ich ehrlich bin, nicht besonders viel. Worauf wollen Sie hinaus?"

„Dieses Gesetz sieht umfangreiche öffentliche Förderungen für den Sozialen Wohnungsbau vor. Hier in der Stadt ist die Wohnungsnot ja riesengroß. Jeden Monat kommen an die dreißigtausend Flüchtlinge aus der Ostzone zu uns. Oder aus der Deutschen Demokratischen Republik, wenn Ihnen die Bezeichnung lieber sein sollte. Und dagegen wird angebaut, mit Hilfe des Staates. Sie würden sich wundern, wie viele Mitglieder des Sparvereins etwas im engeren oder weiteren Sinne mit der Bauwirtschaft zu tun haben."

„Verstehe, Herr von Going. Die Bauunternehmen haben sicherlich von diesem Gesetz und den gezahlten Beihilfen stark profitiert."

„Stark profitiert ist sehr vornehm und zurückhaltend ausgedrückt, Herr Kröger! Für die Bauunternehmen floss und fließt das Geld in Strömen. Man muss nur die Hände aufhalten, mehr nicht. Man braucht noch nicht einmal zu bauen. Bauanträge reichen schon. Das geht natürlich zu Lasten der Flüchtlinge. So leben bis heute viele Hinzugezogene immer noch in Notunterkünften. Der Wohnungsmangel wird also künstlich großgehalten."

„Sie sind nicht besonders gut auf diese Leute zu sprechen, oder?"

„Moralisch gesehen ist es eine Riesensauerei. Ich kann es einfach nicht glauben, wie leicht es der Staat einigen macht, an Steuergelder zu kommen. Als würde er Lizenzen zum Gelddrucken ausstellen."

Die beiden Männer sahen sich stumm an und pafften den Rauch ihrer Zigarren. Hier und dort bildeten sich Ringe.

„Dann hatte also auch die Wedding-Bau AG so eine Lizenz zum Gelddrucken?“

„Hatte sie.“

„Und, gab es bei diesem Unternehmen Unregelmäßigkeiten? Hielt sie den Wohnungsmarkt absichtlich klein? Hat sie auch für Bauanträge Fördergelder kassiert?“

„Natürlich.“

„Wer stellte denn solche Bauanträge? Kann es sein, dass die Chefetage dafür zuständig war?“

„Wer sonst?“

„Das hieße doch aber auch, dass Franz Wedding eine ganze Menge in den Topf des Sparvereins einzahlte. Berechtigte ihn das nicht zu außerordentlich hohen Entnahmen?“

„Nur dann, wenn seine Einzahlungen, seine Leistungen in den Topf auch außerordentlich hoch gewesen wären. Das waren sie aber nicht.“

„Ein Schnorrer und Geizkragen also. Herr von Going, diese Vorgänge sollten doch mit Sicherheit abgestellt werden. Was hat man getan, um Wedding zur Ordnung zu rufen?“

„Wir haben ihn mehrfach verwarnt. Haben gesagt, dass er aus dem Sparverein hinausfliegen würde, wenn er sich nicht mäßigen könne. Da hat er nur gelacht und gesagt, dass er in einem solchen Fall die Polizei über die Machenschaften der Bauunternehmer im Sparverein in Kenntnis setzen würde.“

„Aber damit hätte er sich doch auch selbst geschadet.“

„Das ist richtig. Das schien ihm aber egal zu sein.“

„Herr von Going, diese Sachverhalte geben für mich ein wunderschönes Mordmotiv ab."

„Wie ich schon sagte, Herr Kröger: Viele der Mitglieder des Sparvereins sind mir in Freundschaft verbunden. Für sie würde ich meine Hand ins Feuer legen. Völlig unmöglich, dass die jemanden aus besagten Gründen umbringen würden. Es ist eine wirkliche Beleidigung, so etwas zu unterstellen."

„Ich will niemanden beleidigen, sondern Sie lediglich zu einem Gedankenexperiment auffordern!"

„Gut, nun, es war und ist zwar wirklich absurd. Also – wir wären sicherlich schon irgendwie mit Wedding fertig geworden. Auf ganz legalem Wege. Ohne ihn umzubringen. Gott bewahre! Ich habe mir nämlich einen Rest von Anstand erhalten und verfüge über keinerlei kriminelle Eigenschaften oder Bedürfnisse!"

Kröger versuchte es noch einmal: „Können Sie mir erklären, warum man einem solch unsicheren Kantonisten, wie Franz Wedding einer war, mit der höchst diffizilen Aufgabe betraute, das Bargeld samt der Karte aus dem Schließfach an sich zu nehmen und umzulagern? Ausgerechnet zu einem Zeitpunkt, an dem der Sparverein ihm mit Rauswurf drohte und Wedding wiederum damit, die Polizei zu informieren? Das ist für mich ausgesprochen schwer zu verstehen."

„Nun, er war einfach an der Reihe."

„Wissen Sie was? In meinem Polizeidienst habe ich gelernt, dass Gelegenheit Diebe macht. Wer einem `Süchtigen´, wie Franz Wedding es mit Sicherheit war, unter den gegebenen Umständen so viel Bares anvertraute, der spekulierte entweder auf dessen Fehltritt oder war blauäugig bis zur Schmerzgrenze. Und hat es im Grunde nicht anders verdient, als dass das Geld gestohlen wurde.“

„Herr Kröger, ich kann Ihre Reden nicht länger ertragen. Sehen so Ihre Ermittlungsmethoden aus? Leute beleidigen, um zu sehen, wie sie reagieren?“

Plötzlich stand von Going auf.

„So, mein lieber Herr Kröger, genug geplaudert. Ich muss weiter meinem Broterwerb nachgehen. Hat mich sehr gefreut. Mein Butler wird Sie nach draußen begleiten.“

Von Going klingelte mit einer Handglocke, die auf dem Rauchtischchen stand. Sofort danach erschien der Hausbedienstete.

„Würden Sie bitte Herrn Kröger bis zur Tür geleiten?“

„Selbstverständlich Herr von Going!“

Draußen vor der Tür nahm sich Kröger vor, an seiner Gesprächsführung zu arbeiten. Gerade die Menschen mit viel Geld im Rücken waren offenbar besonders empfindlich.

Rock´n´Roll!

Um zwanzig Uhr standen Rosemarie Wedding und Harald Kröger in einer langen Schlange vor dem Offizierskasino der Berlin Brigade, dem Harnack House. Wie gefordert, hatte Kröger sich seine Schuhe angezogen, in denen er am besten das Tanzbein schwingen konnte. Dazu den schwarzen obligatorischen Rollkragenpulli aus irgendeinem künstlichen Material, in dem er fürchterlich schwitzen würde. Und seine Blue Jeans, die hierzulande auch `Nietenhose´ genannt wurde. Meist wegen ihres menschlichen Inhalts und nicht etwa der Tatsache geschuldet, dass die stark belasteten Nähte mit Metallnieten verstärkt waren. Die Altvorderen lehnten diese Art der Beinbekleidung meist rundweg als zu amerikanisch ab.

Auch Rosemarie Wedding hatte ihre Tanzschuhe an, ganz flache Slipper. Ansonsten trug sie ein schwarzes, mit bunten Blumen bedrucktes Kleid, das ganz auf Taille gearbeitet war und darunter, durch mehrere Schichten Petticoats unterstützt, in einen weit schwingenden Rock überging. Ihr Lippenstift war rot und glänzte wie die Sünde. Ansonsten trug sie wenig Schmuck.

„Die behindern nur beim Tanzen“, sagte sie, als Kröger fragte, wo ihre zahlreichen klappernden Armreifen seien.

An der Eingangstür standen zwei junge Soldaten, die den Eintritt kassierten und den Einlass überwachten. Sie begrüßten Rosemarie Wedding voller Freude.

„Hi, guys! Everything okay?", fragte sie die beiden.

„When you´re around, the party will be a success!", antwortete einer von ihnen.

Dann fragte der andere, wobei er auf Kröger wies: „What about this guy, Rosy? Is he a service-man?"

„No, Eli, he´s a german friend of mine and a very good dancer! I want to show him one of your great parties! Is it possible?"

„Okay, sure, it is!", sagte Eli, obwohl in seinem Blick auf Kröger leichte Skepsis zu erkennen war.

Harry Kröger wollte für beide den Eintritt übernehmen, musste jedoch nur für sich zahlen. Frau Wedding kam umsonst hinein.

„So, Rosy nennt man Sie also hier?"

„Nennen Sie mich doch auch Rosy! Und wir sollten uns endlich duzen, immerhin haben wir uns ja schon geküsst!"

„Alles klar, Rosy. Ich bin Harry."

„Hallo, Harry!"

„Wie kommt es, dass Sie, äh, du hier so bekannt bist?"

„Wer hier in dieser Stadt die wirklich angesagte Musik hören will und gerne abhottet, dem bleibt nichts anderes übrig, als zu den Amis zu gehen."

„Und so toll aussehende Frauen wie dich lassen sie hier immer gern hinein, oder?"

„Oh, ein Kompliment! Danke, Harry", Rosemarie Wedding hakte sich bei ihm ein. Sie gingen durch den Vorraum mit den Garderoben und betraten den Saal. Auf diesen wenigen Metern war Rosemarie von sechs verschiedenen Männern und zwei Frauen gegrüßt worden. Freundlich und charmant hatte sie für jeden ein gutes Wort übrig.

Der große Saal war etwas nachlässig mit ein paar Girlanden und Luftballons geschmückt. `Die Amis nehmen´s einfach nicht so genau´, dachte Harry, als er das sah. Er wusste, dass es Ihnen auf das Wesentliche ankam: gute Musik und Alkohol. Und dafür schien bestens gesorgt.

Gegenüber, auf der Bühne, bezog eine Bigband gerade Stellung. Die Musiker trugen allesamt Uniformen. Ihre etwas zu bleichen Gestalten und frettchenhaften und aggressiven Gesichter machten jedoch deutlich, dass hier heute keine Polkas erklingen würden.

Links und rechts an den Seitenwänden befand sich je eine lange Theke. Rechts konnten Longdrinks, Whiskeys und Schnäpse geordert werden, auf der anderen Seite gab es Bier und Wein. Tische waren nicht vorgesehen, nur ein paar Stühle. Hier sollte getanzt werden, nicht herumgesessen.

Ein Trommelwirbel war zu hören. Dann betrat der Bandleader die Bühne, ein riesiger Schwarzer, beeindruckend in seiner massigen Gestalt, ging ans Mikrophon und verkündete: „Okay, guys and dolls! Let´s get started!“

Der Saal kreischte und johlte. Der Bandleader drehte sich um, setzte sich an den gewaltigen Flügel, von dem man den Deckel entfernt und ein Mikrophon hineingehängt hatte.

Und dann legte er los. Es begann nur mit dem Piano, ein langsamer Boogie, sehr bluesig. Das Publikum war so aufgeladen und voller Energie und Erwartung, dass die ersten Paare schon jetzt zu tanzen begannen. Die Atmosphäre knisterte vor Kraft und Erotik. Die meisten anderen Gäste schnippten mit den Fingern den Rhythmus oder klopften mit dem Fuß den Takt mit.

„Nicht schlecht, Rosy!“

„Ich sag´s ja!“ Rosemarie lachte ihn an. Was für ein Lachen! Darin lag Verheißung, Offenbarung. Aber nur für Erwachsene.

Das Piano-Spiel wurde schneller. Der Bandleader hämmerte mit der linken Hand eine der typischen Bassfiguren, wiederholte sie immer und immer wieder. Jetzt war schon die Hälfte der Gäste auf der Tanzfläche. An den Theken stürzten sich die Leute Biere und Longdrinks hinunter, um in Fahrt zu kommen.

„Wollen wir?“, fragte Rosemarie Wedding ihren Begleiter.

„Aber sicher“, antwortete Harry Kröger. Sie enterten die Tanzfläche. Ganz vorn, in der Nähe der Bühne, war noch etwas Platz.

Sie hielten sich die Hände und sie sah ihm tief in die Augen und begann sich im Takt der Musik zu bewegen. Der Bandleader schaute für einen kurzen Moment zu den beiden herunter, grinste, lachte. Er legte noch einen Zahn zu, wurde noch schneller. Er schien zu wissen, wo Bartels den Most holte, wo der Frosch die Locken hatte und wo der Hammer hing. Alles, was die anderen Männer im Saal konnten – er konnte es mit Sicherheit besser.

Rosemarie Wedding und Harry Kröger zeigten sich unterdessen schon einmal gegenseitig, was sie so drauf hatten. Nur ein klein wenig, nur in Ansätzen, um den Partner zu beeindrucken. Saubere Kicks mit dem rechten Fuß, wobei Rosemarie acht gab, dass ihre gebräunten, schlanken Beine zu sehen waren und gut zur Geltung kamen. Kröger ließ sie sich hin und wieder um die eigene Achse drehen, was sie mit kleinen, begeisterten Ausrufen, die wie „Hui" oder „Hu" klangen, quittierte.

Der Bandleader ließ nun Schlagzeug, Bass und Gitarre einsetzen. Kröger hatte das Gefühl, dass mehr Drive kaum noch möglich war. Der Saal kochte. Harry Kröger schnappte sich Rosy, zog sie an sich, sie lachte, stieß ihn wieder fort, das Spiel wiederholte sich.

Unvermittelt setzte die übrige Bigband ein. Die Trompeten, Posaunen und Saxophone spielten ihre Licks, messerscharf und mit so gewaltiger Lautstärke, dass die Paare am Bühnenrand mit Fönfrisuren nach Hause gehen würden.

„Verdammte Scheiße, das ist nicht schlecht!", hörte Kröger sich selbst das Geschehen kommentieren.

„Na, na!", rief ihn Rosy zur Ordnung.

Der Tenorsaxophonist erhob sich und setzte zu einem Solo an. Er röhrte, was das Zeug hielt, um dann die kreischenden Töne seines Horns in schwindelerregende Höhen zu treiben. Die Leute im Saal jubelten Beifall, pfiffen, schrien. Der Saxophonist fiel auf die Knie, seine Kanne röhrte. Dann lag er auf dem Rücken, spielte immer noch. Einige GIs stürmten zum

Bühnenrand, feuerten ihn an. Kröger und Rosemarie Wedding arbeiteten auf der Tanzfläche, als gäbe es kein Morgen. Aus der Sicht von Harry war der Abend schon jetzt eine runde Sache. Es konnte kaum noch besser werden.

Sie nahmen noch die nächsten beiden Stücke mit, legten dann eine Pause ein und steuerten die Longdrink-Bar an. Rosemarie Wedding war erhitzt und hatte rote Wangen bekommen, was ihr ganz vorzüglich stand. Das fand zumindest Harry Kröger. Sie bestellten sich jeder einen Wodka-Lemon und stürzten ihn hinunter. Dann noch einen zweiten. Den dritten nahmen sie mit zu einer der hohen Fensterbänke. Kröger griff Rosemarie Wedding mit beiden Händen an der Taille und setzte sie mit Schwung hinauf. Er lehnte sich neben sie an die Wand. Sie beobachteten das Treiben. Die Drinks taten ihre Wirkung.

Harry war glücklich. Er war hier mit einer der schönsten und begehrenswertesten Frauen der Stadt. Alle Männer schauten neidisch hinüber, bevor sie sich wieder ihren darüber nicht sehr erfreuten Begleiterinnen zuwandten. Diese schossen mit ihren Blicken Blitze des Hasses, Neids und der Verachtung auf Rosemarie ab. Die nahm das gelassen, weil sie es mittlerweile gewohnt war.

Für einen kurzen Moment kamen Harry Zweifel. War dieses Luxusgeschöpf Rosemarie Wedding auch wirklich sauber? Oder versuchte sie ihn, Harry, um den Finger zu wickeln, damit sie ihn auf irgendeine Weise als Werkzeug benutzen konnte? War sie vielleicht in die Fälle verstrickt?

Die männlichen Gäste des Tanzabends waren zum Teil in Zivil gekleidet, zum Teil trugen sie Uniform. Ein amerikanischer Offizier näherte sich und sprach Rosemarie lachend an: „Hi Rosy! Can I speak to you? Not for long!“

„Okay!“, antwortete sie und sprang von der Fensterbank herunter.

„Mit dem muss ich gerade ein paar Takte reden“, flüsterte sie in Harrys rechtes Ohr. Er spürte ihren warmen Atem. „Bin gleich zurück.“

Sie ging mit dem Offizier in den Eingangsbereich des Saals, dort, wo es nicht so laut war. Kröger beobachtete sie. Sie sprachen nur kurz miteinander. Es schien heftig zuzugehen. Rosemarie Wedding gestikulierte ausladend, er schien laut und erbost zu reden. Schließlich ließ sie ihn stehen, wo er stand und kam wieder zurück.

„Was für ein Idiot!“, schimpfte sie.

„Was war los? Soll ich hin und diesen Kerl für dich zusammenschlagen? Oder umlegen?“

„Danke, sehr lieb von dir. Aber das würde dich nur in Schwierigkeiten bringen. Es gäbe mit Sicherheit internationale Verwicklungen. Und die Amis würden dich hier nie lebend hinauslassen!“

„Über was habt ihr denn gesprochen? Eure Unterredung sah von hier ziemlich seltsam aus. Als hättet ihr euch gestritten.“

„Haben wir auch. Das war Nigel Gardiner, ein ziemlich hohes Tier bei der Berlin Brigade. Er und seine Offizierskameraden haben sich da in etwas verstiegen und gehen mir damit immer ordentlich auf den Wecker, wenn ich mal hier bin. Mein ehemaliger Mann hat denen einmal erzählt, dass es hier in der Gegend so eine Art Nazi-Schatz gibt. Und diese Trottel glauben das. Felsenfest! In ganz Deutschland gibt es mindestens eintausend Leute, die angeblich wissen, wo sich ein Nazi-Schatz befindet."

„Das können die ja gern glauben. Und vielleicht existiert auch tatsächlich irgendwo einer. Aber was hast du damit zu tun? Weshalb solltest gerade du näher darüber Bescheid wissen?"

„Gute Frage. Mich erkennen Sie als das Anhängsel, beziehungsweise die Frau von Franz Wedding und denken, dass ich deshalb von diesem Quatsch genauso viel Ahnung hätte."

„Weißt du denn, von wem dein Mann von diesem vermeintlichen Schatz erfahren hat?"

„Nicht die Bohne! Jetzt, wo ich höre, dass er Mitglied dieses seltsamen Sparvereins gewesen ist, könnte ich mir gut vorstellen, dass in diesen Kreisen darüber gesprochen wurde. – Lass uns tanzen, Harry!"

Kaum hatten Rosy und Harry die Tanzfläche betreten, hörte das gerade gespielte Stück auf und die Band begann, eine Ballade zu spielen. Jetzt war Klammern angesagt. Rosy legte den linken Arm um den Hals von Harry, während er mit dem rechten Arm um ihre Taille griff. Sie drückte sich an ihn. Es gab Unangenehmeres auf der Welt.

Sie bewegten sich sehr langsam. Dann legte sie den prachtvollen blonden Kopf zurück und schaute ihn mit einer Mischung aus Spott und Herausforderung an. Kröger dachte plötzlich an ein Gedicht von

Francois Villon. Darin sagt dieser an einer Stelle zu einer schönen Frau: `Nun nimm ihn schon den Schnabel und probier´. Der Blick von Rosemarie Wedding schien das auch zu sagen. Kröger ließ sich nicht lange bitten. Er küsste den feuerroten Mund und sie küsste zurück.

Beide drehten noch ein paar Runden und verließen dann die Veranstaltung. Sie fuhren mit dem Taxi zu Rosemarie Wedding und tranken dort noch eine Flasche Champagner, die Rosy selbst aus dem Weinkeller holte, da sie Hendrik nicht damit behelligen wollte.

„Sag mal, Harry", fragte Rosy, „wie wär´s mit einer Führung durch das Haus? Ist wirklich sehenswert."

„Gern!", antwortete Harry, „ich brenne förmlich darauf, dein kleines Schloss näher kennen zu lernen."

„Okay! Ich denke, wir fangen mit den Schlafzimmern an", meinte Rosy.

„Gute Idee", sagte Harry Kröger.

Die Führung endete schnell. Und zwar dort, wo sie eigentlich beginnen sollte, im Schlafzimmer.

Der Stararchitekt

Harry Kröger hatte Rosemarie Wedding ohne zu frühstücken sehr früh am Morgen wieder verlassen. Er wollte nicht, dass der eifersüchtige Hendrik sie beide zusammen sah und möglicherweise für Ärger sorgte. Rosemarie Wedding verstand das nicht, fügte sich aber dennoch Harrys Wunsch.

In seiner Wohnung in der Utrechter Straße machte sich Harry ein englisches Frühstück, toastete Weißbrot, briet Spiegeleier und Tomaten und ein paar Speckscheiben. Dazu ein paar weiße Bohnen in Tomatensauce als Beilage. Diese Art zu essen hatte er in britischer Kriegsgefangenschaft kennen und schätzen gelernt. Auch, wenn es ein solch opulentes Essen damals nur insgesamt zweimal gegeben hatte. Ein Earl Grey-Tee rundete die Mahlzeit ab. Anschließend zog er sich aus dem Zigarettenautomaten auf der anderen Straßenseite ein Päckchen Overstolz, seine Lieblingsmarke.

Es war fast neun Uhr, als das Telefon klingelte.

„Hallo, Harry, hier ist dein alter Kollege Peter." Es war Peter Schabowski von der Kripo.

„Schönen Guten Morgen, Peter! Was verschafft mir die Ehre? Rufst du im Auftrag von Eisleben an? Oder willst du dich erkundigen, ob mich Dusic noch einmal besucht hat?"

„Nein, nein, ganz aus freien Stücken. Ich bin auch noch zu Hause. Wollte dir nur ein kleine Mitteilung machen."

„Das hört sich spannend an. Leg los!"

„Neues über Franz Wedding. Wir haben erfahren, dass er in den Wochen vor seinem Tod mit der Bauaufsicht in Konflikt geraten war.“

„Interessant! Was hat er denn verbrochen?“

„Er soll Gelder veruntreut haben. Seit dem `Ersten Wohnungsbaugesetz´ von 1950 bekamen ja die Baugesellschaften Unsummen an günstigen Krediten und freien Leistungen vom Staat und haben damit diese ganzen Sozialwohnungen in Auftrag gegeben. Die Firma Wedding-Bau war eine der ganz großen Nutznießer dieser Auftragsflut.“

„Das ist jetzt nicht unbedingt etwas ganz Neues, Peter!“

„Wart´s ab! Wedding soll ganz billige Baumaterialien eingekauft und zudem noch mit diesem Zeug überaus sparsam umgegangen sein. Die Rechnungen an die Baugesellschaften wiederum waren jedoch gepfeffert. Das ist über Jahre so gelaufen. Die Differenz aus den übertrieben hohen Rechnungen und dem dafür tatsächlich eingekauften und verbauten Schrott hat Wedding auf diversen Auslandskonten untergebracht.“

„Schau an, schau an! Wie seid ihr denn diesen Dingen auf die Spur gekommen?“

„Anonym. Irgendein Informant, der seinen Namen nicht nennen wollte. Nach einer ersten Überprüfung stellte sich heraus, dass er Recht hatte.“

„Und wie geht´s jetzt weiter?“

„Wir vermuten natürlich einen Zusammenhang zwischen Weddings Tod und den finanziellen Unregelmäßigkeiten.“

„Was meinst du damit? Dass ihr jetzt endlich und

richtigerweise davon ausgeht, dass Franz Wedding ermordet wurde?“

„Könnte doch sein! Von irgendeinem, dem Weddings Finanzgebaren überhaupt nicht in den Kram passte. Der von ihm betrogen worden war. Was weiß ich!“

„Geht Eisleben auch davon aus?“

„Da ist noch Überzeugungsarbeit zu leisten. Er bleibt bei der versehentlichen Überdosierung. Es sind ja auch keine anderen Anhaltspunkte zu finden gewesen.“

„Na, ja, doch, eigentlich schon!“

„Tatsächlich? Komm, Harry, eine Hand wäscht die andere! Was vermutest du?“

Kröger erzählte seinem ehemaligen Kollegen Schabowski von der Tatsache, dass Wedding Linkshänder war, die Spritze aber im linken Arm steckte.

„Da hat der Mörder nicht aufgepasst und die ganze Szene falsch arrangiert!“

„Mann, dass wir so etwas Naheliegendes nicht sofort überprüft haben! Unverzeihlich!“

„Kannst dir jetzt gegenüber Eisleben neue Sporen verdienen, indem du ihm meine Mordthese als deine eigene ausgibst.“

„Woher weißt du das denn mit der Linkshändigkeit?“

„Na, von wem wohl? Von Rosemarie Wedding natürlich! Die hättet ihr natürlich auch selbst fragen können. – War Franz Wedding der Einzige, der auf die eben beschriebene Weise Gelder auf die Seite geschafft hat?“

„Oh, nein, unser anonymer Anrufer hat noch eine

Anzahl anderer Baufirmen erwähnt, die ähnlich korrupt sind. Die werden wir uns der Reihe nach vorknöpfen."

„Ist Rosemarie Wedding in diese Geschäfte irgendwie verwickelt?"

„Wissen wir noch nicht. Sie macht ja einen ganz unschuldigen Eindruck."

„Tatsächlich? Wisst ihr schon Neues im Zusammenhang mit der Ermordung von Dahlmann und der Familie Petrovic?"

„Nee, nix Neues!", antwortete Schabowski.

„Sag mal, ganz blöde Frage: Habt ihr mal etwas von einem Nazi-Schatz gehört, der hier irgendwo versteckt sein soll?"

„Hä, wie kommst du denn jetzt da drauf? Ein Nazi-Schatz? Hier? Mann, Harry, du kennst doch die Geschichten. Jede Gemeinde, in deren Nähe ein kleiner Tümpel oder ein See ist, glaubt doch, dass dort ein Nazi-Schatz versenkt wurde. Das Gold der Reichsbank, den Juden abgenommen. Solche Geschichten! Na, und hier in der ehemaligen Reichshauptstadt! Da käme ja jedes Trümmergrundstück infrage!"

„Ist egal! Hör dich doch mal um. Aber bitte so, dass Eisleben nichts merkt."

„Wird gemacht, Harry. Sonst alles in Ordnung bei dir?"

„Geht so. Muss auf Schritt und Tritt damit rechnen, dass Dusic auf mich schießt. Oder mir wieder was abschneiden will."

„Blöde Geschichte."

„Das kannst du laut sagen!"

Um elf Uhr vormittags war Harrys Termin bei Professor Dr. Ferdinand Berkenkamp, einem weiteren Mitglied des Sparvereins. Berkenkamp war schon längst einer der berühmtesten Architekten weit und breit. Nach seinen Vorstellungen sollten in und vor den Toren Berlins ganze Trabantenstädte des sozialen Wohnungsbaus entstehen.

Über Berkenkamps Pläne war in den Zeitungen, im Rundfunk, in der Wochenschau und im Fernsehen enthusiastisch berichtet worden. Die Lobeshymnen auf die bereits vorliegenden Ausarbeitungen wollten nicht enden, die eine vollkommen autogerechte Stadt vorsahen. Harry Kröger grinste, als er daran dachte. Autos würden die dort Wohnenden wirklich brauchen, denn die neuen Siedlungen lagen so weit vom Stadtzentrum entfernt, dass man zu Fuß, also mit Bus und Bahn, sehr lange unterwegs sein würde, um einmal Großstadtluft zu schnuppern.

Die für die Trabantenstädte vorgesehenen Häuser sollten so ähnlich aussehen, wie jene, die unter anderem die Wedding-Bau AG im Stadtgebiet bereits hochgezogen hatte. Also reine Zweckbauten mit kleinen Wohneinheiten und niedrigem Komfort.

Kröger war gespannt, wie Ferdinand Berkenkamp wohnte. Er tippte darauf, dass dieser nicht in einem seiner Wohnsilos hauste, sondern wohl eher in einer hübschen Villa, die nicht allzu weit vom Zentrum entfernt lag. Er schaute auf die Adresse, die ihm Rosemarie Wedding aufgeschrieben hatte: Drakestraße 70 in Lichterfelde. Eine der besten Wohngegenden.

Einige Minuten vor elf Uhr stellte Harry Kröger

seinen Borgward vor dem Haus von Berkenkamp ab. Er hatte sich nicht getäuscht: es handelte sich um eine veritable Villa. Und sie unterschied sich deutlich von den phantasielosen Bauten in der Nachbarschaft, die nur protzig, sonst aber geschmacklos waren. Das oberste Geschoss bestimmte eine mächtige, verglaste Fläche, die schwindelerregend hoch in den Himmel ragend auf vier großen Stelzen ruhte. Die zwei unteren Stockwerke standen versetzt aufeinander. Es sah aus wie die Stufen einer gewaltigen Treppe.

Harry Kröger passierte das Gartentor und ging den langen Weg auf den Eingang zu. Er war sich sicher, dass er beobachtet wurde. Beim Haupteingang handelte es sich um ein großes Rechteck mit einer Tür aus matt poliertem Stahl. Es gab keinen Klingelknopf, sondern einen schweren silbernen Eisenring, den man etwas anheben und auf eine kleine Metallplatte schlagen musste. Das gab einen tiefen, donnernden Ton im Innern der Villa.

Ein großer und kräftiger junger Mann mit mächtigem, schwarzen Brillengestell auf der Nase und mit einem schwarzen Rollkragenpulli und einer ebenso schwarzen Hose bekleidet öffnete die Tür.

„Sie wünschen?“, fragte er mit einem stark südländischen Akzent. Kröger vermutete, dass er Spanier oder Portugiese war.

„Ich habe um elf Uhr einen Termin bei Professor Dr. Berkenkamp! Mein Name ist Kröger.“ Er reichte dem jungen Mann seine Visitenkarte.

„Um was geht es?“

„Herr Berkenkamp weiß Bescheid!“

„Werden Sie nicht frech, Bürschchen!“

„Glauben Sie mir, das möchten Sie nicht erleben, wenn ich frech werde.“

„Verschwinden Sie lieber, bevor ich Hackfleisch aus Ihnen mache!“

„Versuchen Sie´s lieber erst gar nicht. Würde Ihnen nicht gut bekommen!“

„Was ist denn da los?“, rief eine Stimme aus dem Hintergrund. Schritte kamen näher. Dann konnte Kröger hinter dem jungen Mann das Gesicht von Berkenkamp erkennen.

„Ernesto, pöbelst Du wieder unsere Gäste an?“, fragte er und schob ihn mit sanfter Gewalt zur Seite.

„Herr Kröger, nehme ich an?“, fragte Berkenkamp und reichte Kröger die Hand. Harry Kröger erschrak ein wenig. So klein hatte er sich den Architekten nicht vorgestellt. Wie kam es bloß, dass im Kino und auf Fotos die Menschen immer größer wirkten?

„Guten Tag, Herr Professor Berkenkamp“, sagte Kröger artig.

Er konnte Ferdinand Berkenkamps Alter nur schwer einschätzen. Er wirkte irgendwie alterslos. Die Haare waren braun und voll. Seine Kleidung hatte etwas überaus Jugendliches. Er trug Bluejeans und darüber ein Jackett aus feinem braunen Cord.

„Kommen Sie doch bitte herein, Herr Kröger“, bat der Architekt, „und entschuldigen Sie Ernestos Benehmen! Er neigt zuweilen zum Jähzorn, wie so viele junge Männer.“

„Ach, ja?“, fragte Kröger, während er zu Ernesto hinüberschaute.

Berkenkamp ging voran und führte Harry Kröger über zwei Treppen in den fast saalgroßen Raum mit der gewaltigen Fensterfront. Ernesto folgte ihnen.

„Ist ja schade, dass man von hier Ihre neue Wirkungsstätte, also das Gelände für die Trabantenstadt, nicht sehen kann“, meinte Kröger.

„Nicht so schlimm“, sagte Berkenkamp, „falls ich unbedingt einmal Selbstbestätigung brauche, greife ich zum Merian-Heft über New York. Dort gibt es große Projekte, die ich maßgeblich mitgestaltet habe. Oder ich schaue mir Pläne von Städten in Westdeutschland an. Dort finden sich überall meine Ideen realisiert.“

„Ach, ja, stimmt! Das sind die großen Siedlungen, die mit Leistungen nach dem Wohnungsbaugesetz zustande kamen. Sind ja nicht unumstritten.“

„Wie meinen Sie das?“, fragte Berkenkamp gelassen.

Kröger zog verwundert die Augenbrauen hoch: „Nun, das ging doch durch sämtliche Zeitungen, dass dort beim Bau arg gespart wurde. Vor drei Jahren hat es doch sogar einen Mieterstreik gegeben. Zu kleine Wohnungen, Feuchtigkeit, Schimmel, es regnet durch die Decke, Etagenklos, und so weiter und so fort.“

„Ich habe mich bei meinen Entwürfen an den Vorgaben der großen Baugesellschaften orientiert. Die haben das bekommen, was sie wollten.“

„Wollten sie das denn wirklich?“

„Herr Kröger, Frau Dr. Wedding hat diesen Termin für Sie gemacht. Sie sagte, es gehe um den Tod von Dr. Franz Wedding und ich möge Sie unbedingt empfangen. Was haben Sie für Fragen an mich? Oder wollen Sie mir Vorhaltungen für Dinge machen, für die ich nicht verantwortlich bin?“

„Ich bin auf der Suche nach dem Mörder von Franz Wedding.“

„Ich dachte, es sei kein Mord gewesen.“

„Doch, leider, es war Mord. Und Frau Dr. Wedding hat mich beauftragt, den oder die Mörder zu finden.“

Berkenkamp atmete schwer und machte einen angestrengten Gesichtsausdruck. Er bot Kröger einen Platz in einer Sitzgruppe an.

„Was darf ich Ihnen anbieten, Herr Kröger? Kaffee, Tee, Cognac?“

Harry Kröger entschied sich für Kaffee. Berkenkamp rief nach Ernesto und bestellte bei ihm den Kaffee. Der entfernte sich mit offensichtlichem Widerwillen und brachte nach kurzer Zeit ein Tablett mit einer Kanne, Tassen, Zucker und Milch.

„Danke, Ernesto. Du kannst Dich jetzt zurückziehen.“

Diese deutliche Degradierung zum Hausdiener vor den Augen des Gastes passte Ernesto nicht. Dennoch fügte er sich.

„Diese Südamerikaner! Immer so impulsiv und leicht beleidigt“, seufzte Berkenkamp, „aber ein Arsch wie ein junger Gott! Sehen Sie nur, Herr Kröger!“

„Männliche Hintern interessieren mich nicht besonders“, sagte Harry Kröger lapidar, „nur manchmal, wenn ich Lust habe, hineinzutreten.“

„Ich hab mir Ernesto von einer Brasilienreise mitgebracht. Wie Sie vielleicht wissen, bin ich beim Bau der neuen Hauptstadt Brasilia beteiligt."

„Ich weiß, Herr Professor Berkenkamp, ich weiß! Sie sind immerhin eines der kulturellen Aushängeschilder der jungen Bundesrepublik."

Berkenkamp schien nicht richtig zugehört zu haben.

„Ernesto arbeitete im jungen Brasilia als Stricher. Trieb sich immer in den Bars herum, in denen die reichen Europäer und Amis verkehrten. Hab mich sofort in ihn verliebt und ihm das Angebot gemacht, mit nach Europa zu kommen."

„Kostet Sie sicher ne Kleinigkeit, oder?", fragte Kröger.

„Ach, ich bitte Sie! Liebe ist niemals umsonst! Beziehungen muss man pflegen. Sowas kostet natürlich etwas."

Harry Kröger hatte einen Schluck Kaffee getrunken und die Tasse wieder abgesetzt.

„Darf ich rauchen?", fragte er.

Berkenkamp hatte nichts dagegen. Er nahm sich ebenfalls eine von Harrys Overstolz.

„Kannten Sie Dr. Wedding gut?", fragte Kröger schließlich.

„Meinen Sie, ob er ein Freund von mir war?"

Harry nickte.

„Nein, es war ein Bekannter. Ich fand ihn nie besonders sympathisch. Aber Rosemarie, seine Frau, mit der war ich eher auf einer Wellenlänge."

„Wie mir gesagt wurde, gehörten auch Sie zum \`Schwarzen Sparverein´. Das ist richtig, nicht wahr?"

„Ja, das stimmt! Wer erzählt Ihnen denn so etwas?

Das sollte doch eigentlich geheim bleiben."

„Irgendwann kommt alles ans Licht! Na, sagen wir: fast alles. Weiß ich noch von meiner Zeit bei der Polizei!"

„Na, schön. Ich bin im Sparverein, Franz Wedding war auch Mitglied. Und eine ganze Anzahl anderer. Was weiter?"

„Die Polizei hat Kenntnis davon, dass Dr. Franz Weddings Bauunternehmen weniger und billigeres Material beim Wohnungsbau verwendete, als schließlich und endlich mit dem Bauherren abgerechnet wurde."

„So, hat sie Kenntnis davon? Wer hat ihr das denn mitgeteilt?"

„Ein anonymer Anrufer, hieß es. Der hat auch gesagt, dass noch weitere Bauunternehmen in diesen Abrechnungsskandal verwickelt seien. Und diese und jene angesehene Privatperson."

Die letzte Information war ein Versuchsballon. Kröger wollte sehen, wie Berkenkamp darauf reagierte. Dieser schien vollkommen ungerührt.

„Und wenn es so war? Was kann ich in diesem Zusammenhang für Sie tun?"

„Mir mit Informationen weiterhelfen. Ich versuche, Licht ins Dunkel zu bringen. Franz Wedding war in mancherlei Hinsicht in kriminelle Machenschaften verwickelt. Erstens: Er kaufte und nahm illegale Drogen. Zweitens: Er hat offenbar die Einlagen des Sparvereins veruntreut. Oder jemand hat sie ihm gestohlen und ihn dafür umgebracht. Drittens: Wedding hat die Baugesellschaften betrogen, für die er tätig war. Aus diesen Tatsachen und Komplizenschaften könnten durchaus Mordmotive abgeleitet werden."

„Vergessen Sie Rosemarie Wedding nicht!"

„Warum? Hat sie denn ein Mordmotiv?"

„Na, Sie sind mir ja ein toller Ermittler! Bei ihr handelt es sich schließlich um die ständig betrogene Ehefrau. Wäre doch möglich, dass sie ihn umgelegt hat, um sich zu rächen und an die Kohle zu kommen."

„Sie sprechen aber nicht sehr rücksichtsvoll von Ihrer Freundin."

„Gott, sie war keine ausgesprochene Freundin von mir. Aber man konnte sich mit ihr unterhalten. Ganz im Gegensatz zu ihrem Mann. Das war ein arroganter Schnösel."

„Gut! Ich beziehe Frau Wedding in meinen Verdächtigenkreis also mit ein. Derselbe ist allerdings noch nicht besonders groß. So habe ich bisher nicht den geringsten Hinweis darauf bekommen, wer die Tat ausgeführt oder in Auftrag gegeben haben könnte."

„Und das wollen Sie jetzt von mir wissen? Verstehe ich Sie da richtig?"

„Genau! Ich benötige Hinweise. Irgendetwas, das mir weiterhilft."

„Gesetzt den Fall, ich wüsste, wer Franz Wedding auf dem Gewissen hat. Warum sollte ich Ihnen das sagen?"

„Um der Gerechtigkeit willen. Oder für Rosemarie Wedding. Oder, um wieder ruhig schlafen zu können."

„Meinen Sie, ich schlafe unruhig?"

„Keine Ahnung, Herr Professor Berkenkamp! Ich gehe aber davon aus, dass einige oder sogar alle Mitglieder des Sparvereins wissen, wer Wedding auf dem Gewissen hat. Ich würde darauf wetten, dass irgendjemand den Auftrag erhielt, ihn zu liquidieren. Und nun ist zwar Wedding tot, aber das Gestohlene bleibt verschwunden. Vielleicht hat es der Mörder an sich genommen. Es herrscht schlechte Laune im Sparverein. Aber alle halten dicht. Niemand spricht eine Vermutung aus. Ist ja auch verständlich. Sofern es einen Mordauftrag gegeben hat, haben sich alle im Sparverein schuldig gemacht, falls sie davon wussten. Das bedeutet Gefängnis, gemeinsames Duschen und sich nach der Seife bücken müssen. Bevor das jemand riskiert, verzichtet er lieber auf seinen Anteil aus dem Topf des Vereins.“

„Ich möchte Ihnen eine kleine Geschichte über Dr. Franz Wedding erzählen“, sagte Berkenkamp.

„Ich bin ganz Ohr.“

„Wie schon erwähnt, Herr Wedding war alles andere, nur nicht sympathisch. Überall, wo er auftrat, umgab ihn die Aura des Krisengewinnlers, des Neureichen, des Machos, der rücksichtslos seine Interessen durchsetzt. Falls nötig, dann auch mit Gewalt. Er pflegte, offenbar um seines Images willen, zahlreiche Kontakte zur Halbwelt, kannte Zuhälter und Huren und umgab sich mit diesen. Er war einer der härtesten Trinker, den ich kannte. Immer Whiskey. Manchmal hatte ich den Eindruck, dass er sich dieses Zeug nur reinkippte, um möglichst männlich zu wirken. Wie er an die süße Rosemarie herankam? Nun, auf dieselbe Weise, wie er all die anderen Mädchen bezirzte. Er hatte ein besonderes Gen, das ihn bei den Frauen überaus beliebt machte. Ihm konnte keine widerstehen. Eines Tages brachte jemand von unserem Sparverein, ein niedergelassener Arzt, zu unseren kleinen Feiern im Prälat Morphium mit. Er zeigte uns, wie man sich das Zeug setzte. Einige probierten es sofort. Wedding war natürlich auch darunter. Er wurde sehr schnell abhängig. Dass er schließlich süchtig war, das machte bald die Runde. Im Grunde wurde er dadurch zum Sicherheitsrisiko für unseren Verein. Für seine Firma sowieso. Man sah ihm den körperlichen und seelischen Verfall bald an. Seine Unbeherrschtheit nahm absurde Formen an, abgelöst von Zuständen völliger Apathie. Das war schon beängstigend. Im Verein haben wir uns darüber unterhalten, wie es mit Wedding weitergehen könne. Oder besser, wie man ihn auf eleganteste und für beide Seiten besonders schonende Art loswerden könne."

„Und da haben Sie und Ihre Freunde aus dem Sparverein einen Mordauftrag erteilt!"

„Unsinn, Herr Kröger! Ich wiederhole: Wir sind ein Freizeitverein, wenn auch ein geheimer. Wir erteilen keine Mordaufträge."

„Vielleicht war es ein Mordauftrag, von dem nicht alle wussten? Wenn schon so ein rücksichtsloser Mensch wie Franz Wedding in Ihrer Gesellschaft mit von der Partie war, warum sollte es dann unter den übrigen Mitgliedern nicht auch solche gegeben haben, die ähnlich rücksichtlos die `Entfernung´ von Wedding betreiben würden?"

Ferdinand Berkenkamp schwieg für eine Weile.

„Halte ich für unmöglich", sagte er dann.

„Andere Frage: Warum wurde dieser höchst unsichere `Kantonist´ Wedding mit der Umlagerung des Geldkoffers betraut? Da musste doch die Angst bestehen, dass er den gewaltigen Betrag veruntreut, oder?"

Professor Berkenkamp sagte nichts.

„Können Sie sich erklären, welche Rolle Weddings Fahrer Otto Dahlmann bei der ganzen Angelegenheit spielte? Warum er sterben musste?"

„Von Dahlmann weiß ich bloß, dass er und Franz Wedding ziemlich gut befreundet waren. Otto Dahlmann arbeitete früher als Rausschmeißer in verschiedenen Nachtclubs und hatte gute Kontakte zur Halb- und Unterwelt. Das hat Wedding fasziniert. Dahlmann war sein Schlüssel zu diesen Leuten. In welchem Zusammenhang sein Tod mit Weddings Ableben steht, – keine Ahnung! Es kann im Prinzip auch sein, dass jemand aus Dahlmanns wahrscheinlich recht brutaler Vergangenheit noch ein Hühnchen mit ihm zu rupfen hatte."

„Wissen Sie, um was für eine Karte es sich handelt, hinter der alle her sind? Was da drauf steht? Ich bekam nämlich Besuch von einem Folterspezialisten und Auftragsmörder namens Mitar Dusic, der von mir diese Karte haben wollte. Und er gab zu, Dahlmann getötet zu haben."

Berkenkamp wurde unruhig.

„So, so", sagte er.

„Haben sie eigentlich Angst?", fragte Kröger.

„Warum? Sollte ich?"

„Ich gehe davon aus, dass Sie mehr wissen, als Sie mir sagen. Dass Sie Kenntnisse von Verbrechen haben. Sie sind unschlüssig: Wie soll ich mich verhalten? Wie kann ich es vermeiden, zum Komplizen von Verbrechern und dabei selbst schuldig zu werden?“

Krögers Rede war ein Schuss ins Blaue. Vielleicht verfing er sich irgendwo.

„Gesetzt den Fall, rein hypothetisch, Sie hätten teilweise Recht mit Ihren Vermutungen. Wie soll es weitergehen?“, fragte Berkenkamp.

„Ganz einfach. Erzählen Sie mir, was Sie wissen. Ich bin Privatdetektiv und werde Ihre Informationen vertraulich behandeln. Sollte es irgendwann zu einer Gerichtsverhandlung kommen, werde ich zu Ihren Gunsten aussagen.“

Harry Kröger war nahe dran. Hoffentlich schluckte Berkenkamp den Köder.

Er schluckte ihn.

„Wie gesagt: Es wurde im Verein viel darüber diskutiert, wie man Wedding und damit seine maßlose Art loswerden könnte. Tatsächlich gab es unter den Mitgliedern einige wenige, die rabiate und rücksichtslose Vorschläge machten, um das Problem zu lösen. Da habe ich nur innerlich den Kopf geschüttelt und mich gewissermaßen subtrahiert. Zu meinem Leidwesen muss ich gestehen, dass ich die Diskussionen um Wedding dann nicht mehr mit dem gebotenen Interesse verfolgt und mich auch nicht mehr gemeldet habe, als Beschlüsse gefasst wurden, wie nun zu verfahren sei. Am Tag unserer letzten Party im Prälat sollte das Bargeld des Sparvereins wieder einmal umgelagert werden. Wedding war an der Reihe. Er war beauftragt, die Koffer aus dem Schließfach des Bahnhofs Zoologischer Garten in ein anderes, sicheres Versteck zu bringen. Wedding murrte und sagte, das könne doch auch an einem anderen Tag geschehen. Er wollte auf jeden Fall an der Feier teilnehmen. Er regelte das dann auf seine Art. Damit seine Frau von der ganzen Sache keinen Wind bekam, mietete er sich ein Zimmer im Hotel Kempinski. Zur Party ist er aber nicht erschienen. Alles wunderte sich zunächst, nahm es dann aber gelassen. Man war froh, dass der krankhaft extrovertierte Wedding offenbar einen anderen Zeitvertreib gefunden hatte. Meistens drehte es sich um viel zu junge Frauen und Huren. Wie ich erst später erfuhr, war Wedding in dieser Nacht ermordet worden. Und er hatte den großen Geldkoffer aus dem Schließfach auf seinem Zimmer, der, wie wir zu unserem Entsetzen hörten, leer war."

„Nun sind wir der Frage nach dem Täter aber immer noch nicht näher gekommen. War es nun jemand aus dem Sparverein?"

„Ich weiß es wirklich nicht. Vielleicht ja, vielleicht nein."

„Was hat es mit dieser Karte auf sich?"

„Wissen Sie was? Ich gebe Ihnen jetzt eine Adresse von einem mir wohlbekannten Herrn. Den fragen Sie danach. Bestellen Sie ihm einen schönen Gruß von mir. Ich gehe davon aus, dass er Ihnen dazu mehr erzählen kann als ich."

Ferdinand Berkenkamp stand auf und ging zu einem großen Schreibtisch, der nur aus einer riesigen, dicken Glasplatte bestand, die auf Holzböcke gelegt war. Er suchte das Adressenrondell durch, bis er einen bestimmten Namen fand und schrieb etwas auf einen kleinen Block. Das Papier riss er ab und gab es Harry Kröger.

„Ich denke, das ist Ihr Mann“, kommentierte Berkenkamp. „Darf ich Sie jetzt bitten, zu gehen? Ich muss weiter an den Planungen für die Trabantenstadt arbeiten.“

Kröger stand, auf, nahm seinen Borsalino und folgte dem Architekten die Treppen hinunter, bis vor die Haustür. Beide Männer verabschiedeten sich mit einem sparsamen „Wiedersehen“.

Tiergarten, 21 Uhr

Auf dem Zettel, den Berkenkamp ausgehändigt hatte, standen nur der Name `Heribert Altmann´ und eine Rufnummer. Kröger hielt seinen Wagen vor einer Telefonzelle an, stieg aus, warf Geld in den Münzfernsprecher und wählte. Nach kurzer Zeit meldete sich die Stimme einer jungen Frau.

„Anwaltskanzlei Dr. Heribert Altmann. Was kann ich für Sie tun?"

Harry Kröger stellte sich vor. Dann fragte er nach einem Termin bei Dr. Altmann.

„In welcher Angelegenheit?", fragte die Sekretärin.

„Sagen Sie bitte Ihrem Chef, es geht um den `Sparverein´", antwortete Kröger.

„Bleiben Sie bitte einen Moment am Apparat", sagte die Stimme. Nach kurzer Zeit meldete sich jemand: „Heribert Altmann! Sie haben eine Frage wegen des Sparvereins? Woher kennen Sie diese Vereinigung?"

Kröger berichtete in kurzen Worten, für wen er arbeite und dass die Verbindung zu Altmann über Ferdinand Berkenkamp zu Stande gekommen sei.

„Professor Berkenkamp sagte mir, dass Sie mir etwas über die Karte erzählen würden, die sich in dem Geldkoffer des Sparvereins befand und nun verschwunden ist."

Weißes Rauschen in der Leitung. Nach einiger Zeit sagte Harry Kröger: „Hallo! Sind Sie noch dran?", weil er vermutete, dass die Verbindung unterbrochen sei.

„Ja, ja, sicher, ich bin noch dran“, sagte Heribert Altmann mit einem nachdenklichen Ton in der Stimme. Dann fragte er: „Wir können uns gern heute noch treffen, Herr Kröger. Aber nicht in meiner Kanzlei! Haben Sie einen Wagen?“

Kröger bejahte und bot an, Altmann am späten Nachmittag irgendwo zu treffen.

„Wir treffen uns vorm S-Bahnhof Tiergarten“, sagte Altmann, „einundzwanzig Uhr. Geht das in Ordnung?“

Kröger kam das zwar etwas seltsam vor, aber er sagte zu.

„Falls wider Erwarten um diese Zeit dort noch Menschen unterwegs sein sollten – wie erkenne ich Sie?“

„Wir werden uns erkennen, Herr Kröger. Ganz bestimmt werden wir uns erkennen.“

Kröger runzelte die Stirn angesichts dieser seltsamen Auskunft. Dann verabschiedeten sie sich.

Den sonnigen Nachmittag ließ Harry Kröger gemächlich und ohne größere Aktivitäten an sich vorüberziehen. Er fuhr Richtung Westen, hielt irgendwo an der Kantstraße, ging ein paar Schritte, aß an einem Kiosk eine Bockwurst, besuchte dieses und jenes Geschäft.

Kröger schaute sich immer wieder wie beiläufig, aber angestrengt und mit höchster Aufmerksamkeit um. Falls ihn jemand beschattete, dann tat er das mit äußerster Geschicklichkeit. Denn Harry konnte es geradezu spüren, wenn er beobachtet wurde. Und dieses Gefühl hatte ihn nie betrogen. Heute spürte er nichts dergleichen. War die Luft tatsächlich rein? Oder beobachtete ihn doch vielleicht Mitar Dusic? Plante seinen nächsten Anschlag auf ihn, um ihm nun endlich etwas abzuschneiden?

Harry überlegte, ob er Rosemarie anrufen und sie über die neuesten Entwicklungen informieren sollte. Er ging in eine Telefonzelle, wählte die Nummer von Frau Wedding. Sie nahm nicht ab. Auch Hendrik meldete sich nicht. Seltsam.

Harry überlegte. Der S-Bahnhof Tiergarten: Was für ein seltsamer Treffpunkt für ein Gespräch! Um neun Uhr abends! Hoffentlich war das keine Falle! Er würde sehr vorsichtig sein müssen. Kröger kramte in seinen Gedanken und versuchte, irgendetwas mit dem Namen Dr. Heribert Altmann in Verbindung zu bringen. Es stellten sich keinerlei Erinnerungen ein. Zumindest der Name war ihm völlig unbekannt. Die Stimme am Telefon dagegen ...

Um sechzehn Uhr fuhr er nach Hause. Vor der Haustür lauschte er intensiv, öffnete, schlich sich bis zu seiner Wohnungstür, fand sie verschlossen. Er trat ein. Die Wohnung war von der Nachmittagssonne lichtdurchflutet. Kein unliebsamer Besuch. Kröger schaute überall nach. Er verriegelte sorgfältig die Tür, schloss alle Fenster, stellte seinen Wecker und legte sich schlafen, die Walther griffbereit auf dem Nachttisch und die kleine 38er unter dem Kopfkissen.

Um 18.10 Uhr rasselte der Wecker. Kröger stand auf, zog sich wieder an, rasierte sich, aß eine Kleinigkeit, putzte die Zähne und saß um kurz nach 19.40 Uhr in seinen Wagen. Er hatte bewusst zeitlich großzügig geplant. Kröger würde, so seine Einschätzung, wahrscheinlich schon um zwanzig Uhr am Tiergarten eintreffen. Das gab ihm Zeit genug, vor dem Treffen die Umgebung zu sondieren.

Er kam mit dem Wagen gut voran, obwohl die Straßen um diese Zeit verhältnismäßig voll waren. Kröger erinnerte sich an eine Radiosendung. Darin hatte man erwähnt, dass in Westdeutschland und Berlin mittlerweile über eine Million Autos zugelassen seien. Ein Wahnsinn!

Fünfzehn Minuten später befand sich Kröger mit seinem Borgward auf der Bachstraße, die parallel zu den Gleisen der S-Bahn Richtung Bahnhof Tiergarten führte. Hier hatte sich seit dem Krieg noch nicht sehr viel getan. Brachflächen und überwucherte Trümmer. Ein trostloses Bild.

Kröger stellte seinen Wagen ab, stieg aus und ging die restlichen dreihundert Meter zu Fuß.

Es hatte sich eine angenehm frische Abendluft eingestellt. Der Weg bis zum Treffpunkt war von achtlos fortgeworfenem Papier, Zigarettenschachteln, Präservativen, Cola-, Bluna- und Bierflaschen gesäumt.

Er schaute sich um. Unter seinem linken Arm spürte er das Holster mit der PPK. Ein besonderes Gefühl der Sicherheit gab ihm das heute Abend nicht. Falls Dusic oder irgendjemand in diesem Moment und aus einem sicheren Versteck heraus auf ihn schießen würde, dann nutzte ihm die Waffe nicht viel.

Harry Kröger erschrak. Links neben ihm stand plötzlich, ohne dass er es bemerkt hätte, ein großer, schlanker Mann, der fast wie er gekleidet war. Er trug einen teuren, gutsitzenden Anzug und den in dieser

Saison unvermeidlichen Borsalino auf dem Kopf.

„′n Abend, Herr Kröger“, sagte der Mann und wandte sich Harry zu, „ich denke, wir sind verabredet.“

„Wenn Sie Dr. Altmann sind, dann sind wir es tatsächlich“, entgegnete Kröger.

Die beiden gaben sich die Hand. Kröger versuchte, die Gesichtszüge von Altmann besser erkennen zu können. Die Krempe des Hutes und die anbrechende Dunkelheit verhinderten das. Aber die Stimme! Woher kannte er sie?

„Lieber Herr Kröger“, sagte Altmann, „ich weiß, wer Sie sind. Vielleicht erinnern Sie sich auch an mich? Ich war Adjutant bei unserem gemeinsamen Freund Friedrich Krotzig. Habe mich nach dem Krieg mit Hilfe einiger alter Freunde in den neuen Landesämtern umbenannt. Und nun bin ich als Jurist tätig. Das Fach habe ich ja schließlich auch studiert.“

„Woher wissen Sie, dass ich Krotzig, beziehungsweise Dr. Mahlstein kenne?“

„Sie sind doch wohl nicht so naiv, wie Sie sich jetzt geben, oder? Wenn jemand wie Sie in unseren Kreisen auftaucht und Fragen stellt, pflegen wir das zu bemerken!“

„Wer ist `wir′?“

„Der Sparverein natürlich. Und alle, die ihm wohlwollend gegenüberstehen. Selbstverständlich habe ich mich heute Nachmittag mit Mahlstein und Berkenkamp noch einmal über Sie am Telefon unterhalten. Wer Sie sind, was Sie wollen, wer Sie engagiert hat. Obwohl – was mich angeht, so war das eigentlich überhaupt nicht nötig.“

„Wieso? Woher wissen Sie über mich Bescheid?“

„Nun, ich kenne Ihre Geschichte. Weshalb man Sie vom Polizeidienst suspendiert hat.“

„Viele glauben, die Geschichte zu kennen. Allerdings entspricht die im Umlauf befindliche Version nicht der Wahrheit! Wenn Sie mir jetzt wieder mit dem Tod der fünf Zwangsarbeiter kommen, die ich angeblich eigenhändig umgebracht haben soll, ... ich habe die Fremdarbeiter nicht getötet. Das ist ein Gerücht, das in die Welt gesetzt wurde. Man will an mir ein Exempel statuieren und zeigen, wie die Polizei ehemalige Nazis in ihren eigenen Reihen benennt, sie aussortiert und ihnen dann den Prozess macht. Das lenkt von den Vielen ab, die tatsächlich schlimmere Dinge als ich getan haben.“

„Warum sollte man Ihnen das glauben, wenn alle Welt etwas anderes erzählt?“

„Gerade deshalb. Weil jeder eine vorgefasste Meinung über meine angeblichen Taten hat, niemand aber Genaueres weiß. Wenn es zur Verhandlung kommt, wird es für mich ein Leichtes sein, meine Unschuld zu beweisen!“

„Ich wäre mir da nicht so sicher“, meinte Altmann, „woher sollten denn auch diese Beweise stammen? Hat etwa jemand Fotos gemacht, als die Ukrainer getötet wurden?“

Kröger wechselte das Thema: „Sie wollten mir doch von dieser seltsamen Karte berichten. Berkenkamp sagte mir, dass Sie wüssten, um was es sich genau handelt.“

„Ach, ja, die Karte! Wissen Sie was? Setzen wir uns doch da vorn auf die Bank und genießen die Aussicht auf diesen heruntergekommenen Stadtteil. Und dabei erzähle ich Ihnen einige aufschlussreiche Dinge!“

Die beiden Männer nahmen Platz, nachdem sie sich vergewissert hatten, dass sich keine Hinterlassenschaft einer Taube oder eines anderen Vogels auf Sitzfläche oder Lehne befand. Beide steckten sich eine Zigarette an.

„Sehen Sie, Kamerad“, begann Heribert Altmann, „nachdem wir im Herbst 1944 den Warschauer Aufstand niedergeschlagen hatten, ist unsere Brigade nach Weißrussland versetzt worden und befand sich dann auf dem Rückzug. Wir hatten schließlich noch mörderische Kämpfe mit der Roten Armee im Raum Guben, dann noch einmal im Kessel von Halbe. Schließlich hier beim Häuserkampf in Berlin. Bis zum bitteren Ende, bis zum 2. Mai 1945. An diesem Tag wurden wir endgültig aufgerieben. Einige meiner Kameraden und ich stopften vor unserer Flucht nach Westen noch einen LKW mit Beutegut voll. Dabei handelte es sich in erster Linie um pures Gold, Silber, Münzen, zahlreiche Edelsteine, Schmuck, kostbare antike Waffen, Kunstgegenstände. Gewaltige Werte. Fragen Sie mich jetzt bitte nicht, woher wir diese Dinge hatten. Sie können es sich eh denken. Mit fünfzehn Kameraden meiner alten Einheit kamen wir aber nur bis zum Düppeler Forst. Die Artillerie der Russen war zu hören. Wir würden nicht durchkommen. Kämpfen wollten wir alle nicht mehr. Aber wir wollten unsere Kriegsbeute behalten. Wir fassten den Entschluss, unseren Schatz zu verstecken, zu vergraben, Zivilkleidung zu besorgen und unserer Wege zu gehen. Nur einer von uns sollte das Vergraben besorgen und den genauen Ort des Verstecks kennen. Jeder nahm sich etwas Schmuck, einige Edelsteine, einige Goldmünzen, um damit auf irgendeine Weise einen Neuanfang nach dem Krieg zu versuchen.“

„Ich glaube, ich verstehe so langsam“, sagte Harry Kröger.

„Warten Sie´s ab, ich bin noch nicht fertig! Dann kam die Frage auf, was passiert, wenn derjenige, der das Versteck kennt, irgendwie zu Tode kommt. Wir einigten uns darauf, dass eine einzige Karte mit der genauen Lage der Beute angefertigt und von der besagten Person in einem Safe oder Schließfach oder etwas Ähnlichem verwahrt werden sollte. Und wir legten fest, dass wir alle uns erst in zehn Jahren, und zwar am 28. Mai 1955, treffen wollten, um den Schatz aus dem Versteck zu holen und unter den verbliebenen zehn ehemaligen Kameraden aufzuteilen. Denn fünf von uns sind mittlerweile tot.“

„Wie das?“

„Die haben alle wild gelebt. Das nagt an der Gesundheit. Und sie haben Geschäfte mit Menschen gemacht, die als Säumnisgebühr bei Zahlungsrückständen gleich das Leben einforderten. Unser Chef allerdings, das Oberhaupt der Gruppe, ist vor einigen Jahren eines mehr oder weniger natürlichen Todes gestorben, und zwar an den Folgen eines Brustschusses, den er sich im Krieg eingefangen hatte und der niemals richtig ausgeheilt war.“

„Wer war denn dieses Oberhaupt, dieser Chef Ihrer Gruppe?“

„Oskar Dirlewanger, natürlich! Wer sonst?“

Kröger schrak zurück. Allein der Name erweckte in ihm Widerwillen. Seine Vorgesetzten hatten sich während des Krieges immer wieder über Dirlewanger und seine Leute bei den übergeordneten Dienststellen beschwert. Allerdings meist ohne Erfolg. Das lag daran, dass Dirlewangers Leute unglaublich rücksichtslos und damit enorm effizient vorgingen. Das machte Eindruck. Oskar Dirlewanger bekam nach der Niederschlagung des Warschauers Aufstandes sogar das Eiserne Kreuz Erster Klasse verliehen. Wenn die SS und ihre Anführer schon dafür berühmt und berüchtigt waren, namenlos brutal vorzugehen – in Dirlewanger hatten sie alle ihren Meister gefunden. Deshalb waren er und seine Leute auch fast Parias gewesen. Ihr schmutziger Ruf war ihnen so weit vorausgeeilt, dass sie gegen Ende des Krieges vermummt kämpften, um nicht bei Freund und Feind sofort als Verantwortliche oder Mittäter irgendwelcher Gräuel identifiziert zu werden. Nach dem Krieg hieß es, Dirlewanger sei aus einem Kriegsgefangenenlager geflohen, nachdem ihn ehemalige polnische Zwangsarbeiter schwer misshandelt hätten.

„Oskar Dirlewanger ist übrigens an Ihrem persönlichem Schicksal nicht ganz unschuldig“, sagte Heribert Altmann in die entstandene Pause hinein.

„Wie ist das zu verstehen?“

„Na, ja, er sollte des Vergraben unserer Beute übernehmen und die Karte anfertigen“, fuhr Altmann fort. Das konnte er natürlich nicht alles allein machen. Wie es der Zufall wollte, kam ein Trupp ukrainischer

Zwangsarbeiter vorbei, bewacht von einigen Volkssturmmännern, die die Ukrainer nach Mittelbau Dora bringen sollten, damit sie dort weiter für die Kriegswirtschaft arbeiten könnten. Obwohl Mittelbau Dora schon längst von den Amerikanern besetzt war. Das wusste aber noch niemand."

„Halt, Moment", Kröger war konsterniert, „das war Anfang Mai 1945? In der Nähe von Berlin?"

„So ist es", sagte Altmann.

„Ich hatte damals einige Volkssturmmänner mit ukrainischen Arbeitern auf Befehl eines Majors der Wehrmacht Richtung Mittelbau losgeschickt. Die Volkssturmleute waren aber schnell wieder zurück und berichteten davon, dass ihnen unterwegs ein SS-Offizier die Arbeiter abgenommen und ihnen, den Bewachern, befohlen habe, sich zur Verteidigung Berlins zurückzumelden. Aus diesem Sachverhalt dreht man mir im Moment den juristischen Strick und behauptet, ich hätte die Ukrainer umgebracht."

Harry Kröger war aufgewühlt. „Erzählen Sie weiter, Herr Dr. Altmann!", sagte er, äußerlich ruhig, aber im Innern durchtobte es ihn.

„Oskar Dirlewanger hat dann die Sache auf seine eigene, ganz spezielle Art gelöst", meinte Heribert Altmann, „er packte sich den Lastwagen und fünf Ukrainer, wies alle anderen an, zurückzubleiben, und fuhr mit der Beute davon. Am Abend kehrte er zurück zu unserem Treffpunkt. Er war ganz allein, hatte trotz der schon hohen Temperaturen einen seltsamen, blauen Schal um, und sah schlecht, irgendwie ungesund aus. Auf unsere Fragen hin, wo denn die Fremdarbeiter seien, meinte er nur lakonisch, dass die Sache erledigt und unser Schatz sicher und unauffindbar verwahrt sei."

„Dann hat Dirlewanger also die fünf Ukrainer abgeknallt!", sagte Kröger, „hat sie das Loch für den Schatz buddeln lassen und dann diese einzigen Zeugen über den Haufen geschossen!"

„Sieht so aus, Kamerad", sagte Altmann.

„Bin ich Ihr Kamerad?", fragte Kröger scharf.

„Sind wir alle, die wir an diesem Krieg teilgenommen haben. Glauben Sie nicht, Sie seien etwas Besseres, Harry Kröger! Sie haben sich die Hände auch verdammt schmutzig gemacht."

„Vielleicht ja, vielleicht nein! Zumindest habe ich nicht eigene Untaten einem anderen in die Schuhe geschoben!"

„Was heißt hier `in die Schuhe geschoben´? Dass man letztendlich Sie als Mörder der Ukrainer verdächtigt und aus dem Polizeidienst entlässt, konnte doch niemand ahnen!"

„Und wie geht´s jetzt weiter?"

„Mitar Dusic wird bei allen, die als Dieb oder Besitzer der Karte auch nur im Entferntesten in Frage kommen, seine kleinen Besuche abstatten, um ihnen etwas abzuschneiden oder sie gleich zu töten. Er ist als ungeheuer effektiv bekannt und wird mit Sicherheit über kurz oder lang die Wahrheit herausfinden. Und dann werden die Verbliebenen der Dirlewanger-Einheit sich zur gemeinsamen Schatzsuche verabreden."

„Wissen Sie denn, wen er gerade auf seine spezielle Weise verhört?"

„Keine Ahnung! Einer der Gründe, weshalb ich

mich gegen ihn als `Privatdetektiv´ ausgesprochen habe, ist die Tatsache, dass er seinen Charakter einer grausamen Bestie mit unglaublicher Verlässlichkeit und mit Pflichtbewusstsein paart. Es ist bekannt, dass er nicht ruht, bis sein Auftrag ausgeführt worden ist. Zurückpfeifen kann man ihn nicht. Man müsste ihn schon wie einen räudigen Köter erschlagen. Tja, es wird also möglicherweise noch einige Tote geben!“

„Auch unter Ihren Leuten?“

„Sofern er welche davon für verdächtig hält: ja!“

„Na, da haben Sie sich ja selbst in den Fuß geschossen. Gratuliere! – Warum hat eigentlich niemand versucht, die Schatzkarte schon vor Jahren zu stehlen, um sich allein den Schatz zu holen? Das war doch sehr verlockend!“

„Herr Kröger, das war und ist unser Ehrenkodex. Absolute Geheimhaltung, sogar gegenüber Familienmitgliedern. Zehn Jahre sollte die Beute ruhen. Danach gerechtes Teilen des Schatzes. Die Identität eines Diebes der Karte wäre rasch klar gewesen. Es hätte sich um jenen gehandelt, der zuletzt mit dem Umlagern des Geldes vom Sparverein und damit auch der Karte an der Reihe war. Als Oskar Dirlewanger noch lebte, versuchte es einer von uns. Oskar hat ihn nach nur zwölf Stunden in seinem Versteck gefunden und kurzen Prozess gemacht.“

„Erschossen?“

„So ähnlich. Hat vorher noch ein paar Schweinereien mit ihm angestellt. Oskar war immer ein wenig verrückter als wir alle zusammen. Da konnte es einem kalt den Rücken herunterlaufen.“

„Noch einmal gefragt: Wie soll es nun weitergehen, Herr Dr. Altmann? Sollen wir seelenruhig darauf warten, bis Mitar Dusic uns alle umgebracht hat?“

Heribert Altmann schaute nur vor sich hin, in die hereinbrechende Dunkelheit.

„Irgendwann wird die Karte wieder auftauchen. Und die Übriggebliebenen werden sich auf Schatzsuche begeben. Falls Sie nach diesem Gespräch das Bedürfnis verspüren, zur Polizei zu gehen, um das eben von mir Berichtete nutzbringend für sich selbst einzusetzen, oder aber, weil Sie einem ganz profanen Gerechtigkeitstrieb folgen, so sind Sie natürlich frei in Ihren Entscheidungen. Allerdings denke ich, dass niemand Ihnen Glauben schenken wird. Wir haben zu viele gute Freunde bei der Polizei. Einige von ihnen sind übrigens Dirlewanger-Veteranen und uns sehr zugetan. Überdies wäre es für Sie der sichere Tod. Denn ein Auffliegen unserer kleinen Gemeinschaft würden wir nicht dulden! Insofern gebe ich Ihnen die dringende Empfehlung, jetzt nach Hause zu fahren und die Dinge auf sich beruhen lassen. Als Gegenzug für dieses Entgegenkommen bieten wir Ihnen an, Sie – gewissermaßen – rein zu waschen. Wir würden unsere Beziehungen spielen lassen. Das bedeutet, Sie bekommen Ihre Anstellung bei der Kripo zurück und man wird sie von aller Schuld am Tod der Zwangsarbeiter freisprechen.“

„Interessantes Angebot! Aber seine Annahme würde mich zum korruptesten Bullen meiner Stadt machen. Und die, die mich als unbelastet freisprechen würden, hätten mich für mein restliches Leben in der

Hand. Keine schöne Aussicht!“

„Aber, – bedenken Sie, dass Sie über Ihre Förderer auch etwas wüssten. Sie hätten diese ebenfalls in der Hand!“

„Umso schlimmer! Dann wäre mein Leben jeden Tag bedroht. Wenn irgendeiner auf die Idee käme, dass Sie alle ruhiger schlafen könnten, wenn ich tot bin, dann wäre es um mich geschehen.“

„Kann sein, dass es so aussieht, Kamerad! Aus den Kriegszeiten werden Sie wissen, dass es kein Leben ohne Risiken gibt. Ich glaube, zunächst bleibt Ihnen nichts anderes übrig, als mein Angebot zu akzeptieren. Wenn nicht, kann ich nicht einmal dafür garantieren, dass Sie heute Abend sicher zu Hause ankommen.“

Kröger kam in dieser Nacht sicher nach Hause. Beim Betreten des Hausflurs und seiner Wohnung ließ er wieder größte Vorsicht walten. Aber niemand wartete auf ihn oder schoss. Alles blieb ruhig. Er aß noch etwas, weil er glaubte, dass er doch Hunger haben müsse. Es schmeckte nach Pappe. Dann legte er sich schlafen.

Es war eine sehr unruhige Nacht. Er lauschte auf jedes Geräusch, jedes vorbeifahrende Auto. Bedrückende Träume wechselten sich ab mit zahlreichen Wachphasen.

Wandertag

Am nächsten Morgen rief Kröger als erstes Rosemarie Wedding an, um ihr davon zu berichten, was bei dem Gespräch mit Berkenkamp herausgekommen war. Doch auch dieses Mal nahm niemand den Hörer ab.

Um zehn Uhr saß Harry Kröger in seinem Wagen und lenkte ihn in Richtung Lietzenseeufer. Es war bedeckt und hin und wieder nieselte es. Die Temperatur hatte sich nicht verändert. Es war sogar noch etwas wärmer geworden. Eine schwüle Wärmeglocke legte sich auf die Stadt. Gewitterluft.

Einer Eingebung folgend, fuhr er dieses Mal nicht in den Hof der Villa, sondern parkte seinen Wagen etwa einhundert Meter weiter die Straße hinauf, am Straßenrand. Seinen Hut ließ er im Auto. Dann ging er ein kurzes Stück zurück, sah sich kurz um, ob jemand die Straße entlangfuhr oder zu Fuß unterwegs war, griff dann mit beiden Händen die Stäbe des Gitters, das das gesamte Gelände umgab, schwang sich hoch und überkletterte es. Auf der anderen Seite befand er sich nun vor der Rückfront der Wedding-Villa, die noch etwa fünfzig Meter entfernt war. Im Schutz der im prächtigen Grün stehenden Bäume und der hohen Gebüsche schlich Kröger so nah es ging an das Haus heran. Von hier aus konnte er auch den Parkplatz hinter der Villa einsehen. Er zählte sechs Limousinen, die im Schatten der Bäume standen. Hochbetrieb bei Rosemarie Wedding.

Kröger suchte die rückwärtige Front nach den

hohen Fenstern der Bibliothek ab und forschte nach einem Weg, wie er auf den riesigen vorgelagerten Balkon gelangen könne, um einen Blick ins Innere zu werfen. Er fand eine geeignete Stelle am Fuß einer der Säulen, die den Balkon stützten, und begann hinaufzusteigen.

Als er die Brüstung erreichte und soeben seinen Kopf vorsichtig darüber streckte, um zu sehen, ob die Luft rein war, blickte er in etwas kleines, rundes, metallenes. Es war die Mündung einer Waffe.

„Schau mal einer an, wen haben wir denn da?“, fragte jemand und gab sich sofort selbst die Antwort: „Harry Kröger, unser suspendierter Polizist!“

Kröger blickte auf. Es war Hendrik, der das gesagt hatte und die Luger auf Krögers Kopf richtete.

„Kommen Sie nur herauf, Kröger!“, forderte der Butler ihn auf, „Sie fehlen noch in unserer illustren Gesellschaft.“

Begleitend zu diesen Worten machte er mit der Waffe eine einladende Handbewegung. Kröger ackerte sich hoch und stand schließlich auf dem Balkon.

„Umdrehen und Hände in die Höhe!“, befahl Hendrik.

Kröger tat, wie ihm geheißen. Hendrik filzte ihn, nahm ihm die Walther ab und steckte sie ein.

„Gehen Sie voraus!“, wies ihn Hendrik an, der seinen Triumph offenbar sehr genoss.

Harry Kröger öffnete einen Flügel der großen Glastüren, durch die man vom Balkon in die Bibliothek gelangte. Drinnen hielt sich eine Reihe Personen auf, von denen Harry die überwiegende Zahl kannte. Heribert Altmann fiel ihm als erster auf. Dann entdeckte er Professor Dr. Ernst Ferdinand Berkenkamp, Ronald Karl-Gerd von Going und Dr. Wilhelm Mahlstein von der Wedding-Bau. In einer Ecke stand der ehemalige Landgerichtsrat Dr. Hans von Ziehtlow. Zwei der Anwesenden hatte er dagegen noch niemals gesehen. Alle trugen dunkle oder khakifarbene Kleidung, festes Schuhwerk und breitkrempige Hüte.

„Ich bin erfreut, Sie so bald wieder zu sehen“, sagte Kröger möglichst kaltschnäuzig in die Runde.

„Nun, das trifft auf uns nicht zu!“, sagte Hendrik, der ihm den Lauf der Luger in den Rücken bohrte.

„Was ist denn hier los?“, wollte Harry Kröger wissen, „ist heute Wandertag? Sie sehen alle so zünftig aus.“

Erst jetzt fiel Kröger Rosemarie Wedding auf, die vor dem Kamin saß. Sie war tief in ihren Sessel eingesunken und machte einen bleichen und kränklichen Eindruck. Harry sah, dass ihre linke Hand offenbar frisch verbunden war.

„Rosemarie, was ist passiert? Was haben diese Leute hier verloren? Warum bedroht mich euer Butler mit einer Knarre?“

„Warum versuchen Sie, über anderer Leute Balkone zu klettern, um in deren Wohnungen zu gelangen?“, fragte Hendrik hinter ihm.

In der Mitte des Raumes, auf dem Fußboden, lag ein Mann, regungslos. Im Bereich seines Kopfes hatte sich eine große Blutlache gebildet, die langsam in den teuren Perserteppich einzog.

„Den Herrn auf dem Fußboden müssten Sie eigentlich auch kennen", meinte Hans von Ziethlow. Kröger trat näher heran, stieg über den Mann hinweg und sah in das tote Gesicht von Mitar Dusic. Er pfiff durch die Zähne und sagte: „O, là là! Der ist ja noch nicht lange tot. Wer von Ihnen hat den armen Mann denn vom Leben zum Tode gebracht? Sie, Hendrik?"

„Halten Sie den Mund!", herrschte dieser ihn an.

„Rosemarie, was ist hier los? Was machen all die Leute in ihren Wandergamaschen hier? Wollen die Pfadfinder spielen und irgendwo ihre Kote aufstellen?"

„Einige der Herren kennst du ja schon", anwortete Rosemarie Wedding, „sie gehören alle sowohl dem Sparverein als auch Dirlewangers letzter Einheit an!"

„Ach, schau an! Also alles ehemalige Kameraden, die sich erfolgreich vor dem Kriegsverbrecher-Tribunal gedrückt haben!"

„Wenn Sie nicht still sind", fuhr Ziehtlow ihn an, „enden Sie ganz schnell wie Dusic!"

„Woher weißt du denn, dass diese dubiosen Herren zu Dirlewangers Einheit gehörten?"

„Ach, Harry, das ist eine längere Geschichte! Mein getöteter Mann gehörte ja auch dazu. Von dem wusste ich von dieser Einheit schon lange."

„Auch von ihrem Beutegut, das sie den Leuten im Osten geklaut haben?"

„Davon auch. Aber erst seit Kurzem."

„Und was ist das hier für eine bescheuerte Veranstaltung? Was soll das Ganze, die Verkleidung? Warum trägst du die Hand verbunden?"

„Mitar Dusic wollte von mir wissen, wo ich die

Karte versteckte. Als ich´s nicht sagen wollte, hat er mich betäubt und mir den linken kleinen Finger abgeschnitten!“

„Moment mal! Du hast die Karte gehabt, hinter der alle herlaufen?“

„So ist es! Da vorn, auf dem Büchertisch, da liegt sie.“

Kröger machte Anstalten, dorthin zu gehen, wurde aber von Ziehtlow gebremst, der ihm ebenfalls eine Pistole vor den Brustkorb hielt.

„Verdammt, hier sind ja alle bewaffnet! Wollen Sie den Dritten Weltkrieg vom Zaun brechen?“

„Mein lieber Harry“, mischte sich jetzt Willy Mahlstein ein, „du triffst uns wirklich in einer etwas angespannten Situation. Heute ist der schon vor langer Zeit festgelegte Tag, an dem wir unsere Kriegsbeute ausgraben und unter uns aufteilen wollen. Wie bestellt, hat uns Dusic zu diesem Termin die Karte wiederbeschafft und die Verräterin ausgeliefert. Er wandte seine etwas abstoßenden aber effektiven Verhörmethoden auch bei Rosemarie Wedding an, die dabei einen ihren Finger einbüßte und ihm und damit auch uns verriet, dass sie die Karte besaß und wo diese war. Du siehst uns hier in voller Montur und abfahrbereit. In unseren Autos haben wir Spaten und sonstiges Material. Es kann also losgehen. Wir überlegen allerdings gerade, was wir mit Rosemarie machen, die uns unser Eigentum stehlen wollte und obendrein einen der unsrigen, Franz Wedding, umgebracht hat. Und jetzt kommst auch du noch hinzu!“

„Ich bin dafür, beide abzuknallen und irgendwo im Wald zu verbuddeln!“, rief Hendrik.

„Mann, Hendrik, wir haben hier schon eine Leiche, die wir loswerden müssen! Das wird schwierig genug. Noch zwei dazu, – nicht auszudenken!“, schimpfte Mahlstein.

„Rosemarie wird schweigen“, meinte einer der beiden Männer, die Kröger unbekannt waren, „wenn sie zur Polizei geht, wird herauskommen, dass sie ihren Mann umgebracht hat und illegale Gelder stehlen und sich daran bereichern wollte. Das sähe gar nicht gut für sie aus.“

„Egal, lass uns auf Nummer Sicher gehen und diese beiden Idioten erledigen“, sagte von Ziethlow.

„Erhard hat Recht!“, mischte sich Willy Mahlstein ein, „Rosemarie wird nicht zu den Polypen gehen. Das ist für sie viel zu riskant. Und unser alter Kamerad Harry möchte seine Arbeit als Kripo-Beamter wiederhaben und beweisen, dass nicht er, sondern Dirlewanger die fünf Fremdarbeiter getötet hat. Das kann er nur mit unserer Hilfe. Auch er wird nicht singen!“

„Das ist doch alles Unsinn, Willy! Wunschdenken!“, schimpfte Berkenkamp, „guck dir die beiden doch an: Rosemarie ist viel zu labil. Sie wird einbrechen, wenn die Bullen sie verhören. Und Kröger hat doch so einen bescheuerten Gerechtigkeits-Tick. Der wird nicht dichthalten, auch wenn er dann seine Stelle niemals wiederbekommt. Wir lassen die beiden im Wald ein Loch buddeln, ich verpasse ihnen jeweils einen sauberen Genickschuss und dann schmeißen wir die Erde wieder drauf! Wie damals, zu unseren aktiven Zeiten. Wer ist dafür?“

Es war unentschlossenes Gemurmel zu hören.

Mahlstein ergriff die Initiative: „Also gut! Wir nehmen die beiden lebend mit. Die können uns auf jeden Fall beim Ausgraben unserer Beute helfen. Danach entscheiden wir uns, ob wie sie fertigmachen oder nicht!“

„Wie soll uns denn Rosemarie Wedding helfen mit ihrem abgeschnittenen Finger? Die fällt uns doch in Ohnmacht!“, sagte Berkenkamp.

„Mann, Ernst, halt endlich die Fresse! So mordgierig habe ich dich das letzte Mal in Weißrussland gesehen. Was ist denn los? Reiß dich zusammen! Hast doch heute schon Dusic umgelegt. Das müsste doch reichen!“, schimpfte Mahlstein. Dann machte er eine kurze Pause und sprach noch einmal zu allen: „Also, wie abgemacht! Die Sprachregelung bleibt bestehen! Falls jemand fragt, Polizei oder sonst wer: Wir sind eine Wandergruppe! Ein Kegelverein, der sich einmal im Monat zum gemeinsamen Wandern in und um Berlin trifft. Jeder von euch hat überdies seinen Waffenschein und Pistole, Büchse oder Flinte dabei? Die Spaten sind in den Autos? Also, dann kann´s ja losgehen!“

„Was machen wir mit Dusic´ Leiche?“, fragte Berkenkamp.

„Verdammter Mist!“, schimpfte Ziehtlow, „wir haben zuviel Ballast für unser Vorhaben: Kröger, Rosemarie und die Leiche!“

„Kann man nix machen“, sagte Mahlstein, „den toten Dusic schmeißen wir in einen Kofferraum. Sobald der Schatz ausgebuddelt ist, wandert er für immer in das leere Loch.“

Er wandte sich an Kröger: „Harry, du wickelst die Leiche in den Teppich und schleppst sie dann raus. Wir zeigen dir, in welchen Kofferraum Dusic reinkommt.“

Mitar Dusic war zwar kein Schwergewicht, dennoch war das Einwickeln und Herunterschaffen der Leiche eine überaus schweißtreibende Arbeit. Harry Kröger verzichtete beim Transport über die breite und hohe Treppe nach unten auf jegliche Pietät, um sich die Arbeit zu erleichtern. So zog er Dusic an den Füßen hinter sich her. Dessen Schädel, obwohl im Teppich eingewickelt, krachte dabei mit lautem Geräusch auf jede Stufe. Ihm fiel plötzlich ein Detail aus seinem Geschichtsunterricht ein. Als sie damals den Ablauf des Dreißigjährigen Krieges durchnahmen, wurde auch Wallensteins Tod behandelt. Als seine Häscher ihn in Eger ermordet hatten, zogen sie seine Leiche ebenfalls hinter sich her und die Treppe hinunter. Die Chronisten berichteten, dass dabei sein Schädel auf jeder Stufe der Holztreppe dumpf aufschlug.

Schweißgebadet wuchtete Harry Kröger den immer noch blutenden Leichnam schließlich in den Kofferraum von Ziehtlows großem Mercedes, was Harry mit einiger Schadenfreude erfüllte und Ziehtlow mit wilden Flüchen quittierte.

Als alles bereit war, durchglühte die Sonne die Stadt. Es mochte zwölf Uhr sein. Ein ungewöhnlich heißer Spätfrühlingstag.

Die Auto-Kolonne setzte sich in Bewegung. Rosemarie Wedding und Kröger waren in verschiedenen Autos jeweils im Fond untergebracht. Kröger saß in

Berkenkamps Wagen, neben sich Hendrik mit gezückter Waffe.

Sie fuhren auf der AVUS durch den Grunewald, bogen ab auf die Königstraße, dann wieder rechts in den Nikolskoer Weg.

„Verdammt, ich hasse die Gegend hier!“, murmelte Kröger. Er erinnerte sich an die Wochenendausflüge mit Eltern und Geschwistern in das permanent überfüllte Strandbad Wannsee. Es war immer affenheiß gewesen, das Wasser zu warm, das Speiseeis geschmolzen und auf den von der Mutter geschmierten Stullen zerliefen die Margarine und die Streichwurst zu einer unappetitlichen Melange.

„Du wirst sie noch mehr hassen, wenn Du erst einmal in ihrem Sand begraben liegst!“, sagte Hendrik.

Irgendwann bogen die Autos nach links in einen Waldweg ab und folgten einer schlecht asphaltierten einspurigen Straße, auf der sonst wohl nur Waldarbeiter mit ihren Fahrzeugen unterwegs waren. Nach etwa fünfhundert Metern endete der Fahrweg abrupt im Nichts. Die Wagen wurden links und rechts am Rand abgestellt, Kofferräume gingen auf, Spaten, Schaufeln und anderes Gerät wurde entnommen. Danach sammelte sich die Gruppe.

„Hände auf den Rücken!“, befahl Hendrik. Kröger folgte und bekam die Handgelenke mit Haushaltsbindfaden gefesselt, den von Going nach kurzer Suche in seinem Handschuhfach entdeckt hatte.

„Auf so etwas ist man ja eigentlich nicht vorbereitet“, kommentierte er den Fund.

Rosemarie Wedding sah schon wieder sehr bleich

aus. Sie klagte über Schmerzen in der Hand. Deshalb verzichtete man auf das Fesseln.

Mahlstein hatte die Karte und einen Kompass. Er führte die Gruppe an, die sich nun in der Kolonne, einer hinter dem anderen, in Bewegung setzte.

Die schwüle Wärme machte den Leuten zu schaffen. Sie fluchten und schwitzten. Derartige Unternehmungen hatte man zum letzten Mal vor zehn Jahren durchgeführt. Damals war man jünger und sowieso besser trainiert gewesen. Willy Mahlstein führte seine ehemaligen Kameraden in einen Bereich des Waldes, der offenbar nicht bewirtschaftet wurde, bestimmt durch fast urwaldartigen Wildwuchs. Es war still und ruhig und eigentlich idyllisch.

„Ach du große Scheiße!“, rief plötzlich Mahlstein.

„Was ist los? Ist was passiert?“, fragte jemand.

„Nun seht euch das an! Wenn das nicht einer von Oskars makabren Späßen ist!“

Die Gruppe drängte ungeordnet nach vorn und scharte sich um Mahlstein, der vor einem gewaltigen Baum stand und auf etwas wies, das dort angebracht war. Kröger konnte zuerst nicht erkennen, um was es sich handelte, wich dann aber erschrocken zurück. Etwa drei Meter über dem Erdboden war der Schädel einer Katze an den Stamm des Baumes genagelt. Darunter befanden sich die zarten Knochen der Vorläufe, die wie menschliche Finger nach links wiesen.

„Na, klar, das war Oskar!“, sagte von Going, „nur der fand sowas lustig. Mache jede Wette, dass er die Katze damals lebend an den Baum genagelt hat.“

„Sieht übrigens ganz so aus, als sei das eine Art

Wegweiser. Die Knochen zeigen genau in die Richtung, in die wir gehen müssen.“

„So, haben alle einmal kurz gelacht?“, fragte Willy Mahlstein, „dann kann´s ja weitergehen.“

Die Männer mit ihren zwei Gefangenen erreichten eine Lichtung. Hier wuchs nur zähes Gebüsch, das dem sandigen Boden offenbar dennoch einiges an Nahrung abzutrotzen wusste. Über ihnen leuchtete der strahlend blaue Himmel. Kein Geräusch war zu hören, kein Lüftchen regte sich.

„Unheimlich!“, sagte Kröger.

Rosemarie Wedding bat um eine Pause und setzte sich auf den Boden. Die Übrigen taten dasselbe. Kröger nahm neben Rosemarie Platz.

Eine Wasserflasche machte die Runde. Rosemarie Wedding trank gierig daraus.

„He, Vorsicht!“, warnte Kröger, „nach Äthernarkosen soll man einen Tag lang nichts trinken!“

„Ist ja schon fast einen Tag her, seit mich dieses Schwein verstümmelt hat!“, schimpfte sie.

„Hätte man den Finger nicht wieder annähen können?“, wollte Kröger wissen.

„Hätte man, vielleicht. Aber Dusic hat ihn in unserer Küche in den Mixer geworfen und zerstückelt. Was für ein Arschloch!“

„Wieso hattest du eigentlich die Karte?“, fragte Harry.

„Na, weil ich sie Franz im Kempinski abgenommen habe!“

„Ich verstehe nicht ganz ...“

„Schnauze, ihr Turteltäubchen!“, rief Ziethlow.

Plötzlich war etwas zu hören, eine laute männliche Stimme, die quer über die Lichtung schallte, deren Besitzer aber nirgends auszumachen war. Die Männer sprangen auf, sahen sich um.

„Verdammter Mist, stehen Sie gerade, Mann!“, brüllte die Stimme, „ich will, dass mir ordentlich Meldung über unsere Verluste gemacht wird! He, was ist dahinten los? Scheiße, noch eins, knallt den Kerl endlich ab! Der holt uns mit seinem Geschrei noch den Iwan auf den Hals!“

Plötzlich fing die Stimme an zu singen: „Ein Freund, ein guter Freund, das ist das Beste, was es gibt auf der Welt, ...!“ Der Sänger lallte. Er hörte sich an, als sei er betrunken. Das alles wirkte in der schwülwarmen Hitze und Ruhe des Waldes überaus unwirklich und gespenstisch.

„Meine Güte, was ist denn das?“, fragte von Going, „woher kommt das, wer ist das?“

„Hört ihr das nicht?“, meldete sich Hendrik, „das ist Oskar! Oskar Dirlewanger! Genauso hat er doch seine Befehle gebrüllt. Und das Lied sang er immer wieder, wenn er besoffen war!“

„Verdammt, dann ist der Kerl doch hier irgendwo!“, rief Berkenkamp, „aber Oskar ist doch tot! Und Gespenster gibt´s nicht!“

„Männer, reißt euch zusammen!“, rief Willy Mahlstein dazwischen, „das ist nicht Oskar! Ich kenne seine Stimme ganz genau. Das, was wir gerade hören, das kommt von einem anderen Menschen. Und der ist aus Fleisch und Blut und kein Gespenst!“

„Er hat Recht“, meinte Berkenkamp, „das ist natürlich nicht Dirlewangers Stimme! Aber woher weiß der Rufer, wie und was Oskar sagte und sang?"

„Scheißegal, Leute!", rief Mahlstein, „da will uns jemand hochnehmen. Will uns Angst einjagen!"

Mahlstein stellte sich gerade hin, holte tief Luft und rief laut: „Hör zu, mein Freund! Du bist nur ein schlechtes Plagiat! Wir wissen nicht, was du von uns willst, aber wenn wir dich erwischen, bist du tot! Dann fängst du dir eine Kugel!"

„Hoffentlich sind wir nicht schon vorher tot", sagte Ziethlow, „wir sitzen hier ja wie auf einem Präsentierteller."

„Hans hat Recht", sagte Mahlstein, „los, alles zusammenpacken und runter von der Lichtung. In diese Richtung!"

Als sie die Bäume am Rand erreichten, hörte die Stimme auf zu brüllen und zu singen.

„Wer kann das sein?", fragte Ziehtlow, „da ist uns einer auf den Fersen! Aber wer?"

„Der hat uns nicht verfolgt, sondern hier erwartet, um uns einen Schrecken einzujagen. Der Bescheid um Dirlewanger und unsere Beute weiß. Also hat doch einer von uns geplaudert!", meinte von Going.

„Vielleicht war´s gar keiner von uns, sondern unsere kleine Schlampe hier!", sagte Berkenkamp, griff sich an den Gürtel und holte seine Offizierspistole hervor, die er auf den Kopf von Rosemarie Wedding richtete. „Um die Karte zu stehlen, brauchte sie doch bestimmt Unterstützung. Und hat also Mitwisser. Hat geplaudert! Ich würde ihr am liebsten sofort das Licht ausblasen!"

„Halt, halt, mein Lieber!“, Mahlstein ging dazwischen, „nichts überstürzen! Wenn hier noch andere Personen an der Schatzsuche beteiligt sind und unserer Rosemarie möglicherweise durchaus nahe stehen, dann haben wir mit ihr eine prima Geisel. Könnte ja sein, dass es noch Schwierigkeiten gibt.“

Berkenkamp beruhigte sich, richtete dann aber die Waffe auf Kröger.

„Na, gut, dann putze ich eben diese Pfeife weg. Ist ja eh zu nichts nütze.“

„Ernst, dir bekommt die Hitze nicht! Komm jetzt endlich! Kröger muss beim Ausgraben helfen. Steck deinen Ballermann weg, du Spinner“, rief Mahlstein.

Die Kolonne machte sich wieder auf den Weg. Kröger, der jetzt neben Rosemarie Wedding ging, flüsterte leise: „Donnerwetter, das war um Haaresbreite!“

Nach etwa einer halben Stunde hielt Mahlstein, der nach wie vor vorausging, an und rief halblaut: „Hier ist es!“

Wieder stand er vor einem Baum, an dem dieses Mal ein kleiner Rattenschädel befestigt war und die Knochen einer kleinen Rattenpfote. Diese zeigte nach unten, zur Baumwurzel.

„Auf der Karte steht vermerkt, dass Oskar die Beute fünf Meter in nördlicher Richtung von der Baumwurzel vergraben hat, äh, vergraben ließ“, erläuterte Mahlstein. Er begann am Fuße des Stammes, mit Blick auf den Kompass, fünf große Schritte abzuzählen.

„So, hier ist es, wir können loslegen! Spaten raus! Nehmt Kröger die Fesseln ab und gebt ihm auch einen. Wir kommen der Sache näher“, jubelte Willy Mahlstein.

Die Männer zogen ihre Jacken aus und machten sich an die Arbeit. Das Erdreich war seltsam locker und ließ sich gut zur Seite schippen. `Als sei vor einiger Zeit schon einmal hier gegraben worden und nicht das letzte Mal vor zehn Jahren´, dachte Kröger.

Als Erstes stießen sie auf menschliche Knochen, Kleidungsstücke und drei Schädel.

„Die Überreste von Dirlewangers Fremdarbeitern!“, lachte von Ziehtlow, „ach nein, stimmt ja gar nicht! Das sind doch die Knochen der Leute, die Kröger umgebracht hat!“

Niemand lachte mit. Es war zu anstrengend.

Harry Kröger musste die Knochen mit den daran hängenden Hosen und Hemden zur Seite schaffen, während die anderen sich ausruhten.

Kröger schwitzte maßlos. Sein Spaten stieß plötzlich auf etwas Hartes. Er vermutete zunächst, dass es sich um weitere Knochen handelte, stellte dann aber fest, dass es eine Kiste war. Der neben ihm grabende von Going sah dies, stieß Harry zur Seite und schaufelte wie besessen weiter.

„Behalt Kröger im Auge!“, rief er Hendrik zu.

Alle schienen wie elektrisiert und arbeiteten jetzt hastig und wie um die Wette. Von Going hatte zuerst den Deckel eines großen Holzkastens freigelegt, warf seinen Spaten zur Seite, beugte sich hinunter und riss mit den Händen das morsche Holz auf. Darunter befand sich dickes Gewebe-Wachstuch. Auch das riss und zerrte er auseinander. Alle schauten in diese erste

Kiste. In ihr befanden sich – Steine!

„Das gibt´s doch nicht! Das kann doch nicht wahr sein!“, schrie Ronald Karl-Gerd von Going.

Neben ihm traten Mahlstein und Berkenkamp mit einer Mischung aus Wut und Gier die von ihnen freigelegten Kästen ein. Auch diese enthielten nur Steine. Große, dicke, runde Kieselsteine.

„Ich werde wahnsinnig!“, schrie Berkenkamp.

Heribert Altmann schleuderte seinen Spaten weit von sich.

„Elender Mist!“, brüllte er, „da ist uns jemand zuvorgekommen! Und ich weiß auch schon, wer das war!“

Damit zeigte er auf Rosemarie Wedding. „Sie hat wahrscheinlich schon vor Wochen unsere Beute gestohlen. Zusammen mit ihrem Herzbuben Harry Kröger!“

„Na, klar!“, rief von Ziethlow, „wer soll´s denn sonst gewesen sein? Hat ja kein anderer davon gewusst.“

„Jetzt wird´s verdammt ungemütlich für euch, Leute“, sagte Altmann zu Kröger und Rosemarie Wedding und kam näher, „wir wollen wissen, wo ihr unsere Beute hingebracht habt. Und du, mein lieber Harry Kröger, hast ja unsere Methoden, mit denen wir Leute zum Reden bringen, im Krieg kennengelernt. Die wenden wir bei Dir an, wenn Du nicht sagst, was hier los ist.“

„Moment mal, Kameraden“, mischte sich Mahlstein ein, „vielleicht hat uns ja auch Oskar selbst übers Ohr gehauen und damals diese Steine vergraben?“

„Red´ nicht so einen Mist, Willy!“, fuhr ihn Altmann an.

„Nein, nein“, sagte Mahlstein, „ihr wisst alle, durchtrieben genug war er. Vergräbt angeblich unseren Schatz, inszeniert alles wie in der `Schatzinsel´ von Robert Louis Stevenson und verschwindet mit den Reichtümern.“

„Sag mal, Willy“, ergriff jetzt von Ziethlow das Wort, „du willst wohl unsere beiden Schäfchen hier, Rosemarie und Kröger, unbedingt in Schutz nehmen, was? Das fällt mir schon die ganze Zeit auf. Womöglich machst du mit denen gemeinsame Sache?“

„Du kannst mich mal kreuzweise, Hans!“, Mahlstein wurde laut.

Jetzt mischte sich Hendrik ein: „Immer ruhig bleiben, Leute! Ich schlage vor, jetzt so vorzugehen, wie Altmann es angekündigt hat. Wir werden Kröger und Rosemarie mitnehmen und in irgendeinem Keller nach unseren guten alten Methoden verhören. Ihr wisst ja, dass die in neunundneunzig Prozent aller Fälle erfolgreich waren.“

„So machen wir´s!“, pflichtete von Going bei und ging auf Rosemarie und Kröger zu, die am Rande des ausgeschachteten Lochs standen, „dann fesseln wir jetzt die beiden und haben heute Abend noch ein wenig Spaß mit ihnen! Rosemarie, das wird dir gefallen. Du wirst all unsere Vorlieben kennenlernen. Und wir werden Kröger auch ein wenig operieren. Allerdings nicht so gekonnt wie Mitar Dusic. Und auch ohne Betäubung. Das wird ein Fest!“

Kröger beugte sich ein wenig hinunter und tat so, als wolle er sich am rechten Bein kratzen. Dort, wo er in einem Holster um seine Wade die 38er mit sich führte.

Mit gekonntem Griff riss er den Revolver blitzschnell aus dem Holster, spannte und entsicherte in einem Zug und hielt die Mündung auf Altmanns Stirn gerichtet.

„Was soll dieser Scheiß denn nun?“, fragte Heribert Altmann ruhig.

„Lasst schön eure Ballermänner stecken, sonst hat euer lieber Heribert Altmann gleich ein Loch in seinem Schädel!“, sagte Kröger.

„Knallt den Kerl ab! Los, verdammt!“, rief Altmann seinen ehemaligen Kameraden zu, wobei er Kröger angestrengt und genau im Auge behielt.

Irgendetwas sauste, pfiff durch die Bäume und schlug in Altmann ein. Der wurde herumgeschleudert, drehte sich um seine eigene Achse nach rechts und fiel auf den Boden. Noch bevor er im Gras lag, konnte man sehen, dass ihm der halbe Schädel fehlte.

Alle rissen ihre Waffen hoch. Weitere Schüsse schlugen ein. Jetzt hörte man auch Mündungsfeuer krachen. Es kam von allen Seiten. Sie waren umstellt. Kein Entkommen möglich. An dem `tack-tack-tack´ konnte Harry Kröger hören, das sogar eine Maschinenpistole im Einsatz war. Bevor auch nur einer von Dirlewangers ehemaligen Kameraden nennenswerte Gegenwehr leisten konnte, waren fast alle tödlich getroffen oder schwer verwundet. Nur ein einziger konnte fliehen. Kröger legte an und wollte abdrücken. Dann sah er, dass es sich um Mahlstein handelte. Er ließ die Waffe sinken.

Rosemarie Wedding und er waren verschont geblieben und schauten sich entgeistert um. Aus dem umliegenden Unterholz tauchten einige Männer auf. Sie trugen Maschinenpistolen, Präzisionsgewehre und Pistolen und gingen nun über das Schlachtfeld, wo sie zwei Verletzten von Dirlewangers ehemaliger Einheit ohne äußere Regung den Fangschuss versetzten. Zwei von ihnen rannten hinter Mahlstein her.

Einer der Männer kam auf Rosemarie und Harry zu. Es war der amerikanische Offizier, mit dem sich Rosemarie Wedding während des Tanzabends im Offizierskasino so heftig über einen vermeintlichen Nazi-Schatz gestritten hatte. Er sprach die beiden in fast einwandfreiem Deutsch an, das allerdings in seiner scharfen Korrektheit etwas gestelzt klang: „Nun, da haben wir euch beide aber noch rechtzeitig gerettet, nicht wahr?“

Die bleiche und verschwitzte Rosemarie fiel ihm um den Hals.

„Thank you, Nigel, thank you so much! You saved us!“

„He, was ist mit deiner Hand passiert, Honey? Hast du dich verletzt?“

„Yes, of course! One of these Nazis cut off one of my fingers. I need to see a doctor immediately!“

„Ich werde dich sofort zu unserem Army Hospital bringen. Who is this guy?“, fragte der Offizier, den Rosemarie Nigel nannte.

„Das ist Harry Kröger, ein alter Freund, der mir dabei half, mir diese Leute vom Leib zu halten!“, beeilte sich Rosemarie Wedding mit der Antwort und zwinkerte dabei Harry mit dem rechten Auge leicht zu.

„Harry, das ist Lieutenant Major Nigel Gardiner

von der Berlin Brigade. Er ist heute allerdings eher als Privatperson hier, zusammen mit ein paar Kameraden, die uns freundlicherweise aus unserer misslichen Lage befreit haben!“

Kröger gab Nigel Gardiner die Hand.

„I would like to thank you for your help ...“, radebrechte er.

„Oh, not at all, Herr Kroger!“, erwiderte Gardiner. „Wollen Sie vielleicht einmal den Schatz sehen? Das, wonach Sie heute hier gegraben haben? Oh, by the way! Ihr müsst beide durstig sein! Ich habe kein Wasser dabei. Aber dieser zwanzig Jahre alte irische Whiskey dürfte euch wieder auf die Beine helfen!“

Mit diesen Worten zog er einen silbernen Flachmann aus einer Tasche, öffnete ihn, goss etwas in die als Trinkgefäß zu benutzende Kappe und reichte sie Rosemarie. Sie trank gierig, machte dann „Aaaaahhhhh!“ Harry trank ebenfalls rasch aus und spürte, wie sich seine Lebensgeister zurückmeldeten.

„Okay, zeig ihm den Schatz!“, sagte Rosemarie schließlich, „einer von euch muss mich aber jetzt ins Krankenhaus fahren!“

Gardiner rief einen seiner Begleiter zu sich und erteilte ihm kurz Befehle. Dann gingen dieser und Rosemarie fort.

„Was machen Sie denn mit den Leichen, die hier jetzt herumliegen?“, fragte Harry Kröger.

„That´s the question, Mr. Kroger!“, sagte Nigel Gardiner, „was meinen Sie? Sollen wir sie einfach hier herumliegen lassen? Dass irgendwelche Leute sie schließlich finden? Sollen wir selbst die deutsche Police anrufen und sagen, dass wir einen Haufen Kriegsverbrecher erwischt und umgelegt haben? Das gäbe heftige politische Verwicklungen. Die Toten waren schließlich alles `ehrbare´ Bürger Ihres Landes, Herr Kroger! Jeder für sich ein Kriegsverbrecher, aber mittlerweile eben angesehene Steuerzahler."

„Tja, schwierig", meinte Kröger.

„Was würden Sie von dieser Variante halten: Ich lasse die Leichen hier in diesem Erdloch verscharren, in dem sie ihren Schatz vergraben glaubten. Das hätte doch auch einen schönen symbolischen Gehalt, oder?"

„Klingt dramatisch", antwortete Harry Kröger, „hat natürlich was! Was passiert mit den Autos, den Limousinen der Herren?"

„Da können Sie ganz beruhigt sein, Herr Kroger! Für die habe ich schon eine Reihe von Interessenten unter unseren Offizieren. Meine buddies hier werden gleich die Nummernschilder austauschen und dann die Wagen zu den Käufern bringen. Die deutsche Polizei hat dann keine Zugriffsmöglichkeiten mehr. Die Autos werden einfach verschwunden sein."

„Sagen Sie, Lieutenant Major Gardiner, war das alles hier schon von langer Hand vorbereitet, geplant?"

„Vorbereitet war es. Aber nicht von langer Hand! Wir mussten vielmehr improvisieren. Aber die Vorstellung war schon nicht schlecht, oder? Dirlewangers Kommandos vorhin? Das war doch recht unheimlich, nicht wahr? Ganz wie in Stevensons `Schatzinsel´! Kennen Sie die Stelle in dem Buch, an der sich die Piraten, angeführt von Long John Silver und mit einer falschen Karte ausgestattet, auf Schatzsuche machen? Irgendwann erklingt Käptn Flints Lied: `Siebzehn Mann auf des toten Manns Kiste, yohoho, und ne Buddel voll Rum!´ Die Piraten erschrecken furchtbar. Aber dann merken sie, dass Ben Gunn das Lied singt. Einen, den Flint nach Vergraben des Schatzes auf der Insel zurückgelassen hatte."

„Ich verstehe das Ganze nicht! Natürlich bin ich froh, dass Sie uns gerettet haben. Aber wieso besitzen Sie den Schatz? Woher wussten sie von der heutigen Aktion?"

„Ja, da gibt es sicher Einiges, was Ihnen rätselhaft erscheint. Ich erzähle Ihnen ein wenig auf der Fahrt zu unserem neuen Versteck. Ich soll Ihnen ja den Schatz zeigen."

Währenddessen hatten Nigel Gardiners Männer damit begonnen, die Leichen in das ausgeschachtete Loch mit den leeren Schatzkisten zu werfen. Es war sehr eng dort, gab nicht genug Platz für die Leiber. So wurde nachgeholfen. Einer der Männer, ein riesiger, dicker Kerl, sprang auf die toten Körper, trat sie mit Wucht in die Grube. Das Bild erinnerte Kröger an die ersten Wochenschau-Berichte nach Kriegsende über die von den Alliierten entdeckten und befreiten Konzentrationslager.

„Kommen Sie, Harry! Das brauchen wir uns nicht ansehen. Meine Männer, die einen gewissen Hang zur Grobheit haben, erledigen das", sagte Gardiner.

Kröger folgte dem Offizier durch das dichte Unterholz. Sie gingen etwa hundert Meter. Auf einer Lichtung standen die Autos der Amerikaner. Gardiner öffnete die Beifahrertür eines nagelneuen Chevrolet Bel Air und bat Kröger, einzusteigen.

„Look, Mr. Kroger“, führte Gardiner das Gespräch fort, nachdem sie mit dem Wagen den Waldweg verlassen und wieder festen Asphalt unter den Rädern hatten, „Ihre Freundin, Rosy, die kenne ich schon sehr lange. Das war mal meine Freundin gewesen. Dann hat sie Franz geheiratet, Franz Wedding. Wegen des Geldes, das war klar. Wir haben uns aber weiter getroffen. Und bei unseren Partys war Rosy immer dabei. Ihren Mann hat sie dann auch hin und wieder mitgebracht. Davon war ich anfangs nicht sonderlich begeistert. Vor einiger Zeit aber, Wedding war fürchterlich betrunken und hatte sich Morphium gesetzt, fing der Kerl an, von einem Schatz zu berichten, einem Nazi-Schatz, den er und seine ehemaligen Kameraden aus der Dirlewanger-Einheit demnächst heben und unter sich aufteilen würden. Da bin ich sehr hellhörig geworden. Und einige meiner Kameraden auch. Wir haben dann Rosy immer wieder gedrängt, uns die Schatzkarte zu besorgen, von der Wedding gesprochen hatte. Erst vor ein paar Tagen kam sie dann zu mir, mit der angeblich echten Karte, die sie ihrem Mann abgenommen hatte. Ich hab´ nicht weiter gefragt, wie sie an das Teil gekommen war, sondern schnell eine Kopie angefertigt. Dann sagte sie, dass sie im Gegenzug meinen Schutz benötige, denn es komme jetzt wahrscheinlich hart auf hart. Ich rief sofort meine Jungs zusammen. Wir schnappten uns Schaufeln und Spaten und einige Jeeps, sind zu der Stelle gefahren, an der Sie heute erfolglos gebuddelt haben, gruben das Zeug aus und schafften es weg. Von Rosy wussten wir, dass heute der Tag sein würde, an dem die letzten der Dirlewanger-Brigade zu ihrer Schatzsuche aufbrechen wollten. Und sie wusste auch, dass einige vermuteten, dass sie, also Rosy, im Besitz der Karte sei. Da war sie also in höchster Gefahr."

„Ich hatte in den letzten Tagen immer wieder versucht, Rosemarie telefonisch zu erreichen", sagte Kröger, „deshalb bin ich dann heute morgen zu ihr gefahren, habe meinen Wagen etwas abseits geparkt und bin von hinten über den Balkon gestiegen. Da hat Hendrik mich dann allerdings entdeckt und mitgenommen!"

„Ich weiß! Meine Jungs und ich haben Sie beobachtet. Eigentlich wollten wir sogar die Villa von Franz Wedding stürmen, um Rosy und auch Sie zu befreien. Aber wir haben uns anders entschieden und dieses kleine Theaterstück aufgeführt."

„Bekommen Sie denn keinen Ärger mit Ihren Vorgesetzten? Mit dem Oberkommando der Berlin Brigade?", wollte Harry Kröger wissen.

Nigel Gardiner lachte: „Dear Mr. Kroger! Bei uns heißt das nicht `Oberkommando´, sondern `Headquarters of the Berlin Brigade´! Und um Ihre Frage zu beantworten: Diese Veranstaltung heute ist – sozusagen – halbamtlich. Was die Beseitigung der Dirlewanger-Leute angeht, haben wir gewissermaßen das Weltgewissen gespielt und die Männer, mit einiger Berechtigung, wie ich meine, in die ewigen Jagdgründe befördert. Dazu gab es keinen offiziellen Auftrag unserer Vorgesetzten. Genauso wenig, wie es einen solchen zur Schatzsuche und zur persönlichen Aneignung der Kostbarkeiten gab und gibt. Meine Leute, Rosy und ich befinden uns also im juristischen Niemandsland und wollen dort auch möglichst unentdeckt bleiben. Vielleicht finden Sie das moralisch fragwürdig, sei´s drum.“

Kröger schwieg. Er hatte den Soldaten in privater Mission sein Leben zu verdanken und wollte sich nun nicht als der Prediger mit erhobenem Zeigefinger aufspielen.

Unverhofft kommt oft

Gardiner lenkte den Wagen nicht wieder zurück in Richtung AVUS, sondern hielt sich südwestlich. Auf der Glienicker Brücke wurden sie angehalten. Gardiner sprach kurz mit einem Posten, zeigte verschiedene Papiere und Ausweise vor. Der Soldat salutierte und ließ den Chevrolet passieren.

Auf der anderen Seite der Brücke wiederholte sich das Spiel. Sowjetische Soldaten und Soldaten der Volksarmee nahmen sich alle Zeit der Welt, prüften die Papiere ganz genau. Dann ließen auch sie passieren.

Nigel Gardiner umfuhr Potsdam. Es ging nach rechts auf eine Landstraße, eine wunderschöne, baumbestandene Allee. Dann wurde es immer einsamer und ruhiger. Keine anderen Autos. Links und rechts der Straße erstreckten sich riesige Felder.

„So, Herr Kroger", sagte Gardiner, „jetzt sind wir mitten drin, im ersten Arbeiter- und Bauernstaat auf deutschem Boden."

Nach ungefähr zwei Kilometern bog Gardiner nach links auf eine schmale, asphaltierte Fahrbahn ab, auf der wahrscheinlich sonst nur Landmaschinen unterwegs waren. Der Weg wurde etwas abschüssig, verlief dann wieder waagerecht und führte schließlich durch eine schnurgerade Allee auf einen großen Gutshof zu.

Gardiner fuhr durch das Tor auf das Hauptgebäude zu. Es war ein mächtiges Steinhaus, vielleicht aus dem achtzehnten Jahrhundert, das fast wie ein kleines Schloss wirkte. Die gesamte Anlage mit den links und rechts vorgelagerten Wirtschaftsgebäuden umgab ein Wassergraben.

„Hier leben einige von unseren German friends. Ich denke, bevor ich Ihnen den Dirlewanger-Schatz zeige – so nennen wir ihn hier mittlerweile – möchten Sie sicherlich zunächst einmal eine Erfrischung, oder?“

„Das wäre sehr nett“, antwortete Kröger etwas reserviert und leicht misstrauisch. Er wusste nicht so recht, wie ihm geschah.

„Sie werden verstehen, Mister Kroger, dass ich Sie, zu unserer aller Sicherheit und um die Gepflogenheiten des Hauses zu wahren, um Ihre Waffe bitten muss. Sie bekommen Sie natürlich beim Verlassen des Hofes zurück!“

„Okay, gut, ist in Ordnung“, erwiderte Kröger, zog das rechte Hosenbein etwas nach oben.

„Vorsichtig bitte“, sagte Gardiner, „geben Sie mir die Waffe mit dem Griff zuerst!“

Kröger tat, wie ihm geheißen. Dann fluchte er: „Verdammt!“

„Immer mit der Ruhe, Mister Kroger! Wie gesagt, Sie bekommen die 38er ja wieder zurück.“

„Nein, die meine ich nicht! Aber Hendrik, der Butler von den Weddings, hat mir meine Walther PPK abgenommen. Die liegt jetzt wahrscheinlich schon drei Meter unter der Grasnarbe.“

„Oh, das ist ja schade um diese zuverlässige Waffe! Nun, daran ist jetzt nichts mehr zu ändern. Außer,

Sie wollen die Leichen wieder ausbuddeln. Da hätten meine Freunde und ich allerdings etwas dagegen. Aber, ich habe da so meine Verbindungen. Vielleicht kann ich Ihnen einen adäquaten Ersatz besorgen."

Die zwei Männer stiegen aus und gingen die Stufen der kleinen Freitreppe zur großen, hölzernen und mit Metallbeschlägen versehenen Eingangstür hoch. Gardiner hob den schweren eisernen Ring, der in Kopfhöhe unter einem kleinen, rautenförmigen Fenster an der Tür hing und klopfte damit mehrfach. Dreimal kurz, zweimal lang, einmal kurz. Ein Zeichen. Man konnte von außen hören, wie die Schläge im Flur widerhallten. Kurz danach näherte sich jemand. Die Tür wurde von einem großen, kräftigen Mann aufgezogen. Er mochte vielleicht fünfunddreißig Jahre alt sein.

„May I introduce you? Das ist Herr von Meyer auf Ribbeck. Er ist ein wahrer brandenburgischer Gutsherr, der seinen großen Hof freundlicherweise mit uns teilt. Gegen ein gewisses Entgelt, versteht sich", sagte Gardiner.

Kröger grüßte. Von Meyer auf Ribbeck nickte nur kurz und ließ die beiden herein.

„Herr Kröger und ich wollen gern einen kurzen Blick auf unsere Ausgrabungen werfen", fuhr Nigel Gardiner an von Meyer auf Ribbeck gewandt fort. Der sagte wieder nichts, machte aber eine einladende Handbewegung. Kröger folgte Gardiner durch eine Tür zur Linken. Sie traten ein und befanden sich in einer bäuerlichen Wohnstube von geradezu erschreckender Normalität. Gardiner wandte sich an den Gutsherrn, der im Türrahmen wartete: „Sagen Sie, könnten wir beide etwas von dem Lieblingsgetränk der amerikanischen Befreier haben? Eine Coca-Cola vielleicht?“

Von Meyer auf Ribbeck nickte und entfernte sich.

„Was ist denn das für eine seltsame Organisation, die hier auf dem Hof residiert?“, fragte Kröger. „Sie haben ja schon gesagt, dass es sich um eine Art Privatveranstaltung handelt, die mit der US-Army nicht so viel zu tun hat.“

„Ach, wissen Sie, ich und ein paar Jungs von der Army haben uns vor einigen Jahren zusammengetan und einen kleinen Verein gegründet. So eine Art Club. Wie bei den Briten, die ich wegen ihrer Lebensart sehr bewundere. In England gibt es zahllose Gemeinschaften von Herren, die die unterschiedlichsten Ziele verfolgen. Das reicht vom gemeinsamen Zeitunglesen bei einer Tasse Tee bis zum Wahrnehmen von Chancen auf den Märkten. Hier, in diesem Bauernhof, haben wir uns ein großes Clubzimmer im englischen Stil eingerichtet. Dort treffen wir uns auf eine gemeinsame Zigarre, einen oder mehrere Whiskeys, verabreden uns zur Jagd, zum Cricket oder zum Reiten ...“

„Oder zur Schatzsuche.“

„So ist es, mein lieber Kroger! Oder auch zur Schatzsuche.“

Es klopfte an der Tür, sie ging auf. Herr von Meyer auf Ribbeck trat ein, stellte ein Tablett mit zwei großen Gläsern Coca Cola auf den Tisch und entfernte sich.

„Na, denn: German Prost!“, sagte Gardiner.

Kröger trank mit gierigen Zügen. Eigentlich konnte er das süße Gesöff nicht besonders gut leiden.

Aber heute schmeckte es hervorragend. Anschließend steckten sich beide Männer noch eine Zigarette an und rauchten schweigend.

Schließlich sagte Nigel Gardiner: „Na, dann wollen wir mal. Folgen Sie mir bitte, Mister Kroger!“

Der Offizier führte Harry Kröger durch den langen Flur bis zu einer Holztür mit Glasteilung, öffnete sie und stieg eine lange und sehr steile Treppe in den Keller des Hauses hinab. Unten war es staubig, voller Spinnweben und es roch sehr muffig. Gardiner holte einen Schlüssel aus einer seiner Taschen.

„Dort hinten, die Stahltür“, sagte er.

Es war eine jener Türen mit den charakteristischen großen Hebeln, die während des Krieges in den Kellern vieler Häuser vor die Luftschutzräume gesetzt worden waren. Kröger bemerkte den nachträglichen Einbau von Sicherheitsschlössern.

„Ein idealer Ort. Fast wie ein Banktresor“, sagte Gardiner und schloss auf. Er bewegte die Hebel nach unten und öffnete die schwere Tür. Dann griff er nach links, drehte einen Schalter und das Licht ging an.

Der Raum, der vielleicht zwanzig Quadratmeter Grundfläche hatte, war niedrig und fensterlos. Als Kröger einen ersten Blick auf den Schatz warf, war er enttäuscht. Hatte er doch im Licht gleißendes Gold und Silber erwartet. Stattdessen sah er nur dunklen Stoff und Säcke, in denen offenbar die Kostbarkeiten eingepackt waren.

„Der erste Eindruck ist wahrscheinlich nicht so prickelnd“, sagte Gardiner, „aber schauen Sie einmal hier!“ Gardiner zog an einem Faden, öffnete damit einen der groben Jutesäcke und streifte den Stoff ab. Goldbarren wurden nun sichtbar, sauber gestapelt, in denen sich das Licht der Kellerlampen brach. Der Amerikaner öffnete einen weiteren Sack, der voller Silberbarren war. Dann zog er eine Stoffbahn von einem flachen Kasten herunter und öffnete ihn. Schmuck schimmerte darin, golden, silbern. Edelsteine glitzerten.

„Und schauen Sie mal hier!“, meinte Nigel Gardiner, der einen weiteren Holzkasten gegriffen hatte, ihn auseinanderzog und Kröger zahllose Edelsteine mit Diamantschliff zeigte.

„Ich nehme an, dass die echt sind!“, sagte Kröger.

„Darauf können Sie wetten! Das sind Diamanten“, sagte Gardiner, in dessen Aussprache sich eine leichte Euphorie gemischt hatte. Er wurde fahrig, hastig in seinen Bewegungen, schien berauscht. Er zeigte Kröger Münzsammlungen, seltene Briefmarken, Bilder von berühmten Malern und – Zahngold. Säcke voller Zahngold.

„Die sind wohl von ehemals lebenden Menschen, oder?“, fragte Harry Kröger.

„Was glauben Sie denn?“, sagte Gardiner unwirsch, „und tun Sie jetzt nicht etwa moralisch empört. Sie wissen doch, wer wem dieses Gold aus dem toten Mund gebrochen hat, nicht wahr?“

„Wo stammt es denn her, das Zahngold?“

„Was weiß ich!“, antwortete der Amerikaner, „möglicherweise aus irgendeinem eurer effektiven Konzentrations- oder Vernichtungslager.“

Der Anblick der zahllosen Goldzähne war nur

schwer zu ertragen. Beim näheren Hinschauen konnte er die anatomischen Besonderheiten ihrer getöteten Träger noch deutlich erkennen. An manchen waren sogar noch Zahnstümpfe zu sehen, die beim Rausbrechen einfach mit herausgeholt worden waren.

„Welchen Gegenwert stellt denn dieser Schatz, dieses Raubgut dar?“, fragte Harry Kröger.

„Unermesslich!“, rief Gardiner, „unermesslich!“

Kröger schauderte es. Aber ihm fiel nichts Gescheites ein, was er dazu hätten sagen können. Schließlich war er selbst bis zu einem gewissen Grad ein kleines Zahnrad im Getriebe der Mord-, Raub- und Unrechtsmaschinerie der Nazis gewesen. Da sollte er vielleicht lieber den Mund halten.

„Wollen Sie ein kleines Andenken mitnehmen, mein lieber Harry?“, fragte Nigel Gardiner scheinheilig, „vielleicht diesen kleinen Diamanten hier? Das würde ein einigendes Band zwischen uns und Ihnen schaffen und festigen. Und zieren Sie sich nicht! Ein Komplize sind Sie sowieso! Allein schon durch die Tatsache, dass Sie bei der SS und der Gestapo waren.“

Auch wenn Gardiner prinzipiell Recht hatte, riss sich Kröger zusammen.

„Nein, danke! Laut deutscher Rechtsprechung kann man an geklautem Gut kein Eigentum erwerben.“

„Seien Sie nicht albern, Mister Kroger! Schauen Sie sich diesen kleinen Diamanten an.“ Er hielt einen fingernagelgroßen Edelstein vor Harrys Augen, der unglaublich sauber geschliffen war und funkelte. „Ob der in Ihrer Tasche oder in meiner verschwindet, ist bei der Größe des Schatzes vollkommen egal!“

„Nein, vielen Dank, Lieutenant Major Gardiner!“, Kröger wurde förmlich, „dieses Geschenk ist zu groß, als dass ich es annehmen könnte. Auch wüsste ich nicht, womit ich das verdient hätte.“

„Ach, Sie sind zu bescheiden.“

Gardiner machte eine Handbewegung, die signalisieren sollte, nun den Raum zu verlassen. Kröger ging hinaus, Gardiner folgte, löschte das Licht und verschloss die Stahltür sorgfältig.

„Nun, Harry! Was kann ich Ihnen denn alternativ Gutes tun? Tja, mir fällt gar nichts mehr ein. Doch, warten Sie, da ist noch etwas! Folgen Sie mir bitte! Ich hatte es fast vergessen, dass ich Ihnen noch eine Audienz bei einem alten und sehr hilfreichen Freund verschafft habe, der hier im Hause lebt.“

„Was denn? Etwa noch ein ehemaliges Mitglied der Dirlewanger-Brigade? Danke, verzichte, Mister Gardiner!“, sagte Kröger.

„Lieber Mister Kroger! Wenn Sie erst vor ihm sitzen, werden Sie mir dankbar sein!“

Gardiner öffnete auf dem Flur des Gutshauses eine weitere Tür.

„Kommen Sie, treten Sie ein.“

Kröger betrat das kleine Zimmer, in dem sich nur ein viereckiger Küchentisch ohne Decke, zwei Stühle und an der linken Wand eine große Standuhr befanden. Sonst nichts. Keine Bilder an den Wänden, keine Regale, keine Sessel oder eine Couch. Der Holzfußboden knarrte unter seinen Schuhen.

„Setzen Sie sich und warten Sie hier!“, befahl Gardiner und schloss die Tür von außen.

Kröger wunderte sich über den plötzlichen scharfen Tonfall. Er nahm auf einem der Küchenstühle Platz, den er so an den Tisch rückte, dass er nicht etwa die Tür im Rücken, sondern mit dem Gesicht zu ihr saß. Er schaute nach rechts, aus dem kleinen Stubenfenster. Es war später Nachmittag geworden. Die Welt war in das goldene Licht des Frühsommers getaucht. Die Bäume am Rande des prachtvollen gelben Rapsfeldes, das sich dem Auge des Betrachters bot, standen in kraftvollem Grün.

`Wie schön das ist´, dachte Kröger, als es an der Tür kurz klopfte und diese aufging, ohne dass der Anklopfende ein `Herein´ abgewartet hätte.

Harry schaute auf. Ein großer, dünner Mann war eingetreten. Er trug einen schwarzen, abgewetzten Ledermantel und setzte sich hin, ohne ihn auszuziehen. Er hatte ein hageres Gesicht, dessen Haut von der Sonne braungebrannt war, abstehende Ohren, Geheimratsecken, Schnurrbart, schmale Lippen und buschige Augenbrauen. Die Augen sagten nicht viel, erschienen irgendwie tot, erloschen. Er öffnete den Mantel. Darunter trug er einen der Jahreszeit angemessenen hellen Anzug. Obwohl Harry ihn nicht kannte, kam ihm die gesamte Erscheinung dennoch sehr vertraut vor.

„Tag, Herr Kröger. Nun, dann treffe ich Sie also auch einmal persönlich“, sagte der Hagere.

Harry Kröger, dem nach den vielen Ereignissen der vergangenen Tage kaum noch etwas aus der Ruhe brachte, fragte, mit wem er das Vergnügen habe.

„Ach, ich nahm an, Sie hätten mich bereits erkannt!

Na, ja, das Alter hinterlässt wohl auch bei mir seine Spuren. Oskar ist mein Name, Oskar Dirlewanger!"

Kröger warf erstaunt den Kopf zurück: „Ich dachte, Sie seien tot! Es hieß doch, Sie seien vor einigen Jahren an den Folgen eines Brustschusses, den Sie im Krieg abbekommen hatten, eines mehr oder weniger natürlichen Todes gestorben "

„Das war eine schlimme Sache. Ich hätt´s wohl auch nicht überlebt, wenn mir nicht ehemalige Kameraden geholfen hätten. Die haben für eine diskrete ärztliche Hilfe gesorgt."

„Und was machen Sie jetzt hier?"

„Na, besonders helle sind Sie aber nicht, was? Haben Sie mich denn nicht gehört, wie ich heute Mittag meine Befehle gebrüllt habe? Auf der Lichtung? Wo Sie mit meinen ehemaligen Kameraden waren?"

„Die Bezeichnung `Kamerad´ verdienen Sie ja eigentlich nicht, oder? Wenn Sie gnadenlos dabei zusehen können, wie die letzten Reste Ihrer früheren Einheit von den Amis niedergemäht werden!"

„Tun Sie doch nicht so unschuldig! Sie wissen doch genau, wie der Hase läuft! Da Sie ja schon Einiges über mich gehört haben, werden Sie wahrscheinlich auch wissen, dass ich mir Sentimentalitäten stets verkneife. Sonst hätte ich meine Arbeit im Krieg nicht so machen können, wie ich sie gemacht habe."

„Und nun haben Sie also Ihren ehemaligen Feinden dabei geholfen, den Schatz zu finden. Warum haben Sie sich nicht an Ihre Freunde aus dem `Sparverein´ gehalten?"

„Ganz einfach: weil die Amis mich vor einiger

Zeit kassiert haben. Ich war in Ägypten, habe für Gamal Abdel Nasser gearbeitet und für ihn die Leibwache und den Geheimdienst organisiert und aufgebaut. Und vor ein paar Wochen greift mich der Auslandsgeheimdienst der Amerikaner auf, die CIA, verschleppt mich nach Deutschland. Erst dachte ich, ich würde jetzt verklagt, käme vor Gericht. Stattdessen lande ich hier, auf diesem Bauernhof, bei Gardiners Leuten. Die hatten irgendwie von dem Schatz, meiner Kriegsbeute, Wind bekommen und wollten nun alles darüber wissen. Insbesondere natürlich, wo das Zeug lag."

„Aber weshalb dann die Suche nach der Karte? Sie wussten doch, wo man zu graben hatte!"

„Ich glaube, ich habe die Amis ein wenig enttäuscht. Habe ihnen nämlich gesagt, dass ich mich nicht mehr im Einzelnen erinnern könne, wo genau die Beute verbuddelt sei."

„Das hätte ich Ihnen aber nicht abgenommen!"

„Sie vielleicht nicht! Aber ich hab´s unseren amerikanischen Freunden zumindest glaubhaft so vermitteln können. Ansonsten hätte ich Gardiner und seine Leute sofort zum Versteck führen müssen und danach hätten sie überlegt, was sie mit mir tun sollen."

„Und nun? Nachdem nun der Schatz gefunden wurde? Werden die Amis nicht jetzt darüber nachdenken, wie man Sie möglichst spurlos aus der Welt schafft?"

„Ich glaube nicht, Herr Kröger. Gardiner, ich und seine Leute haben die Gründung eines kleinen Unternehmens vor. So eine Art Sicherheitsdienst, der international arbeitet. Der hier und dort mit Fachwissen und mit Rat und Tat aushilft."

„Leibwächter- und Legionärsdienste, was? Da sind Sie ja der Richtige!"

„Stimmt, da bin ich goldrichtig", antwortete Dirlewanger, „kommen wir jetzt aber zum Wesentlichen, Herr Kröger! Ich habe gehört, dass Sie durch meine Schuld Ihre Arbeit bei der Polizei verloren haben und dass man bald ein Verfahren gegen Sie eröffnen wird. Sie sollen fünf ehemalige Fremdarbeiter kaltblütig umgebracht haben."

„Meines Wissens haben Sie die doch umgelegt, nachdem sie Ihnen beim Vergraben Ihrer Kriegsbeute zwangsweise behilflich waren."

„Ja, das stimmt! Das war eine notwendige Sache gewesen. Niemand außer mir sollte wissen, wo der Schatz lag. Ich möchte Ihnen gern helfen, aus diesem Schlamassel herauszukommen, Herr Kröger! Was kann ich tun?"

„Sich bei der Polizei melden und eine Aussage machen. Zu meinen Gunsten."

„Tja, ich fürchte, ausgerechnet das geht nicht. Dann würde meine Tarnung auffliegen. Sie würden feststellen, dass ich gar nicht tot bin und mich vor Gericht stellen. Dann käme ich in den Knast. Vielleicht würden Sie mich sogar ausliefern. An Israel oder an die Russkis. Dann wär´s mit mir vorbei! – Nein, wissen Sie was, Kröger? Ich biete Ihnen etwas an. Ein echtes Spiel unter Männern! Eine Runde Russisches Roulette!"

„So ein Quatsch! Warum sollte ich da mittun?"

„Na, ganz einfach: Weil ich meine Walther PPK auf Sie gerichtet habe!" Mit diesen Worten griff sich

Dirlewanger blitzschnell unter die rechte Schulter, hatte danach die Waffe in der Hand und richtete sie auf ihn.

„Spielen Sie nicht mit mir, töte ich Sie hier und jetzt“, sagte Oskar Dirlewanger vollkommen ruhig, scheinbar ohne jede emotionale Regung, „spielen Sie mit, haben Sie sogar die Chance, zu gewinnen und mich hier in diesem Raum sterben zu sehen!“

„Das meinen Sie doch wohl nicht ernst!“

„Das meine ich ganz schrecklich ernst“, sagte Dirlewanger und spannte zur Bestätigung den Hahn der Pistole. Kröger sah, dass er bereits entsichert hatte.

„Los, Kröger, seien Sie kein Spielverderber! Russisches Roulette habe ich erst einmal gespielt. Ein wirklich toller Nervenkitzel! Sie werden begeistert sein! Jeder nur einen Schuss! Wenn Sie dabei umkommen, haben Sie Pech gehabt. Wenn ich mir eine Kugel in den Kopf jage, haben Sie Glück gehabt. Falls keiner von uns beiden stirbt, müssen Sie unverrichteter Dinge gehen. Was halten Sie davon?“

Harry Kröger glaubte nicht, was er hörte. Er hatte es mit einem hochgradig Gestörten, einem Psychopathen zu tun.

„Hören Sie, Herr Dirlewanger, ich habe keine Rachegefühle gegen Sie. Ich kann gut und gern ohne dieses Spielchen in Frieden weiterleben.“

„Aber sehen Sie, Herr Kröger! So haben wir beide doch sehr viel mehr Spaß! Purer Nervenkitzel im sonst so faden Alltag.“

„Mein Alltag ist nicht langweilig.“

„Ruhe jetzt!“, schnauzte Dirlewanger, plötzlich

wütend. „Wir machen das jetzt zu den genannten Bedingungen! Keine Debatten!“

Er hielt die Walther auf Kröger gerichtet. Mit der linken Hand griff er in die große Außentasche seines Ledermantels und förderte Krögers 38er Smith & Wesson zu Tage. Er nahm die Walther in die linke Hand, griff mit der rechten die 38er, ließ die Trommel zur Seite kippen und hielt die Waffe dann hoch, damit alle Patronen herausfallen konnten. Dann nahm er eine Patrone wieder auf, steckte sie in eine der Kammern, gab der Trommel unter Zuhilfenahme seines Knies Schwung, sodass sie schnell rotierte und ließ sie dann plötzlich und blitzschnell in den Rahmen der Waffe einrasten.

„So, jetzt wissen wir beide nicht mehr, wo sie sich befindet“, sagte er. „Wer beginnt denn nun? Sie oder ich?“

Harry Kröger hatte schweißnasse Hände. Ihm war übel. Wie oft hatte er während des Krieges in die Läufe der Waffen feindlicher Soldaten gesehen, welche maßlosen Todesängste hatte er durchlebt! Und nun, zehn Jahre, nachdem alles vorbei war, saß ihm plötzlich ein geistesgestörtes Relikt aus dem Krieg gegenüber und forderte ihn zum Todesspiel auf. Wie bescheuert und ungerecht das Schicksal sein konnte! War es möglich, aus dieser Sache heil herauszukommen?

„Ach, was soll´s!“, sagte Dirlewanger. „Ich beginne. Wenn ich Glück habe und keine Kugel in der Kammer ist, dann schrumpfen Ihre Chancen zu überleben um zwanzig Prozent. Aber das ist ja nur Statistik!“

Er nahm die 38er, entsicherte mit dem rechten Daumen, führte die Mündung an seine Schläfe, verhielt für einen Moment, schloss kurz die Augen und drückte ab. Es machte nur `klick´.

„Oh, Glück gehabt!“, kommentierte er den Vorgang und legte die Waffe auf den Tisch zwischen sich und Kröger. Dabei blieb die Walther die ganze Zeit auf ihn gerichtet.

„Sie sind dran! Falls Sie sich einfallen lassen sollten, den Revolver auf mich zu richten und abzudrücken, kann ich Sie nur warnen: Ich werde schneller sein und Sie mit meiner Waffe erschießen!“

Harry Kröger zögerte.

„Ich mache diesen Scheiß nicht mit!“, schimpfte er.

„Dann werde ich Sie jetzt erschießen, Herr Kröger!“ Mit diesen Worten nahm Dirlewanger die Pistole wieder in die rechte Hand und richtete sie auf Harrys Brust. „Auf diese Weise haben Sie keine Chance, zu überleben“, sagte er, „dagegen: Wenn Sie mein Spiel mitmachen, sieht´s doch gar nicht so schlecht aus.“

Krögers Gehirn spielte in Windeseile alle möglichen Szenarien durch. Sollte er es riskieren, schnell die 38er greifen und auf Dirlewanger feuern? Was, wenn eine leere Kammer vorm Lauf war? Dann würde er von Dirlewanger erschossen! Daran gab es keinen Zweifel. Jemanden kaltblütig umzulegen, dürfte eine seiner leichtesten Übungen sein.

„In Ordnung! Ich mach´s!“, sagte er laut und langte über den Tisch, um die 38er zu greifen.

„Fein, das freut mich“, sagte Dirlewanger. Dann

fügte er hinzu: „Es sind diese kleinen Spielchen, die mein Arbeitsleben so spannend machen! Also – auf geht´s!“

Kröger führte langsam seinen Revolver zum Kopf. Er kannte die Waffe, ihr Gewicht, wie sie in der Hand lag, welche Geräusche sie machte. Er fühlte, ob sie geladen war oder nicht. Jetzt drehte er langsam die Mündung zu seiner rechten Schläfe.

„Na los, Kröger, machen Sie´s spannend! Sie haben ja richtig Sinn für´s Dramatische!“

Kröger lauschte angestrengt auf die Geräusche, während die Trommel sich drehte und er Druckpunkt nahm. Er konnte hören, dass eine Patrone in der Kammer vorm Lauf war. Ein Antippen des Abzugs, nicht stärker als ein Lufthauch, würde jetzt genügen und er wäre des Todes.

„Oskar Dirlewanger, Sie kleiner Scheißer!“, sagte Kröger zu seinem Gegenüber, „Sie sind nicht mehr wert als der Dreck unter meinen Fußnägeln. Ihr Vater war ein grausames, krankes Arschloch und Ihre Mutter eine Hure! Die Welt wäre ein Stück ruhiger und glücklicher, wenn solche Halbaffen wie Sie endlich tot wären.“

„Halten Sie Ihr verdammtes Maul, Kröger! Drücken Sie endlich ab oder lassen Sie es bleiben, ich mache Sie sowieso kalt!“

Während Dirlewanger noch schimpfte, dabei seine wahren Absichten verkündete und abgelenkt war, richtete Kröger die kleine Waffe an seiner Schläfe ein wenig nach vorn und drückte ab. Der Knall des Schusses war nicht laut, da Kröger in dieser Waffe nur gering laborierte Patronen benutzte. Das Vollmantelgeschoss traf Dirlewanger etwas seitwärts in die Stirn, riss seinen Kopf gleichzeitig nach hinten und zur Seite, trat am Hinterkopf wieder aus und schlug in die gegenüberliegende Wand ein. Dirlewangers Kopf kippte leblos nach hinten, während sein Körper in der nach dem Hinsetzen eingenommenen Position verharrte und nur leicht in sich zusammensackte.

Kröger atmete auf, lehnte sich zurück, legte die 38er neben sich auf die Couch.

„Gute, alte Stupsnase!“, sagte er zu ihr, „hast mir mal wieder das Leben gerettet!“

Der kleine, silberne Revolver lag nur da, ein Stück Metall. Er wirkte nicht sehr gefährlich. Die gute Arbeit einer Werkstatt für Handfeuerwaffen.

Kröger blieb noch eine Viertelstunde sitzen, stand dann langsam mit zitternden Knien auf, steckte seine Waffe ein, pulte das Geschoss aus dem Holz der Wand und verließ den kleinen Raum. Es dröhnte in seinem Kopf, seinem rechten Gehörgang. Der Lärm des Revolverschusses direkt neben seinem Kopf hatte ihn fast ertauben lassen.

Im Flur des Gutshofes hielt sich niemand auf. Er hörte nichts. Keine Schritte, die sich näherten. Kein Geschrei, keine Rufe, kein Geräusch. Kröger schwitzte und taumelte, öffnete die schwere Holztür, durch die er vorhin mit Gardiner eingetreten war. Die Abendsonne stand mittlerweile ganz tief, strahlte direkt in seine Augen. Er blinzelte, atmete die frische Abendluft ein.

Der Hof war leer. Bis auf den Chevrolet Bel Air. Der Wagen stand rechts neben der kleinen Freitreppe und sah irgendwie unschuldig aus. Als habe der Autohändler einem Kunden den neuen Wagen schlüsselfertig vors Haus gestellt.

Kröger taumelte zu dem Auto. Die Tür war nicht verschlossen, der Schlüssel steckte. Er staunte. Dann setzte er sich hinters Steuer und wollte starten. Seine Hände zitterten. Er zitterte am ganzen Leib. Er drehte den Zündschlüssel und fuhr zurück, über einen Feldweg, den die Volksarmee noch nicht kontrollierte, nach Westberlin hinein.

Wie in Trance öffnete er die Haus- und Wohnungstür, trat ein, duschte und rannte danach in seinen eigenen vier Wänden wie ein Raubtier im Käfig herum. Schließlich griff er zu seiner Cognacflasche, stürzte mehrere Gläser davon hinunter, bis er fühlte, wie sein Leib schwer wurde und der Geist müde. Dann schlief er ein. Es war acht Uhr abends.

Letzte Wahrheiten

Stunden später erwachte er nach bleiernem Schlaf. Sein Wecker zeigte drei Uhr morgens an. Kröger stand auf, fühlte sich immer noch zerschlagen, aber gleichzeitig hellwach. Er ging hinüber in sein Wohnzimmer, trank noch einen Cognac und schaltete das Radio ein. Wie üblich wurde von den westdeutschen öffentlich-rechtlichen Sendern um diese Zeit gepflegte Langeweile ausgestrahlt. Kröger drückte auf die Mittelwellen-Taste. Es rauschte. Er drehte an dem großen Knopf, unter dem `Senderwahl´ stand. Dann hatte er `American Forces Network´ im Kasten. Alan Freed war wieder mit `American Bandstand´ auf Sendung! Was für ein Glück!

„Hey ya Rock´n´Rollers! Here´s a new one and a huge success! It belongs to the soundtrack of a new motion picture called `Blackboard Jungle´ that just appears in cinemas ´round the country. The name of the band is `Bill Haley And The Comets´. And here´s their newest hit on Decca-Records: `Rock Around The Clock´!“

Kröger hörte sofort darauf zwei Schläge auf der Snare-Drum, schnell hintereinander gespielt, und dann eine Stimme, offensichtlich von einem Weißen, die eine kryptische Botschaft sang: `One, two, three o´clock, four o´clock rock! Five, six, seven o´clock, eight o´clock, rock! Nine, ten, eleven o´clock, twelve o´clock, rock! We´re gonna rock around the clock tonight!´ Nach jeder Textzeile gab es einen Break der

Band, die erst danach endgültig loslegte. Die Musiker hörten sich an, als trügen sie Betonstiefel. Der Sound besaß keinen Punch, war irgendwie geschlechtslos, langweilig. Eben von Weißen gespielt. Kröger schüttelte den Kopf. Das sollte ein `huge success´ in den USA sein? Kaum vorstellbar. Harry gab dem Song höchstens zwei Wochen in den Charts. Dann würde dieser Musik gewordene – schlechte – Kompromiss zwischen schwarzem Rhythm & Blues und weißer Countrymusik den Weg alles Irdischen gehen, soviel war sicher.

Das Telefon klingelte. Kröger hatte keine Lust, abzunehmen. Jemand musste sich verwählt haben. Um drei Uhr morgens? Vielleicht ein Notfall?

„Ach verflucht!“, schimpfte Kröger in sich hinein und nahm ab.

„Ja, bitte?“, fragte er in die Muschel und versuchte, seiner Stimme einen möglichst abweisenden, genervten Tonfall zu verleihen, der sagte, dass der Anrufer wirklich verdammt störe.

„Hallo, Harry! Hier ist Rosemarie Wedding.“

„Hallo, Rosemarie! Schön, von dir zu hören. Aber hätte das nicht Zeit bis morgen früh gehabt? Oder ist wieder etwas Schreckliches passiert?“

„Nein, es ist nichts Schlimmes passiert. Ich rufe nur so an, aus keinem bestimmten Grund. Kann nicht schlafen.“

„Wie geht´s deiner Hand? Haben die im Krankenhaus alles richten können?“

„Ja, mhmm, das Army-Hospital. Die haben gut für

mich gesorgt, haben einen neuen Verband angelegt und mir Schmerzmittel in die Hand gedrückt. Und sagten, dass die Amputation und die Naht aus chirurgischer Sicht einwandfrei und handwerklich perfekt ausgeführt worden seien.“

„Na, ja, was soll´s. Den Finger bist du trotzdem los!“

„Sehr tröstlich.“

„Ach, Entschuldigung! Das war nicht sehr feinfühlig von mir. Sag mal, wer hat denn nun deinen Mann eigentlich umgebracht? Wer hat das Geld geklaut und die Karte?“

„Mein lieber Harry, falls du es bisher sowieso nicht schon geahnt hast, so will ich dir jetzt ein wenig auf die Sprünge helfen. Und du kannst dann mit diesen Informationen machen, was du willst.“

„Ich bin gespannt! Lass hören!“

„Du wirst merken, dass ich ganz schön tief in der Sache drinstecke. Denn den Entschluss, die zehn Millionen Mark und die Karte zu rauben, den habe ich mit Otto Dahlmann gefasst. Der gehörte zwar zu dieser Dirlewanger-Clique, aber nicht zum `Schwarzen Sparverein´! Das hat den immer gewurmt. Und deshalb konnte ich ihn schnell für meinen Plan gewinnen. Genauso, wie Nigel Gardiner und seine Leute.“

„Langsam, langsam! Eins nach dem anderen! Was hattest du denn für einen Plan?“

„Einen ausgesprochen unmoralischen. Und wenn ich ihn dir jetzt mitteile, werde ich wahrscheinlich in deinem Ansehen stark sinken.“

„Probier´s trotzdem“, forderte Kröger auf.

„Ich wusste, dass Franz Wedding, also mein Mann, mit der Umlagerung des Geldes und der Karte an der Reihe war. Und dass er auf jeden Fall an der Party im Prälat teilnehmen wollte. Dahlmann sollte im Kempinski auf dem Zimmer bleiben und die Koffer mit dem Geld und der Karte bewachen, während Wedding sich zu später Stunde ins Prälat aufmachen wollte. Dahlmann hat Franz überreden können, etwas vorzuglühen, also Whiskey zu trinken. Viel Überredungskunst war dazu nicht nötig. Otto Dahlmann kriegte es hin, dass Franz schließlich vollkommen besoffen war und setzte ihm dann die tödliche Dosis Morphin. Leider in den falschen Arm. Einfach zu dösig, der arme Otto. Dann packte er das Geld und die Karte um und verschwand. Erst fuhr er zu mir, gab mir die Karte. Das Geld nahm er mit zu sich nach Hause. So war es abgemacht."

Harry Kröger war starr vor Schrecken. Dass Rosemarie im kriminalistischen Sinne nicht ganz `sauber´ war, hatte er immer geahnt. Dass es aber bis zum Mord gehen würde, das war ein dicker Brocken, den er nicht so leicht hinunterwürgen konnte.

„Aber warum hast du mich dann engagiert?", fragte er.

„Ich habe mir gedacht, dass mich das im Falle der polizeilichen Untersuchung noch unverdächtiger machen würde, als ich es schon war. Du warst dann ja des Nachts auch im Kempinski, hast die Leiche entdeckt und mich angerufen. Es lief alles ganz nach Plan ab. Ich habe dann eine Kopie von der Karte gemacht, beziehungsweise Nigel Gardiner hat das übernommen.

Er und seine Leute gruben schließlich den Schatz aus und schafften ihn auf diesen Gutshof im Brandenburgischen."

„Und dann trat Mitar Dusic auf den Plan!"

„So ist es! Es war einfach blöd von mir, zu glauben, dass die Leute vom `Sparverein´, insbesondere aber die alten SSler von Dirlewangers Einheit, sich das Ganze bieten lassen würden. Wir waren vollkommen entsetzt, als wir hörten, dass die Mitar Dusic engagiert hatten! Der hat sich nacheinander alle vorgeknöpft. Zuerst Dahlmann. Der hat zwar das Geld rausgerückt, mich aber nicht verraten. Danach hat Dusic die Petrovic-Familie hingemetzelt, weil Petrovic geplaudert und dir verraten hatte, dass Dusic in der Stadt ist und diese bestimmten Patronen benutzt. Schließlich war er bei dir. Da hat dich nur dein alter Kollege von der Polizei gerettet, der bei dir anklingelte und zum Glück für dich nicht locker ließ."

„Und dann warst du an der Reihe, oder?"

„Während des Gesprächs mit ihm habe ich gemerkt, wie Dusic selbst schon größtes Interesse an der Karte entwickelt hatte und offenbar entschlossen war, sich selbst auf Schatzsuche zu begeben. Ich hab dann versucht, ihn ein wenig zu bezirzen und gesagt, wir könnten doch gemeinsame Sache machen. Darauf ist er aber nicht eingegangen. Und, obwohl ich ihm die Karte schließlich freiwillig gab, hat dieser Geistesgestörte mich dennoch narkotisiert und mir den Finger abgesägt. Mein rettender Engel kam, zumindest, was meinen Finger angeht, leider zu spät. Als ich aus der Narkose aufwachte, sah ich den toten Dusic vor mir auf dem Fußboden liegen und Hendrik, der sich über ihn beugte. In der rechten Hand hielt er eine Pistole, mit der er Mitar Dusic abgeknallt hatte. Ich war vollkommen fertig. Habe zugegeben, dass ich, zusammen mit Dahlmann, die Karte gestohlen hatte. Hendrik, von dem ich gar nicht wusste, dass er zur Dirlewanger-Einheit gehörte, rief daraufhin die übrigen alten Kameraden an. Nach kurzer Zeit waren die in meiner Wohnung, ausgerüstet mit Wander- und Arbeitsklamotten. Na, und dann bist du über den Balkon gekommen. Den Rest kennst du."

„Meine Güte, Rosemarie, du hast bei der Ermordung deines Mannes mitgewirkt! Vorsätzlich! Aus sogenannten niederen Beweggründen! Dafür wanderst du auf ewig in den Knast."

„Ich habe nicht vor, lebenslang hinter Gittern abzusitzen. Wenn du dich in Stillschweigen hüllst, kann nichts passieren."

„Warum sollte ich den Mund halten? Ich will zurück in den Polizeidienst! Wenn ich da einen Mord decke, dann ist´s damit ganz aus. Dann wandere auch ich ein."

„Ich dachte, du magst mich ein bisschen?"

„Natürlich tue ich das! Aber, Rosemarie, ein Mord! Da schlägt einfach mein Gewissen!"

„Auch, wenn wir es dir ein wenig leichter machen, über das Geschehene zu schweigen?"

„Was soll das heißen: es leichter machen?"

„Sieh doch bitte mal in einer deiner Jackett-Taschen nach. Da wirst du etwas finden, das dir die Zukunft versüßen könnte."

Harry legte den Hörer vorsichtig zur Seite, stand auf und ging hinüber zu einem seiner Stühle, über den er am vorhergehenden Abend sein Jackett gehängt hatte. Er durchsuchte die Außentaschen. In der linken befand sich ein kleiner Beutel aus schwarzem Samt. Er zog ihn auf und schüttete den Inhalt auf seine Schreibtischunterlage. Es waren große Edelsteine in Diamantschliff. Er zählte zwölf Stück.

Kröger nahm wieder den Hörer zur Hand und meldete sich: „Die hat mir doch einer von euch in die Tasche geschmuggelt, nicht wahr?"

„Keine Ahnung, mein lieber Harry! Vielleicht hast du sie dir ja auch selbst genommen? Aus niederen Beweggründen, wie etwa Gier oder Habsucht! Als Gardiner dir den Schatz zeigte, konntest du möglicherweise einfach nicht widerstehen. Oder hat dir Nigel nicht sogar das Angebot gemacht, etwas als `Andenken´ mitzunehmen? Vielleicht hast du ja auch Oskar Dirlewanger vorsätzlich ermordet, weil du etwas von dessen Schatz haben wolltest?"

`Die ist mir über!´, dachte Harry Kröger mit großem Erschrecken.

„Mann, Mann, ihr seid ja mit allen Wassern gewaschen! Wollt mich wohl mit in euer Boot ziehen, oder? Mitgefangen, mitgehangen, was?", fragte er.

„Ist nichts Persönliches, Harry! Nur eine kleine Sicherheitsmaßnahme! Falls wir geschnappt werden sollten, würdest du jedenfalls mit von der Partie sein. Ich glaube, wir würden gegen dich aussagen. Du wärst dann unser Komplize!"

„Würdest auch du gegen mich aussagen?"

„Möglicherweise! Und bitte unterschätz nicht die Entschlossenheit meiner amerikanischen Freunde! Falls du dich trotz unserer kleinen Geschenke entscheiden solltest, zur Polizei zu gehen, dann könnte ich mir vorstellen, dass einer von Nigels besten Schützen auf dich anlegt und dich erschießt, bevor du den Eingang zum Polizeipräsidium durchschritten hast!"

„Das habt ihr ja geschickt eingefädelt! Warum legt ihr mich denn nicht gleich um?"

„Das hast du mir zu verdanken! War mein persönlicher Wunsch an Nigel Gardiner."

„Dann hab ich es dir zu verdanken, dass ich noch unter den Lebenden wandele?"

„Sieht ganz danach aus. – Also: Wir beobachten dich! Wohlwollend!"

Kröger schwieg. Nur das weiße Rauschen in der Leitung war zu hören.

„Und was wird nun aus uns beiden?", fragte Rosemarie Wedding schließlich. Es war etwas Kleinlautes in ihrer Stimme.

„Weiß nicht! Keine Ahnung! Muss erst einmal in mich gehen! Habe das Gefühl, dass du mich benutzt hast!"

„Nur ein ganz klein wenig, Harry! Wie geht´s also weiter? Verhältst du dich ruhig, Harry? Du gehst doch nicht zur Kripo? Kann ich mich auf dich verlassen?"

„Was bleibt mir anderes übrig, als weiter meiner Arbeit nachzugehen?"

„Für die Diamanten bekommst du ne Menge Geld! Wir beide könnten ein wenig verreisen!"

„Mir gefällt die Idee nicht, Edelsteine von Leuten

zu besitzen, die in der Gaskammer endeten! Ich gehöre ja nicht zu Dirlewanger und seinen Konsorten."

„Sehr edel von dir. Aber du hast kein Rückgaberecht. Umtausch ausgeschlossen."

„Lass uns die Tage nochmal miteinander sprechen."

Kröger legte auf. Er saß noch eine kurze Zeit vor seinem Schreibtisch und starrte auf die Diamanten. Dann machte er ein kleines Päckchen fertig, tat die Edelsteine hinein und legte einen handgeschriebenen Brief dazu. Auf dem stand: `Sehr geehrte Damen und Herren! Mit der Anlage erhalten Sie eine Spende von jemandem, der anonym bleiben möchte. Bitte verwenden Sie sie für den Ausbau der Kinderklinik!´

Um halb fünf Uhr morgens setzte sich Kröger in sein Auto und fuhr los. Es war bereits hell und die Vögel machten einen Höllenlärm. Die Straßen waren wie ausgestorben.

Kröger bog nach einiger Zeit links ab, Richtung Tempelhof. Vor dem St. Joseph-Krankenhaus hielt er an und warf das Päckchen in den Briefkasten.

Als er wieder zurückfuhr, fühlte er sich besser. Er lenkte den Borgward Richtung Bahnhof Zoologischer Garten, stellte ihn ab und ging in das Bahnhofsrestaurant, das rund um die Uhr geöffnet hatte. Er bestellte sich ein Frühstück, das köstlich schmeckte und betrat danach den Bahnhofsvorplatz, der von der glitzernden Morgensonne beschienen wurde.

Als er wieder zu Hause war, klingelte es. Kröger steckte sich die 38er in den Hosenbund und öffnete vorsichtig. Draußen stand ein Telegrammbote. Kröger quittierte und las die Nachricht, über der im Absenderfeld `Polizeipräsident Berlin´ stand. In knappen Worten informierte man Kröger darüber, dass das Ermittlungsverfahren gegen ihn aus Mangel an Beweisen eingestellt worden sei. Der Polizeipräsident beabsichtige, ihn zum nächsten Ersten wieder in den aktiven Dienst als Hauptkommissar übernehmen zu wollen. Ob er, Harald Kröger, damit einverstanden sei. Man erwarte seine Rückmeldung.

Mit freundlichen Grüßen.

Inhalt

Der Autor

Foto: Ralph Pache

Hans-Jörg Kühne ist Historiker, Wirtschaftswissenschaftler und Soziologe, lebt in Bielefeld, hält dort und woanders Vorträge, veranstaltet Lesungen, unterrichtet an der Uni, musiziert als gefragter Saxophonist mit verschiedenen Bands und Projekten im In- und Ausland, verfasst wissenschaftliche Werke, Sachbücher und Krimis. Nach den Romanen „Der Pfahlmörder“, „Totes Haus“ und zahlreichen Krimi-Storys in diversen Anthologien legt er nun sein neuestes Werk vor: „Kodex Rosebud“.

Empfehlung

Gerwine Ogubuagu, Lichtläufer

chiliverlag 2015, ISBN 978-3-943292-29-9
204 Seiten, 9,90 Euro

Einschneidende Veränderungen durch Kriege, Versklavung und Kolonisierung bestimmen das Leben der Menschen in Westafrika vor 227 Jahren. Familien werden auseinandergerissen und zerstört. Wie durch ein Wunder überlebt Olufemi diese Reise des Grauens und landet auf der Insel Fernando Póo. Der englische Kapitän übergibt die Sklaven an einen spanischen Offiziellen. Die Sklaven werden in ihren Fesseln zu Fuß auf den Weg geschickt, in eines der vielen Arbeitslager in den Kakaoplantagen, die sich entlang der Küste der Insel ziehen. Olufemi wird auf der Kakaoplantage Alenxa in einer westlichen Bucht zur Arbeit gezwungen. Von da ab ist sein Dasein nur noch von einem Ziel besessen: Adela wiederzufinden und seinen Kindern ein Vater zu sein.

Lichtläufer ist die inspirierende Erzählung einer großen Liebe, die über Raum und Zeit hinauswächst, ist authentische Geschichte und historische Poesie zugleich.

Weitere spannende Titel aus dem chiliverlag

Marc Mandel, Morden, Kurzkrimis

ISBN 978-3-943292-14-5

140 Seiten, 9,90 Euro

Horst Leiwig,

Nachtschwarz, Himmelgrau

Kurzgeschichten, 200 S., 8,90 Euro

ISBN 978-3-943292-33-6

David Wozniak, Juleika Lippenrot

Erzählungen, 108 S., 7,90 Euro

ISBN 978-3-943292-37-4

Sandra Stubbe, suchtraum

Kurzroman, 140 S., 8,90 Euro

ISBN 978-3-943292-28-2